Andreea Hannich

Exitentscheidungen und die Allokation von Exitrechten in der Venture Capital Finanzierung

Exitentscheidungen und die Allokation von Exitrechten in der Venture Capital Finanzierung

von
Andreea Hannich

Dissertation, Karlsruher Institut für Technologie (KIT)
Fakultät für Wirtschaftswissenschaften
Tag der mündlichen Prüfung: 15.05.2012
Referenten: Prof. Dr. Martin Ruckes, Prof. Dr. Kay Mitusch

Impressum

Karlsruher Institut für Technologie (KIT)
KIT Scientific Publishing
Straße am Forum 2
D-76131 Karlsruhe
www.ksp.kit.edu

KIT – Universität des Landes Baden-Württemberg und
nationales Forschungszentrum in der Helmholtz-Gemeinschaft

KIT Scientific Publishing 2012
Print on Demand

ISBN 978-3-86644-893-3

Meinem Sohn, Ralf
Meinem Ehegatten, Robert

Vorwort

Die vorliegende Arbeit entstand während meiner Tätigkeit als akademische Mitarbeiterin am Institut für Finanzwirtschaft, Banken und Versicherungen des Karlsruher Instituts für Technologie (KIT).

Herrn Professor Martin Ruckes, meinem Doktorvater, möchte ich für die Betreuung der Arbeit, seine Unterstützung sowie die Anregungen, die zur Entstehung der vorliegenden Arbeit beigetragen haben, herzlich danken. Mein besonderer Dank gilt Herrn Professor Hermann Göppl für sein Vertrauen und seine kontinuierliche Förderung, die mir zugeteilt wurden. Desweiteren möchte ich mich bei Herrn Professor Kay Mitusch für die Übernahme des Korreferats bedanken. Herrn Professor Thomas Lützkendorf danke ich herzlich für die Übernahme des Vorsitzes der Prüfungskommission sowie auch für seine kontinuierliche Unterstützung während meiner gesamten Tätigkeit am KIT.

Bei meinen Kollegen Dr. Liang Ding, Patrick Göttner, Dr. Matthias Häußler, Dr. Torsten Lüdecke und Joachim Moser möchte ich mich für eine erfahrungsreiche, gemeinsame Zeit und eine gute Zusammenarbeit am Institut bedanken. Insbesondere bei Dr. Thomas Burdelski, Agnieszka Chelminska und Margarita Sevostiyanova bedanke ich mich für die fachlichen Diskussionen, die zum Ausreifen von Ideen und deren Umsetzung beigetragen haben. Unserer Sekretärin Frau Gerlinde Fürniss danke ich für ihre jederzeitige Hilfsbereitschaft.

Abschließend möchte ich mich bei meiner Familie herzlich bedanken, weil sie mir in den letzten Jahren die nötigen Freiräume verschaffte, damit die Ideen im Rahmen der vorliegenden Arbeit umgesetzt werden konnten.

Karlsruhe,   Andreea Hannich
September 2012   Karlsruher Institut für Technologie (KIT)

Kurzfassung

Venture Capital Gesellschaften beteiligen sich an jungen, aber auch an bereits etablierten Unternehmen. Nicht jede Beteiligung wird automatisch zum Erfolg, aber im Falle eines erfolgreichen Beteiligungsausstiegs erzielt die Venture Capital Gesellschaft überdurchschnittliche Renditen. Der Beteiligungsausstieg, auch *Exit* genannt, bezeichnet den Vorgang, im Rahmen dessen die Venture Capital Gesellschaft nach ca. 5 – 7 Jahren ihre Anteile am finanzierten Unternehmen veräußert. Der Exit bestimmt nicht nur den monetären Nutzen, gegeben durch den Veräußerungserlös, sondern auch den nicht-monetären Nutzen des Entrepreneurs. Dieser entsteht in Form einer aus dem gewählten Exitkanal implizit oder explizit resultierenden Unternehmenskontrolle und entspricht dem Wert, den der Entrepreneur seiner Position als Gründer und Geschäftsführer seines Unternehmens beimisst.

Die vorliegende Arbeit beschäftigt sich im Kontext der Exitentscheidung mit den folgenden Forschungsaspekten:

In einem ersten Schritt wird gezeigt, dass neben der fachlichen Komplementarität des Humankapitals der Vertragspartner eine strategische Interdependenz zwischen ihren Leistungsprozessen existiert. So beeinflussen exogen gegebene Ressourcen eines Vertragspartners, in Form seiner Produktivität, den Arbeitseinsatz der jeweiligen Gegenpartei. Der Träger der Leistungsimpulse ist dabei die vertraglich vereinbarte Cashflow-Allokation. Diese Erkenntnis zeigt welche Verhaltensimpulse aus dem Zusammenspiel exogener Merkmale der Leistungsprozesse und der Allokation von Cashflow-Rechten entstehen können und folglich Beachtung bei der Gestaltung der VC-Verträge finden sollen.

In einem weiteren Schritt identifiziert diese Arbeit die Rolle der Private Benefits des Entrepreneurs für die Exitentscheidung und leitet daraus entsprechende Handlungsempfehlungen für die Allokation der Exitrechte in den VC-Verträgen ab. Zur Analyse werden die zwei profitabelsten Exitkanäle herangezogen: Der strategische Verkauf an ein Industrieunternehmen und der Börsengang (IPO). Die Wohlfahrtsanalyse zeigt, dass der Entrepreneur zu häufig einen Ausstieg via IPO wählt. Die in der Literatur bereits thematisierte optimistische Haltung des Entrepreneurs bzgl. des Erfolgs seines Unternehmens (*entrepreneurial optimism*) trifft folglich auch auf seine Private Benefits zu, die er mit der Möglichkeit der Selbstbestimmung durch Kontrollübernahme verbindet. Um diese Ineffizienz bei der Wahl des Exitkanals zu beseitigen, ist daher in manchen Fällen sinnvoll, dem Venture Capitalist diese Entscheidung zu überlassen, auch wenn diese vertragliche Konstellation negative Implikationen für die Leistungsbereitschaft des Entrepreneurs hervorruft. Diese Fälle sind dadurch gekennzeichnet, dass die Höhe der Private Benefits des Entrepreneurs einen gewissen Spielraum für die relative Überbewertung des erwarteten nicht-monetären Nutzens im Vergleich zu dem erwarteten monetären Nutzen ermöglicht. Anknüpfend an diese Erkenntnis wird weiterhin gezeigt, wie staatliche Fördermaßnahmen der Beteiligungsfinanzierung in Deutschland diese Ineffizienz im Rahmen der Exitentscheidung und somit auch die vertragliche Fixierung von Exitklauseln beeinflussen. In die Analyse werden zwei repräsentative Förderinstrumente der Kreditanstalt für Wiederaufbau einbezogen: Das ERP-Beteiligungsprogramm und der ERP-Startfonds.

Inhaltsverzeichnis

Abbildungsverzeichnis

Tabellenverzeichnis

Abkürzungsverzeichnis

BVK	Bundesverband Deutscher Kapitalbeteiligungsgesellschaften e.V.
bzw.	beziehungsweise
CEO	Chief Executive Officer
CVC	Corporate Venture Capital
CVCG	Corporate Venture Capital Gesellschaft
d.h.	das heißt
DUV	Deutscher Universitätsverlag
F&E	Forschung und Entwicklung
GmbH	Gesellschaft mit beschränkter Haftung
GmbH & Co.KG	Gesellschaft mit beschränkter Haftung & Compagnie Kommanditgesellschaft
i.d.R	in der Regel
i.e.S.	im engeren Sinne
IPO	Initial Public Offering
KfW	Kreditanstalt für Wiederaufbau
PU	Portfoliounternehmen
VC	Venture Capital
VCG	Venture Capital Gesellschaft
TS	Trade Sale
u.U.	unter Umständen
Vgl.	vergleiche
z.B.	zum Beispiel

1 Einleitung

Seit der Gründung der ersten Venture Capital Gesellschaft in den USA[1] wurde die Bezeichnung *Venture Capital* zum Inbegriff der Finanzierung junger, innovativer und risikobehafteter Unternehmen, die dadurch die Chance bekommen, Ideen zu verwirklichen, neue Technologien zu entwickeln, zusätzliche Arbeitsplätze zu schaffen und somit positiv zum volkswirtschaftlichen Wachstum beizutragen. Im Vergleich zum Oberbegriff Private Equity, der teilweise von einer negativen Konnotation geprägt ist,[2] genießt das Venture Capital generell ein positives Image in der Gesellschaft.[3]

Venture Capital Gesellschaften beteiligen sich an jungen, aber auch an bereits etablierten Unternehmen. Nicht jede Beteiligung wird automatisch zu einem Erfolg, aber im Falle eines erfolgreichen Beteiligungsausstiegs erwirtschaftet die Venture Capital Gesellschaft hohe Renditen.[4] Der Ausstieg aus einer Beteiligung, auch *Exit* genannt, bezeichnet den Vorgang, im Rahmen dessen die Venture Capital Gesellschaft nach ca. 5 – 7 Jahren ihre Anteile am finanzierten Unternehmen veräußert. Der Erfolg und somit die mit einer Beteiligung realisierte Rendite werden im Wesentlichen von folgenden Faktoren bestimmt: dem Erfolgspotenzial des finanzierten Unternehmens, dem Leistungsinput und der Zusammenarbeit des Entrepreneurs und der Venture Capital Gesellschaft während der Beteiligungslaufzeit sowie der Wahl des Exitkanals und des Exitzeitpunktes. Der Ausstieg der Venture Capital Gesellschaft bestimmt aller-

---

[1] Als erste Venture Capital Gesellschaft gilt die in den USA von George Doriot und Ralph Flanders 1946 gegründete American Research and Development Corp. (ARD). Vgl. Weitnauer (2007), S. 18.

[2] Franz Müntefering (SPD) beschrieb das Private Equity Geschäft in der Zeitung Bild am Sonntag (17.04.2005) mit den Worten: „[…] *sie bleiben anonym, haben kein Gesicht, fallen wie Heuschreckenschwärme über Unternehmen her* […]".

[3] Gerade im Laufe der jüngsten Finanzkrise hat das zurückhaltende Kreditvergabeverhalten der Banken die Unternehmen im bankbasierten Finanzsystem Deutschlands dazu gebracht, alternative Finanzierungsmöglichkeiten zu suchen. So schlussfolgerte das Handelsblatt am 12.10.2011: „*Nachdem Banken risikobehaftete Engagements scheuen, muss der Mittelstand sein Wachstum anders finanzieren. Beteiligungskapital ist da nicht mehr wegzudenken.*"

[4] Kaplan und Lerner (2010) berichten für den Zeitraum 1980 – 2008 eine Performance der Venture Capital Funds – gemessen am IRR – von 18% bis 90%. Die Schwankung über die Zeit aber auch zwischen den einzelnen Funds ist enorm. Vgl. Kaplan/Lerner (2010), S. 39f.

dings nicht nur den monetären Nutzen in Form des Veräußerungserlöses, sondern auch den nicht-monetären Nutzen des Entrepreneurs oder der Venture Capital Gesellschaft. Er kann dem Entrepreneur einen nicht-monetären Nutzen (*Private Benefits*) in Form einer aus dem gewählten Exitkanal implizit oder explizit resultierenden Unternehmenskontrolle stiften. Dieser nicht-monetäre Nutzen entspricht dem Wert, den der Entrepreneur seiner Position als Gründer und Geschäftsführer seines Unternehmens beimisst, weil diese ihm die Möglichkeit zur Selbstbestimmung und Selbstverwirklichung eröffnet. Aus dem Zusammenspiel der monetären und nicht-monetären Nutzenkomponenten entstehen die Präferenzen der Vertragspartner hinsichtlich des Exitkanals und des Exitzeitpunktes. Da diese Präferenzen nicht immer kongruent sind, kann die Gestaltung der Exitstrategie zu Interessenkonflikten führen. Um das Beteiligungsverhältnis erfolgreich beenden zu können, sollten diese Konflikte durch adäquate Vorkehrungen bei der Vertragsgestaltung so weit wie möglich vermieden werden. Dazu dient die vertragliche Fixierung von *Exitrechten*. Unter Exitrechten sind exitbezogene Vertragsklauseln zu verstehen, die ihrem Inhaber die Entscheidungsmacht über die Wahl des Exitkanals oder die Mitwirkungsmöglichkeit bei der Gestaltung der Exitstrategie einräumen. Die vertragliche Fixierung von Exitrechten trägt zwar zur Milderung potenzieller Exitkonflikte bei, kann aber zugleich negative Leistungsanreize auslösen. Wird ein gewisser Exitweg aufgrund der vereinbarten *Allokation von Exitrechten* von einem Vertragspartner mit einer hohen Wahrscheinlichkeit erwartet, so könnte die Vertragsgestaltung direkte Implikationen für dessen Leistungsverhalten haben.

An dieser Problematik knüpft die vorliegende Arbeit an und leistet einen theoretischen Beitrag zur Literatur über die Leistungsmechanismen und die Allokation von Exitrechten in der Venture Capital Finanzierung. Anhand eines eigens entwickelten modelltheoretischen Rahmens werden vier, noch offene Forschungsfragestellungen adressiert:

In einem ersten Schritt werden die strategischen Interdependenzen zwischen den Leistungsprozessen der Vertragspartner untersucht, um festzustellen, inwieweit die Vertragspartner sich gegenseitig in ihrem Leistungsverhalten beeinflussen. Dadurch wird eine in der Literatur vorhandene Lücke geschlossen, da die Leistungsabhängigkeiten bisher sowohl theoretisch als auch empirisch nur aus technischer Sicht analysiert wurden, mit dem Ergebnis, dass die fachliche Komplementarität des Humankapitals der Vertragspartner ein zentraler Bestandteil der VC-Transaktionen darstellt.[5] Der Blickwinkel wird in der vorliegenden Untersuchung erweitert, indem der Einfluss der exogen gegebenen Ressourcen eines Vertragspartners, in Form seiner Produktivität, auf den Arbeitseinsatz der jeweiligen Gegenpartei beleuchtet wird.

Die zweite Forschungsfrage knüpft an der empirischen Evidenz von Cumming (2008) sowie Cumming und Johan (2008b) an. Diese zeigen, dass die vertraglich festgelegten Exitklauseln die Wahrscheinlichkeit mit der ein gewisser Exitkanal zu erwarten ist, signifikant beeinflussen. Ausgehend vom impliziten Informationsgehalt der Exitrechte hinsichtlich der Exitwahl des Rechtsinhabers, analysiert die vorliegende Arbeit welche Leistungsimpulse aus den vertraglich vereinbarten Exitrechten hervorgehen. Ein vertraglich implizit oder explizit geplanter strategischer Verkauf könnte den Arbeitseinsatz des Entrepreneurs während der Beteiligung reduzieren, da er durch die Abtretung der Unternehmenskontrolle an den strategischen Investor seinen nicht-monetären Nutzen verliert.

Die dritte Forschungsfragestellung dieser Arbeit betrifft die Rolle der Private Benefits des Entrepreneurs für die vertragliche Allokation der Exitrechte und betrachtet die Existenz dieser Private Benefits in einem neuen Kontext, der Exitgestaltung. Im Hinblick auf die Maximierung des monetären und nicht-monetären Nutzens werden die optimale Exitentscheidung sowie die optimale Allokation der Exitrechte in den Venture Capital Verträgen analysiert. Zur Analyse werden die zwei profitabelsten Exitvarianten herangezogen: der strategische Verkauf an ein Industrieunternehmen (Trade Sale) und der Börsengang (IPO). Obwohl im hier analysierten Modellrahmen der strategische Verkauf die ökonomisch sinnvollere Variante darstellt, weil dieser Exitkanal den erwarteten

---

[5] Der Entrepreneur verfügt i.d.R. über das projektspezifische technische und technologische Wissen und die Venture Capital Gesellschaft ergänzt sein Know-how mit ihrer Managementexpertise sowie ihrer Markt- und Industrieerfahrung.

Projekt-Cashflow maximiert, wählt der Entrepreneur zu häufig einen Börsengang als Ausstiegsweg für die Venture Capital Gesellschaft. Der Treibfaktor seiner aus Wohlfahrtssicht suboptimalen Exitwahl besteht in der eigenen Überbewertung der Private Benefits relativ zum monetären Nutzen dieses Exitkanals.

Dem vierten Teil der Untersuchung liegt die gewonnene Erkenntnis zugrunde, dass die Exitentscheidung des Entrepreneurs zu Wohlfahrtsverlusten führen kann, wenn seine erwarteten Private Benefits aus einem Börsengang relativ zu dem monetären Nutzen überbewertet werden. Es wird analysiert, welche Auswirkungen die staatlichen Fördermaßnahmen der Beteiligungsfinanzierung in Deutschland für die Exitentscheidung und somit auch für die vertragliche Vereinbarung von Exitklauseln und die daraus resultierenden Leistungsimpulse haben. In die Analyse werden zwei repräsentative Förderinstrumente der Kreditanstalt für Wiederaufbau einbezogen: Das ERP-Beteiligungsprogramm und der ERP-Startfonds.

Die Arbeit ist in sieben Kapitel unterteilt. Nach einer Einführung in die Problematik im Kapitel 1 folgt die Darstellung einer typischen Venture Capital Transaktion mit den involvierten Parteien und den einzelnen Transaktionsphasen. Im Kapitel 2 wird außerdem die Bedeutung des Beteiligungsausstiegs für eine VC-Transaktion verdeutlicht. Darüber hinaus wird die Exitnotwendigkeit aus der Perspektive beider Vertragspartner diskutiert, um anschließend die einzelnen Exitkanäle und deren Konsequenzen für die Venture Capital Gesellschaft, den Entrepreneur sowie das Unternehmen darzulegen und zu analysieren.

Kapitel 3 führt in die Problematik der Exitrechte und deren Allokation in den Venture Capital Verträgen ein. Nach einer Darstellung potenzieller Interessenkonflikte und deren Ursachen werden konkrete Exitklauseln dargestellt, die in der Praxis Anwendung finden. Das Kapitel schließt mit einer ausführlichen Diskussion theoretischer und empirischer Arbeiten ab, deren Vorgehensweise sowie Ergebnisse hinsichtlich der Bedeutung von Exitrechten im Rahmen der Venture Capital Finanzierung besondere Relevanz für die Modellierung und die Diskussion in der vorliegenden Arbeit besitzen.

Der Kernteil der Arbeit fokussiert auf die Leistungsanreize, die aus dem impliziten Informationsgehalt der Exitrechte hervorgehen, und auf die Effizienz der Exitentscheidung aus einer gesamtwirtschaftlichen Perspektive. Kapitel 4 zeigt welche Leistungsimpulse aus den exogen gegebenen Ressourcen der Vertragspartner entstehen können. Im Kapitel 5 werden einerseits die Leistungsanreizeffekte vertraglich fixierter Exitrechte analysiert und andererseits die Relevanz der Private Benefits des Entrepreneurs für die Exitentscheidung und die Allokation der Exitrechte aus einer wohlfahrtstheoretischen Perspektive diskutiert. Der Kernteil der Arbeit schließt mit einer Analyse staatlicher Förderprogramme im Kapitel 6 ab.

Die Arbeit endet mit einer Zusammenfassung und einem Ausblick im Kapitel 7.

2 Venture Capital – Beteiligung und Ausstieg

2.1 Der VC-Beteiligungsprozess und dessen Akteure

Um die Interessenkonflikte und Anreizeffekte, die aus der Exitentscheidung hervorgehen untersuchen zu können, muss zunächst die Interaktion zwischen Venture Capitalist und Entrepreneur im Laufe des gesamten Finanzierungsprozesses näher betrachtet werden. In diesem Abschnitt werden daher die üblichen Akteure einer VC-Finanzierung präsentiert und anschließend der Prozess einer VC-Beteiligung näher beleuchtet.

2.1.1 Die Struktur einer VC-Beteiligungstransaktion

Zu den Parteien, die in einer VC-Transaktion involviert sind, zählen die Venture Capital Gesellschaft[6] (VCG), das Portfoliounternehmen (PU) und die externen Investoren der VCG – die tatsächlichen Kapitalgeber. VCG werben Kapital von externen Investoren ein, das in einen sog. VC-Fonds fließt. Der VC-Fonds ist eine von der VCG gebildete und verwaltete Vermögensmasse. Eine VCG kann mehrere Fonds gleichzeitig managen. Man unterscheidet dabei zwischen offenen und geschlossenen Fonds. VC-Fonds existieren fast immer in Form von geschlossenen Fonds. Die typische Laufzeit eines geschlossenen VC-Fonds beträgt 10 bis 12 Jahre.[7] Nach Ablauf der Laufzeit wird der Fonds liquidiert und die Erträge den externen Investoren zugeteilt. Anschließend legt die VCG i.d.R. einen neuen Fonds auf und setzt ihre Geschäftstätigkeit fort. Neben den zeitlich befristeten Fonds gibt es auch die offenen Fonds, auch als *Evergreen*-Fonds in der Literatur bekannt. Diese werden insbesondere von abhängigen VCG geführt und haben i.d.R. einen einzigen Investor (z.B. das Mutterunternehmen).[8] Die offenen VC-Fonds haben keine vertragliche Laufzeit und nutzen die laufenden Erträgen

---

[6] Es gibt in der Literatur auch die Bezeichnung Kapitalbeteiligungsgesellschaft. Die Begriffe Kapitalbeteiligungsgesellschaft und Venture Capital Gesellschaft (VCG) werden in der vorliegenden Arbeit als Synonyme verwendet. Vgl. dazu Schefczyk (2006), S. 7.
[7] Vgl. Gompers/Lerner (2006), S. 23
[8] Vgl. Baumgärtner (2005), S. 30

(z.B. aus Ausschüttungen) sowie die erwirtschafteten Veräußerungserlöse zur Reinvestition.[9] Aus den Finanzmitteln befristeter oder unbefristeter Fonds werden kapitalsuchenden Unternehmen Finanzmittel in Form einer Beteiligungsfinanzierung zur Verfügung gestellt. Neben der Kapitalbereitstellung findet auch ein weiterer Input in Form von Beratung (*Value Adding*) statt. Im Gegenzug erhält die VCG einen Eigenkapitalanteil und meistens auch zusätzliche Kontroll- und Mitspracherechte. Die beschriebenen Zusammenhänge zwischen den Transaktionsbeteiligten sind in der folgenden Grafik abgebildet.

Abbildung 2-1: Die Struktur einer VC-Transaktion

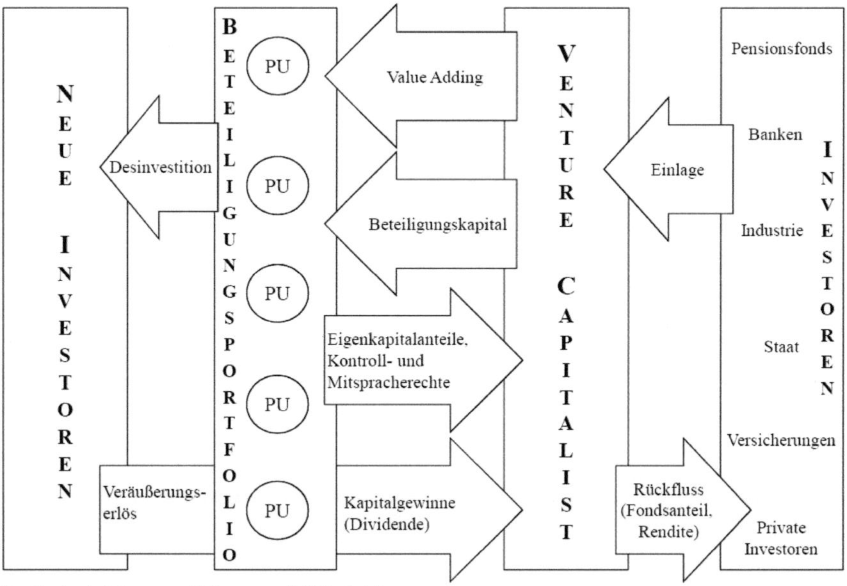

NEUE INVESTOREN	BETEILIGUNGSPORTFOLIO		VENTURE CAPITALIST	INVESTOREN
Desinvestition	PU	Value Adding		Pensionsfonds
	PU	Beteiligungskapital	Einlage	Banken
	PU	Eigenkapitalanteile, Kontroll- und Mitspracherechte		Industrie
	PU			Staat
Veräußerungserlös	PU	Kapitalgewinne (Dividende)	Rückfluss (Fondsanteil, Rendite)	Versicherungen / Private Investoren

Quelle: In Anlehnung an Eckermann (2006), S. 36.

Die Beteiligung der VCG am Portfoliounternehmen endet mit der Desinvestition, d.h. mit einem Verkauf der Kapitalanteile an einen oder mehrere Investoren oder an den Unternehmer selbst. Mit der Desinvestition zielt die VCG auf die Reali-

---

[9] Vgl. Kollmann (2009), S. 149.

sierung überdurchschnittlich hoher Renditen ab, die ihr die Bedienung der Investoren ermöglicht.[10]

2.1.1.1 Venture Capital Gesellschaften und ihre Investoren

Als Finanzintermediäre agieren VCG als Mittler zwischen Kapitalangebot und -nachfrage. Sie nehmen Kapital von privaten sowie institutionellen Investoren auf und stellen Eigenkapital für junge, wachsende und riskante Unternehmen bereit.[11] Ausgehend von der Kapitalherkunft und der strategischen Distanz zu den Investoren, kristallisieren sich grundsätzlich zwei Kategorien von VCG heraus[12]:

- Unabhängige (independent) Venture Capital Gesellschaften (VCG) und
- Abhängige (semi-captive und captive) VCG.

Unabhängige VCG verfügen über eine breite Eigentümerstruktur.[13] Das Kapital der Investoren fließt in einen Fonds ein, der vom Management der VCG verwaltet wird. Diese VCG fokussieren ihre Anlagestrategie vor allem auf finanzielle Ziele.[14] Zu den Hauptquellen finanzieller Mittel für diese VC-Fonds zählen Pensionsfonds, Funds of Funds[15] und private Anleger. Im Jahr 2009 haben diese Investorengruppen etwa ein Fünftel (21,1%) des gesamten neu zugeflossenen Kapitals unabhängiger VCG bereitgestellt.[16]

Die *abhängigen* VCG umfassen „semi-captive" und „captive" VCG. Abhängige VCG haben einen sehr engen Eigentümerkreis oder sogar nur einen einzigen

---

[10] Vgl. Kollmann (2009), S. 424.

[11] Vgl. Hartmann-Wendels/Pfingsten/Weber (2010), S. 3. VCG können auch Fremdkapital in Form von *Venture Debt* zur Verfügung stellen. Venture Debt stellt einen Kredit dar, der jungen, schnell wachsenden und riskanten Unternehmen bereitgestellt wird, die von Kreditinstituten, aufgrund fehlender Sicherheiten und eines zu hohen Risikos, keine Finanzierung bekommen würden. Venture Debt folgt i.d.R. einer VC-Beteiligung. Vgl. Ibrahim (2010), S. 1170f.

[12] Diese Einteilung wird in Anlehnung an die vom Bundesverband Deutscher Kapitalbeteiligungsgesellschaften (BVK) verwendeten Begrifflichkeiten vorgenommen.

[13] Vgl. Schefczyk (2006), S. 9.

[14] Diese Ziele werden durch Sicherheitsziele (z.B. Risikodiversifikation), Liquiditätsziele (z.B. Ausstiegsmöglichkeiten aus den Portfoliounternehmen) und Marktziele (z.B. Reputationsaufbau) ergänzt. Vgl. Brachtendorf (2004), S. 33f.

[15] Unter Fund of Funds versteht man Investitionen aus einem Dachfonds in verschiedene Venture Capital oder Private Equity Fonds. Dachfonds investieren ihr Vermögen nicht direkt in Unternehmen sondern indirekt über weitere Beteiligungsfonds und agieren somit als Intermediäre zwischen den Kapitalgebern und den Beteiligungsfonds.

[16] Vgl. BVK (2009), S.12.

Eigentümer (das Mutterunternehmen).[17] Zu den Eigentümern gehören i.d.R. Banken, Versicherungen, Industrieunternehmen oder der öffentliche Sektor. Unabhängige VCG spielen am VC-Markt eine bedeutendere Rolle als abhängige VCG. Dies lässt sich z.b. am Fundraising dieser beiden Kategorien erkennen, dessen Entwicklung für Deutschland im Laufe des letzten Jahrzehntes in der Abbildung 2-2 zu erkennen ist. Die BVK-Statistik zeigt für das Jahr 2009, dass 97,1% des gesamten Fundraisings in Deutschland auf die unabhängigen VCG entfallen.[18] Im europäischen Kontext waren es 89%.[19] Darüber hinaus entfallen im Jahr 2009 in Deutschland 58,5% des Gesamtinvestitionsvolumens auf unabhängige und nur 39% auf abhängige VCG.[20]

Abbildung 2-2: Entwicklung des Fundraisings abhängiger und unabhängiger VCG in Deutschland

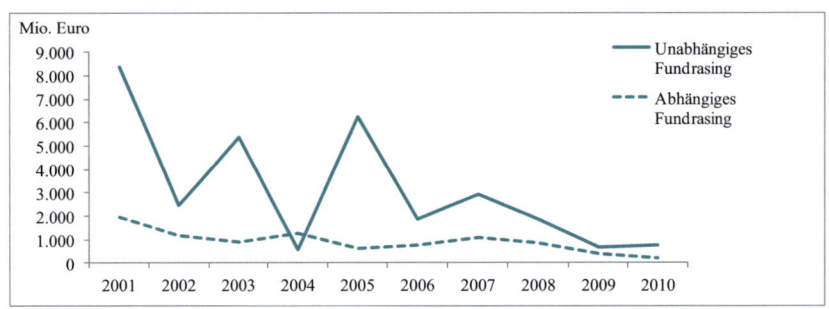

Quelle: Eigene Erstellung anhand der Jahresstatistiken des BVK (2001 – 2010)

Zu den abhängigen VCG zählen Corporate Venture Capital Gesellschaften, institutionelle VCG (z.B. Tochtergesellschaften von Finanzinstitutionen, wie Banken, Versicherungen, Pensionsfonds) sowie öffentlich geförderte VCG.

Im Falle der *Corporate Venture Capital Gesellschaften* (CVCG) stammt das Kapital von einem Industrie- oder Dienstleistungsunternehmen (z.B. Intel Capital).

---

[17] Vgl. Schefczyk (2006), S. 9.
[18] Vgl. BVK (2009), S. 12. Auch die Entwicklung des Fundraisings während des letzten Jahrzehntes bestätigt die überlegene Rolle unabhängiger VCG auf dem deutschen VC-Markt. Siehe hierzu die BVK-Jahresstatistiken 2000 – 2009.
[19] Vgl. EVCA (2011).
[20] Vgl. BVK (2009), S. 15.

Die CVCG haben unterschiedliche Organisationsformen: Konzerndivision oder Töchtergesellschaft, die für den Mutterkonzern strategische Investitionen tätigen oder aber relativ selbstständig investieren.[21] Beim Corporate Venture Capital handelt es sich somit um ein strategisch orientiertes Finanzierungskonzept.[22] Das wichtigste strategische Ziel eines CVC-Engagements besteht in der Ermöglichung technologischen Lernens und Transfers. Das Mutterunternehmen verschafft sich dadurch Zugang zu neuen, zukunftsträchtigen Technologien (*window of opportunity*) und hat die Gelegenheit, die eigene F&E-Aktivität durch die Partnerschaft mit dem Portfoliounternehmen zu fördern. Außerdem erhält das Industrieunternehmen womöglich auch Zugang zu neuen Produkten und Märkten.[23] Demzufolge finden CVC-Finanzierungen vor allem in technologieintensiven Bereichen wie Biotechnologie oder Energie statt. Im Zeitraum 2001 – 2009 haben Industrieunternehmen in Deutschland im Durchschnitt 5,8% der gesamten neu bereitgestellten Fondsmittel beigesteuert.[24]

Die strategische Motivation einer CVC-Beteiligung führt allerdings zu einem wesentlichen Konfliktpotenzial. Das Portfoliounternehmen hat eigentlich geringe Anreize den von der CVCG und vor allem vom Mutterunternehmen gewünschten Technologietransfer zu unterstützen, da dieser unter Umständen zu einem Wissens- und Technologie-„Raub" (*expropriation*) führen könnte.[25] Auf der anderen Seite kann ein Portfoliounternehmen eventuell intensiver von der Unterstützung durch das Mutterunternehmen profitieren, wenn es den Zugang zu seinen Technologien und Ideen ermöglicht.

Die Investitionspolitik *bankabhängiger VCG*, die als Tochtergesellschaften von Banken gegründet werden (z.B. Citi Venture Capital International), lässt ebenfalls eine strategische Ausrichtung erkennen. Hellmann, Lindsey und Puri (2008)

---

[21] MacMillan et al. (2008) zeigen, dass nur 35% der in ihrer Studie befragten CVCG als unabhängige Tochtergesellschaften organisiert waren. Dementsprechend stammen auch die vom VC-Fonds investierten Mitteln hauptsächlich vom Mutterkonzern (83%). Vgl. MacMillan et al. (2008), S. 10f.

[22] Vgl. Neubecker (2006), S. 22.

[23] Vgl. Witt (2005), S. 260f; Dushnitsky/Shapira (2010), S. 991f; MacMillan et al. (2008), S. 26f.

[24] Eigene Berechnung aufgrund der BVK Jahresstatistiken 2001 – 2009 zum Fundraising nach Kapitalgebern.

[25] Vgl. Witt (2005), S. 268ff. Zur generellen Problematik des Schutzes intellektuellen Eigentums in der VC-Finanzierung siehe Ueda (2004), S. 601f. Für eine Übersicht der Konflikte in der CVC-Finanzierung siehe Denis (2004), S. 308f.

zeigen, dass durch die Bereitstellung von VC in früheren Entwicklungsphasen eines Unternehmens die Bank intertemporelle Cross Selling Potenziale ausschöpfen kann. Wenn die Bank bereits in einer frühen Unternehmensphase über ihre VC-Tochtergesellschaft Kontakt zu einem Unternehmen aufbaut, dann erhöht sie dadurch die Wahrscheinlichkeit, dass sie später als Kreditgeber dieses Unternehmens fungiert. Gleichzeitig profitiert auch das Unternehmen von dieser früheren Beziehung, da die Kreditkonditionen günstiger werden.[26]

Auch die öffentliche Hand kann als VC-Geber fungieren. In Deutschland bieten sowohl der Bund als auch die Länder unterschiedliche Förderprogramme an.[27] Die Bereitstellung von Kapital erfolgt entweder über die Kreditanstalt für Wiederaufbau[28] (KfW) oder über *öffentlich geförderte VCG* (z.B. Mittelständische Beteiligungsgesellschaft[29]). Betrachtet man den Zeitraum 2001 – 2009, so zeigt sich, dass im Durchschnitt 7,5% des Fundraisings aus öffentlichen Quellen stammt.[30]

Als Rechtsform einer VCG hat sich international die Limited Partnership durchgesetzt. Diese setzt auf die rechtliche Trennung der Mittelbeschaffung und Mittelverwendung: Die Investoren zahlen ihr Kapital in einen Fonds ein, der von einer Managementgesellschaft verwaltet wird, wie sich aus der Abbildung 2-3 erkennen lässt. Die Managementgesellschaft befindet sich im Besitz der Venture Capitalists. Die Investoren gründen zusammen mit den fondsverwaltenden Venture Capitalists die VCG (*Limited Partnership*). Dabei fungieren die Venture

---

[26] Vgl. Hellmann/Lindsey/Puri (2008), S. 514.
[27] Vgl. Hack (2005), S. 60.
[28] Die KfW fördert über das ERP-Beteiligungsprogramm grundsätzlich Innovationsprojekte, Existenzgründungen, Umstellungen bei Strukturwandel, Errichtung, Erweiterung oder Umstellung von Betrieben. Dabei beteiligt sich die KfW nicht nur direkt sondern ermöglicht der VCG auch eine günstige Refinanzierung. Auf diese Form der Förderung wird im Kapitel 6 näher eingegangen.
[29] Die Mittelständische Beteiligungsgesellschaft (MBG) beteiligt sich i.d.R. als typisch stiller Gesellschafter branchenübergreifend und langfristig an kleinen und mittelständischen Unternehmen (KMU) in Baden-Württemberg. Mit speziellen Beteiligungsprogrammen werden Existenzgründungen, Unternehmensnachfolgen, Innovationen und nachhaltiges Unternehmenswachstum gefördert. Die Laufzeit der Beteiligungsfinanzierung beträgt maximal 10 Jahre.
[30] Eigene Berechnung aufgrund der BVK Jahresstatistiken 2001 – 2009 zum Fundraising nach Kapitalgebern.

Capitalists als vollhaftende Gesellschafter (*General Partner*) und die Investoren als beschränkt haftende Gesellschafter (*Limited Partner*).[31]

Abbildung 2-3: Rechtliche Gestaltung einer VCG

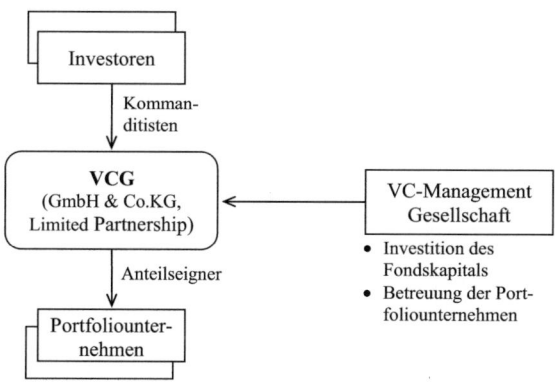

Quelle: Vgl. Krecek (2005), S. 68.

Übliche nationale Rechtsformen sind: GmbH & Co.KG (Deutschland), Limited Partnership (USA, Großbritannien, Finnland, Schweden), Fonds Commun de Placement à Risques (Frankreich).[32]

2.1.1.2 Portfoliounternehmen

Das von den Investoren in den VC-Fonds eingezahlte Kapital wird von der VCG in kapitalsuchende Unternehmen (Portfoliounternehmen) investiert. Das Kapital wird den Unternehmen zu unterschiedlichen Zeitpunkten in ihrem Lebenszyklus zur Verfügung gestellt: Vorgründung- und Gründungsfinanzierung (*Seed* und *Start-up*), Wachstumsfinanzierung (*Expansion*), sowie Finanzierung von Sonderanlässen wie z.B. der Ersatz ausscheidender Gesellschaftern (*Replacement*), Zwischenfinanzierung bis zum IPO (*Bridge*), Finanzierung von Sanierungsfällen (*Turnaround*).

---

[31] Vgl. Gompers/Lerner (2006), S. 10 und 27.
[32] Vgl. Vgl. Krecek (2005), S. 69.

Abbildung 2-4: Investitionen nach Finanzierungsanlass 1995 – 2010

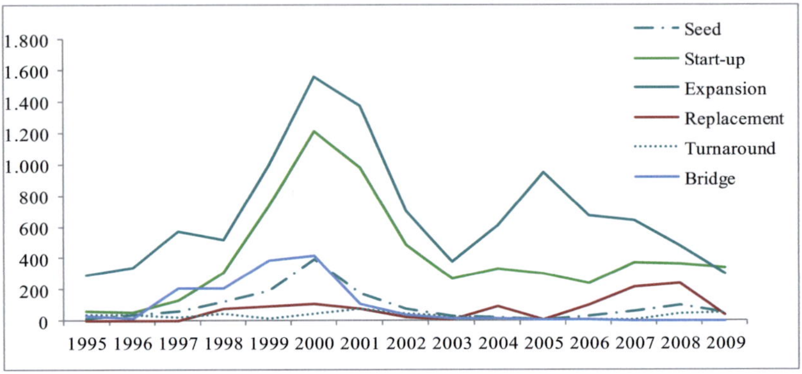

Quelle: Eigene Erstellung anhand der Jahresstatistiken des BVK

Aus der Statistik des BVK für die Jahre 1995 – 2009 (Abbildung 2-4) geht hervor, dass der größte Teil des Beteiligungsvolumens deutscher VCG in Unternehmen investiert wurde, die sich in der Start-up oder Expansionsphase befinden.

Nicht nur das Investitionsvolumen sondern auch die Anzahl dieser Unternehmen zeigt, dass der Investitionsfokus der VCG überwiegend auf den Frühentwicklungsphasen (Start-up und Expansion) liegt. Die Finanzierungsentscheidung dieser Unternehmen ist hauptsächlich von zwei Faktoren getrieben. Einerseits lassen sich andere Finanzierungskonstellationen (z.B. Kredit) aufgrund fehlender Sicherheiten, zu kurzer oder komplett fehlender Historie oder hohen Risikos nicht realisieren.[33] Andererseits profitiert das Portfoliounternehmen in vielfältiger Sicht von der Managementkompetenz, der technischen Expertise sowie vom Netzwerk der VCG.[34]

Die Beteiligungsinvestitionen der VCG variieren über die Zeit und hängen von der Konjunkturentwicklung ab. Während der dotcom Jahre (1999 – 2001) sind

---

[33] Gottschalk et al. (2007) stellen in einer Studie basierend auf dem ZEW Hightech-Gründungspanel fest, dass die Finanzierungshemmnisse junger Hightech-Unternehmen vor allem auf die Anforderungen an Sicherheiten sowie die Risikoaversion der Banken zurückzuführen sind. Vgl. Gottschalk et al. (2007), S. 60f.

[34] Vgl. hierzu Hellmann/Puri (2000), Kaplan/Strömberg (2004) und Cumming/Johan (2007).

sowohl das Investitionsvolumen als auch die Anzahl der Transaktionen deutlich gestiegen. Dieses lässt sich aus der Abbildung 2-5 erkennen.

Abbildung 2-5: Entwicklung des VC-Investitionsvolumens in den USA

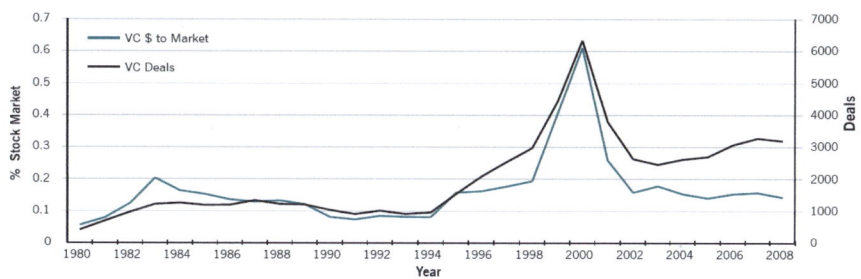

Quelle: Kaplan/Lerner (2010), S. 39.

Für Europa ergibt sich – wie in der Abbildung 2-6 zu erkennen ist – ein vergleichbares Bild. Nach einer Verringerung des Investitionsvolumens infolge der dotcom-Blase, intensiviert sich in den Jahren 2002 – 2007 die VC-Investitionstätigkeit bis zum Ausbruch der jüngsten Finanz- und Wirtschaftkrise, die einen deutlichen Rückgang der VC-Investitionen hervorruft.

Abbildung 2-6: Entwicklung des VC-Investitionsvolumens im Europäischen Raum

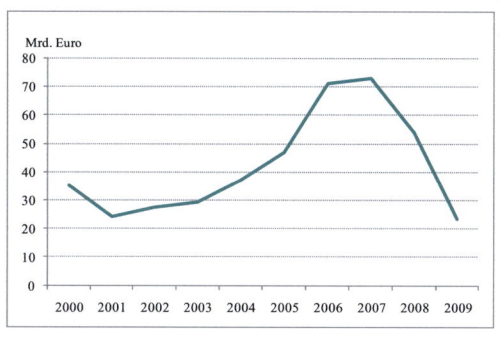

Quelle: EVCA (2011)

Für das Zustandekommen der VC-Beteiligungsfinanzierung sind im Laufe der Zeit multiple Interaktionen zwischen den in diesem Abschnitt beschriebenen Par-

teien notwendig. Auf die einzelnen Etappen sowie auf die Interaktionsmöglich-
keiten wird im folgenden Kapitel eingegangen.

2.1.2 Der Venture Capital Zyklus

Dem konkreten Abschluss eines VC-Beteiligungsvertrags sind einige Vorstufen
vorgelagert, die wesentlich zum Erfolg der Vertragsverhandlungen beitragen. Im
Folgenden wird auf diese Phasen des VC-Beteiligungsprozesses eingegangen.

Das Geschäftsmodell einer VCG setzt sich aus mehreren Phasen zusammen, die
aufeinander aufbauen.[35] In der Literatur wird dieser Phasenablauf auch als Wert-
kette oder Wertschöpfungskette[36] bezeichnet. Infolge der immer kürzer werden-
den Innovationszyklen und des steigenden Zeitdrucks bei der Ausnutzung von
Marktchancen kommen in der Praxis manche Phasen in einer komprimierten
Form vor. Auf der anderen Seite kann die Komplexität eines Projektes z.B. zu
einer zeitlich sehr intensiven Beteiligungsprüfung und Vertragsverhandlung führen. Der konkrete Phasenablauf wird somit im Einzelfall von den Projekteigen-
schaften bestimmt. In der VC-Praxis lässt sich folgender genereller Ablauf einer
Beteiligung erkennen: Der VC-Prozess startet mit dem Fundraising, durchläuft
mehrere Phasen – Dealflow, Bewertung, Vertragsverhandlung, Monitoring und
Value Adding – und endet mit der Desinvestition. Diese letzte Phase, auch Exit
genannt, setzt sowohl Finanz- als auch Humanressourcen frei, so dass neue Beteiligungen eingegangen werden können. Dadurch setzt sich der VC-Prozess solange fort, bis der Fonds liquidiert wird und die externen Investoren bedient sind.
Aus diesem Grund stellen Gompers und Lerner (2006) den VC-
Beteiligungsvorgang als zyklischen Prozess dar und sprechen in diesem Kontext
von *Venture Capital Cycle*.

---

[35] Vgl. Schefczyk (2006), S. 23.
[36] Vgl. Zemke (1995), S. 102f. und 203.

Abbildung 2-7: Der Venture Capital Zyklus

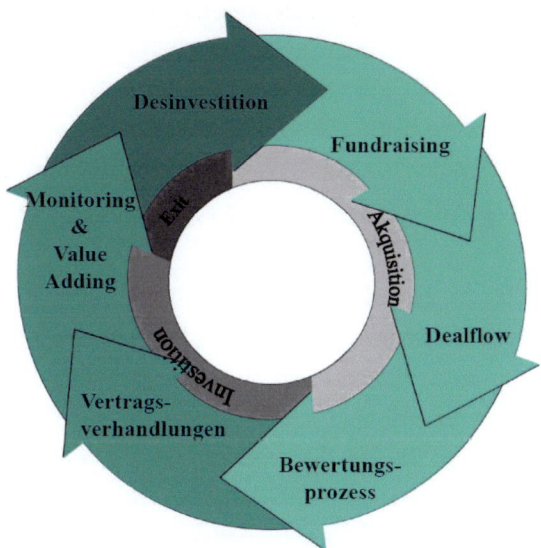

Quelle: In Anlehnung an Eckermann (2006) S. 44, Schefczyk (2006), S. 24 und Nathusius (2001), S. 77f.

In den folgenden drei Abschnitten werden die einzelnen Phasen des VC-Zykluses dargestellt. Dabei werden das Fundraising, der Dealflow und der Bewertungsprozess als Akquisitionsphase bezeichnet. Die Vertragsverhandlung, das Monitoring und das Value Adding werden zur Investitionsphase zusammengefasst. Die dritte und letzte Stufe stellt der Exit oder die Desinvestition dar.

2.1.2.1 Die Akquisitionsphase

Das für Investitionszwecke benötigte Kapital muss zunächst eingesammelt werden. Das *Fundraising* spielt vor allem für unabhängige VCG eine wichtige Rolle. Während eine abhängige VCG ihr Kapital von der Muttergesellschaft erhält und dieses ihr i.d.R. zeitlich unbegrenzt zur Verfügung steht, sind unabhängige VCG auf die Einwerbung von externem Kapital angewiesen.

Die zweite Phase der Wertschöpfungskette ist der *Dealflow*, währenddessen ein Screening attraktiver Beteiligungsmöglichkeiten stattfindet. Mit Hilfe von persönlichen Kontakten zu Verbänden, Investment Banken oder anderen Netzwerken werden potenzielle Portfoliounternehmen identifiziert.[37] Während dieser Phase erfolgt der erste Kontakt zwischen VCG und Portfoliounternehmen. Dabei kann die Kontaktinitiative entweder vom Unternehmen oder von der VCG ausgehen. Beim Screening spielt der strategische Investitionsfokus der VCG die wichtigste Rolle. Während unabhängige VCG hauptsächlich Renditemaximierungsziele mit ihren Beteiligungen verfolgen, fokussieren abhängige VCG stärker auf strategisch relevante Portfoliounternehmen.

Im Rahmen der vorliegenden Arbeit finden das Fundraising und der Dealflow keine weitere Berücksichtigung mehr, da für eine theoretische Ausarbeitung nur die Interaktion zwischen Entrepreneur und Venture Capitalist von Interesse ist, die erst in den späteren Phasen zustande kommt. Es wird also davon ausgegangen, dass die VCG, an die der Entrepreneur mit seinem Finanzierungswunsch herantritt, über das notwendige Kapital verfügt und dass das zu finanzierende Projekt den strategischen Selektionskriterien der VCG entspricht.

Nachdem das Screening potenzieller Portfoliounternehmen abgeschlossen ist, werden die nicht abgelehnten Projekte näher überprüft.[38] Fällt die erste Evaluierung eines Projektes positiv aus und haben schon erste Gespräche stattgefunden, so wird die VCG der Stand der Verhandlungen in Form eines sog. „Letter of Intent"[39] dokumentieren.

Bevor der Beteiligungsvertrag abgeschlossen wird, werden im Rahmen eines *Bewertungsprozesses* (Due Diligence) diejenigen Unternehmen ausgesucht, die den strategischen und finanziellen Kriterien der VCG am besten entsprechen.

---

[37] Vgl. Welpe/Dowling (2005), S. 284.
[38] Vgl. Nathusius (2001), S. 78.
[39] Der Letter of Intent (LoI) fasst die Eckdaten der VC-Transaktion zusammen, mit dem Ziel, schon im Vorfeld der Due Diligence, eine Übereinkunft bzgl. der Inhalte des künftigen Beteiligungsvertrags zu erreichen. Der LoI ist zwar eine unverbindliche Absichtserklärung, soll aber das beidseitige Beteiligungsinteresse dokumentieren und somit als Grundlage für die bevorstehende kosten- und zeitintensive Due Diligence dienen. Ein wichtiger inhaltlicher Aspekt des LoI stellt vor diesem Hintergrund die Regelung der Kostentragung für die bevorstehende Due Diligence dar. Vgl. Boué (2008), S. 84ff.

Die VC-Finanzierung ist von einer erheblichen ex-ante Informationsasymmetrie (Qualitätsunsicherheit)[40] ausgeprägt. Der Entrepreneur ist aufgrund seiner spezifischen Kenntnisse und seines besseren Einblicks in das Projekt bzgl. der Erfolgsaussichten seines Investitionsvorhabens, zumindest aus technischer sowie technologischer Sicht, besser als die VCG informiert. Da er aus der Umsetzung seiner Idee einen Privatnutzen zieht, hätte er möglicherweise den Fehlanreiz seine Informationen nicht wahrheitsgemäß zu offenbaren. Die Due Diligence soll diese Qualitätsunsicherheit so weit wie möglich beseitigen. Bei der Bewertung junger Unternehmen bzw. innovativer Projekte kann auf keine Historie oder Erfahrungswerte zurückgegriffen werden. Folglich kann die VCG nur schwierig und eingeschränkt die Qualität des Gründerteams, des Unternehmens und des zu finanzierenden Projektes beurteilen. Anstelle von „hard facts" (Jahresabschlussinformation, Wirtschaftsprüfungsberichte etc.) fließen in den Due Diligence Prozess oft „soft informations" (Referenzen von Kooperationspartnern und anderen Investoren falls vorhanden, vielfältige Checks im Umkreis des Gründers und des Unternehmens) ein.[41]

Wenn das Ergebnis der Due Diligence positiv ausgefallen ist, ist die nächste Stufe der Wertschöpfungskette erreicht.

2.1.2.2 Die Investitionsphase

Die nächste Stufe des VC-Prozesses, die Investitionsphase, setzt sich aus der Vertragsverhandlung und aus dem Monitoring & Value Adding zusammen.

Im Rahmen von *Vertragsverhandlungen* werden die Vertragskonditionen festgelegt. Der Begriff Beteiligungsvertrag wird in der Literatur i.d.R. weit aufgefasst. Darunter werden alle Absprachen subsummiert, die im Zusammenhang mit der Beteiligung getroffen werden. Der Beteiligungsvertrag enthält i.e.S. die Konditionen des Einstiegs der VCG (Höhe der Beteiligung, Höhe des Investiti-

---

[40] Vgl. Hartmann-Wendels/Pfingsten/Weber (2010), S. 112f.
[41] Vgl. Nathusius (2001), S. 78. Die Due Diligence umfasst i.d.R. folgende drei Gebiete: Legal Due Diligence, Financial Due Diligence sowie Business und Technological Due Diligence. Soweit die VCG über die entsprechende Bewertungsexpertise nicht verfügt, wird sie im Rahmen der Due Diligence auf externes Expertenwissen zurückgreifen müssen. Vgl. hierzu Weitnauer (2007), S. 262.

onsbetrages, Form der Einzahlung, Fälligkeit oder Meilensteine, Verwässerungs-schutz und Garantien. Darüber hinaus regelt eine separate Gesellschafterverein-barung den Umgang der Vertragspartner miteinander (z.b. Informations-, Zu-stimmungs- und Exitrechte, Bindung des Managements).[42]

Eine besondere Bedeutung kommt beim Abbau der Informationsasymmetrie der Vertragsgestaltung zu. Die vorhandenen Handlungsspielräume sowie die existie-renden Vertragslücken können beide Parteien gleichermaßen zum opportunisti-schen Verhalten verleiten. Durch eine geeignete Anreizsteuerung und eine situa-tionsangepasste Kontrollallokation soll die Vertragsgestaltung einen Wirkungs-mechanismus erschaffen, der opportunistische Handlungsspielräume einschränkt oder sogar eliminiert.

Im Folgenden werden die wichtigsten Problemfelder, die sich aus der nachver-traglichen Informationsasymmetrie ergeben (Risikoanreiz- und Leistungs-anreizproblem sowie Hold-up) kurz skizziert. Darüber hinaus werden Vertrags-instrumente dargestellt, die zur Milderung bzw. Beseitigung der Anreiz-problematik dienen.

- *Risikoanreizproblem*

Die Umsetzung der Projektidee kann auf unterschiedlichen Wegen vollzogen werden. Die strategischen Optionen des Entrepreneurs sind mit unterschiedli-chem Risiko verbunden. Da der Umsetzungsweg vertraglich nicht festgelegt werden kann bzw. vor Gericht nicht verifizierbar ist, sollen anreizkompatible Mechanismen im Beteiligungsvertrag eine unnötige Erhöhung des Projektrisikos auf Kosten der VCG verhindern. Eine in der Literatur etablierte Lösung stellt der Einsatz einer anreizkompatiblen Zahlungsstruktur dar, die z.b. mittels Wandel-schuldverschreibungen[43] induziert werden kann. Entspricht das Risikoverhalten

---

[42] Vgl. Weitnauer (2007), S. 265.

[43] In der englischsprachigen Literatur findet man den umfassenderen Begriff *convertible securities*. Die beiden Begriffe lassen sich nicht deckungsgleich anwenden, da sie aus unterschiedlichen gesetzlichen Grundlagen her-vorgehen. Für den Einsatz von *convertible securities* in den VC-Verträgen liefert die Literatur vielfältige Ar-gumente. Zum einen soll die separate Allokation von Cashflow- und Kontrollrechten bessere Arbeitsanreize für die Vertragsparteien schaffen (vgl. Gilson/Schizer (2003), S. 885; Schmidt (2005), S. 1140), die Exitkonflikte reduzieren (vgl. Bascha/Walz (2002), S 11f) und das Moral Hazard Risiko vermindern (vgl. Cumming (2005),

des Entrepreneurs der Erwartung der VCG, so tauscht sie ihr Fremdkapital in Eigenkapital. Der Entrepreneur muss das Fremdkapital nicht mehr bedienen. Diese Situation wirkt liquiditätsschonend auf das junge Unternehmen und die VCG kann an potenziell hohen Cashflow-Realisationen partizipieren (*upside potential*). Wandelt dagegen der Venture Capitalist sein Fremdkapital nicht um, so ist er im Falle einer negativen Entwicklung besser gestellt (*downside protection*), da seine Rückzahlungsansprüche vorrangig bedient werden.[44] Der Einsatz von convertible securities[45] wurde in diversen empirischen Studien untersucht. Kaplan und Strömberg (2003) stellen im Rahmen ihrer empirischen Studie fest, dass 95,2% der untersuchten Verträge auf dieser Basis gestaltet werden. Kaplan, Martel und Strömberg (2007), Cumming (2008) sowie Hartmann-Wendels, Keienburg und Sievers (2010) zeigen, dass außerhalb der USA verstärkt klassische Instrumente in den VC-Verträgen eingesetzt werden (z.B. Stammaktien). Bascha und Walz (2002) zeigen außerdem, dass in Deutschland der Einsatz von convertible securities von der angestrebten Exitstrategie bedingt wird.[46]

- *Arbeitsanreizproblem*

Der Erfolg des jungen Unternehmens hängt sowohl von den persönlichen Fähigkeiten und der technischen Qualifikation des Gründerteams als auch von der Expertise der VCG ab. Der Vertrag soll somit für beide Parteien Anreize zur Leistungserbringung schaffen. Das zweiseitige Moral Hazard Problem und die Bedeutung der Finanzierungsgestaltung bei der Schaffung performancesteigernder Leistungsanreize für beide Vertragspartner wurde in der Literatur von Casamatta (2003) herausgestellt. Sie zeigt, dass die Beratungsleistung des Venture Capitalists aufgrund seiner finanziellen Beteiligung intensiviert wird. Um von seiner Unterstützung und Beratung profitieren zu können, muss der Entrepreneur dem Venture Capitalist genug Cashflow-Rechte abtreten. Dabei soll berücksich-

---

S. 551). Zum anderen wird die Beliebtheit der *convertible preferred securities* in den USA auf steuerliche Begünstigungen zurückgeführt. Vgl. hierzu Gilson/Schizer (2003).

[44] Vgl. Cumming (2005), S. 559.

[45] Siehe Fußnote 42.

[46] Vgl. Bascha/Walz (2002), S. 27f. Die Studie zeigt, dass die Verwendung von convertible securities in den Beteiligungsverträgen mit dem Anstreben eines IPOs positiv korreliert.

tigt werden, dass die Leistung des Entrepreneurs ebenfalls sensitiv gegenüber den eigenen Cashflow-Rechten ist und somit nach einer für beide Seiten leistungsfördernden Allokation der Cashflow-Rechte gesucht werden muss.[47]

Weil der Cashflow junger Unternehmen oft nicht ausreicht um den Venture Capitalist zu kompensieren, werden ihm als Substitut Kontroll- und Entscheidungsrechte zugestanden.[48] Eine zu starke Einflussnahme kann sich allerdings auch nachteilig auswirken und die Leistungsmotivation des Entrepreneurs senken, da er sich weniger mit seinem Unternehmen und dessen Zielen identifiziert. Diese Anreizproblematik spielt später, in dem eigens entwickelten Modellrahmen zur Analyse der Exitentscheidung eine zentrale Rolle.

- *Hold up*

In der Start-up-Phase ist das Investitionsprojekt und somit das Unternehmen untrennbar mit dem Humankapital des Entrepreneurs verbunden, weil dieser maßgeblich zur Entwicklung und Umsetzung der Projektidee beiträgt. So wie Hart und Moore (1994) in ihrer Arbeit hervorheben, kann das Humankapital vertraglich nicht am Unternehmen gebunden werden. Diese Situation verleiht dem Entrepreneur eine gewisse Verhandlungsmacht, die er nach dem Vertragsabschluss zu Lasten des Venture Capitalists benutzen kann, indem er mit einem Ausstieg droht, um durch Nachverhandlungen bessere Vertragskonditionen zu erzielen. In den Beteiligungsverträgen wird daher eine Wettbewerbsklausel (*non-compete clause*) vereinbart, die den ausscheidenden Entrepreneur verpflichtet, eine gewisse Zeit nach dem Ausstieg nicht in Konkurrenz zu seinem alten Unternehmen zu treten. Kaplan und Strömberg (2003) zeigen, dass diese Wettbewerbsklausel sehr oft in den Verträgen eingesetzt wird. In ihrer Stichprobe von 213 untersuchten VC-Beteiligungstransaktionen hatten 70,4% der Verträge eine solche Klausel.[49]

---

[47] Vgl. Casamatta (2003), S. 2066 und 2071.
[48] Für eine detaillierte Diskussion zur Allokation von Kontrollrechten vgl. Aghion/Bolton (1992).
[49] Vgl. Kaplan/Strömberg (2003), S. 289.

Ein weiteres, oft verwendetes Instrument zur Einschränkung des Hold-up-Risikos ist die sog. Vesting-Klausel (*founder vesting*). Sie dient dazu, dem Entrepreneur seine Eigentumsanteile erst im Laufe der Zeit zu übertragen.[50] Verlässt der Entrepreneur das Unternehmen vor Ablauf der festgelegten Vestingfrist[51], so bekommt er seinen Eigentumsanteil nicht im vollen Umfang. Kaplan und Strömberg (2004) stellen für ihre Stichprobe fest, dass die Founder Vesting-Klausel in 41,2% der abgeschlossenen Verträge vorhanden war.[52]

Zwecks einer effizienten Verringerung der Informationsasymmetrie bedienen sich die VC-Verträge diverser Instrumente. Um diese facettenreiche Problematik adäquat adressieren zu können, etabliert sich verstärkt die Praxis einer getrennten Allokation der Cashflow-, Kontroll- und Exitrechte, die erstmals von Kaplan und Strömberg (2003, 2004) thematisiert wurde. Ausgehend von den jeweils geltenden gesetzlichen Rahmenbedingungen und von der Geschäftserfahrung der VCG lassen sich in der Praxis unterschiedliche Kombinationen von Finanzierungsinstrumenten (*security design*) und Vertragsklauseln gestalten, die aber in ihrer Anreizwirkung doch sehr homogen sind.

Nach erfolgreichem Abschluss der Beteiligungsverhandlungen wird der Vertrag umgesetzt. In dieser Phase finden das *Monitoring* und das *Value Adding* statt.

Die Überwachung des Portfoliounternehmens soll sicherstellen, dass die vertraglichen Vereinbarungen eingehalten, eventuelles Fehlverhalten und mögliche Defizite rechtzeitig aufgedeckt und die gemeinsam festgelegten Ziele erreicht werden. Das Monitoring setzt sich aus formellen und informellen Maßnahmen zusammen. Das formelle Monitoring stellt eine regelmäßige Überwachung des Portfoliounternehmens anhand standardisierter Berichte über Finanzkennzahlen, Marktentwicklung, Personalentscheidungen oder technische Fortschritte dar. Darüber hinaus findet ein informelles Monitoring in Form von persönlichen Tref-

---

[50] Vgl. Hellmann (1998), S. 58.
[51] Die Laufzeit des Founder Vesting beträgt i.d.R. 2 bis 5 Jahren. Vgl. Hellmann (1998), S. 58.
[52] Vgl. Kaplan/Strömberg (2003), S. 289.

fen, Telefonaten oder Teilnahmen an Gremiensitzungen statt.[53] Die Intensität des Monitorings wird von unterschiedlichen Faktoren wie z.b. der Erfahrungsgrad des Managements, die strategische Zielsetzung der VCG oder die geografische Nähe[54] beeinflusst.

Der wesentliche Unterschied zwischen der VC-Finanzierung und anderen Finanzierungsalternativen besteht in der parallel zum Monitoring stattfindende Betreuung und Beratung durch die VCG.[55] Die Leistung des Venture Capitalists zielt einerseits auf die Steigerung des Beteiligungswertes und andererseits auf die Minimierung des Beteiligungsrisikos ab.[56] Aufgrund ihres wertzuführenden Charakters werden diese Leistungen in der Literatur mit dem Begriff *Value Adding* beschrieben. Das Value Adding tangiert unterschiedliche Unternehmensbereiche und -funktionen: Strategische Planung, Unterstützung beim Zugang zu weiteren Finanzierungsquellen[57], bei der Gestaltung der Human Ressource-Politik[58], beim Zugang zum Absatzmarkt und zu Netzwerkpartnern – z.B. Lieferanten, Berater[59] – sowie Unterstützung im administrativen Bereich.[60] Empirische Studien zeigen allerdings, dass es beträchtliche Unterschiede zwischen der Intensität sowie der Qualität und dem Fokus der Value Adding Leistungen einzelner Kategorien von VCG gibt.[61]

Monitoring und Managementunterstützung sind die wichtigsten Instrumente zur Beeinflussung des Beteiligungserfolges. Die VCG lassen sich folglich umfassende Kontroll- und Mitspracherechte einräumen. So kann diese ihre Unterstützung in Form einer Mitarbeit in den PU-Gremien (Beirat, Aufsichtsrat, Gesellschafter-

---

[53] Vgl. Reissig-Thust (2003), S. 123f.
[54] Vgl. Lerner (1995), S. 312f; Denis (2004), S. 305.
[55] Weil Venture Capitalist ihr Monitoring durch eine aktive Beratung ergänzen, werde sie auch als *active monitors* bezeichnet. Für einen umfassenden Überblick zu Value Adding vgl. Da Rin/Hellmann/Puri (2011), S. 35f.
[56] Vgl. Schefczyk (2006), S. 35.
[57] Für eine detaillierte Darstellung und empirische Analyse der Problematik vgl. Gorman/Sahlman (1989).
[58] Für eine umfassende empirische Analyse dieser Problematik vgl. Hellmann/Puri (2002).
[59] Für eine detaillierte Darstellung vgl. Hellmann/Puri (2000).
[60] Vgl. Neubecker (2006), S. 94ff.
[61] Hack (2005) zeigt, dass CVCG öfter mit ihren Portfoliounternehmen interagieren und diese intensiver in strategischen sowie operativen Angelegenheiten unterstützen als unabhängige VCG. Vgl. Hack (2005), S. 196ff und S. 262f. Die Beteiligungsstrategie bankabhängiger VCG weist im Vergleich zur Strategie unabhängiger VCG einen Spätphasenfokus, weil sie weniger technische Kompetenzen haben, sondern als Finanzexperten fungieren. Vgl. Botazzi/Da Rin/Hellmann (2008). S. 510.

ausschuss) erbringen.[62] Für gewisse Entscheidungen (z.B. Strukturmaßnahmen, Personalentscheidungen, Strategieplanung) ist die Zustimmung und evtl. die Mitwirkung der VCG sogar zwingend. Kaplan und Strömberg (2003) berichten, dass Venture Capitalists in 25% der von ihnen untersuchten Beteiligungen über die Mehrheit der sog. *board rights* verfügen. Außerhalb der USA lässt sich eine derartige Kontrollallokation jedoch nicht so oft feststellen. Kaplan, Martel und Strömberg (2007) finden bei nur 12,4% der untersuchten Transaktionen eine Mehrheit der VCG im Board des Portfoliounternehmens. Bei einer negativen Entwicklung erhält der Venture Capitalist zusätzliche Kontroll- und Mitspracherechte, die ihm ermöglichen sollen das Beteiligungsrisiko einzuschränken.[63]

Der Kontakt zwischen der VCG und dem Portfoliounternehmen ist während der Beteiligungslaufzeit i.d.R. eng. Gorman und Sahlman (1989) zeigen, dass Venture Capitalists 60% der Arbeitszeit mit der Betreuung und Beratung ihrer Portfoliounternehmen verbringen und ein Portfoliounternehmen im Durchschnitt 19 Besuche jährlich abstatten.[64] Für den deutschen VC-Markt zeigt die Untersuchung von Reissig-Thust (2003) ebenfalls einen engen Kontakt zwischen Portfoliounternehmen und VCG. 12,4% der Portfoliounternehmen hatten wöchentlich persönlichen Kontakt und 59,3% telefonischen Kontakt zur VCG.[65] Die enge Zusammenarbeit und die Mitwirkung der VCG bei der strategischen Unternehmensgestaltung wirken sich positiv auf die Unternehmensentwicklung aus. Hellmann und Puri (2002) zeigen, dass den mit VC finanzierten Unternehmen eine schnellere Professionalisierung gelingt, weil sie einen besseren Zugang zu qualifizierten Fach- und Führungskräften haben. Außerdem zeigen Hellmann und Puri (2000), dass Unternehmen, die mit VC finanziert sind, kürzere Entwicklungszeiten für ihre Ideen haben und schneller ihre Produkte auf den Markt bringen.

---

[62] Vgl. Schefczyk (2006), S.35f.
[63] Kaplan und Strömberg (2003) beobachten, dass 18% der untersuchten VC-Verträge eine solche Verschiebung der Kontrollverhältnisse im Falle einer für die VCG ungünstigen Entwicklung vorsehen. Vgl. dazu Kaplan/Strömberg (2003), S.288ff.
[64] Vgl. Gorman/Sahlman (1989), S. 235 und 245.
[65] Vgl. Reissig-Thust (2003), S. 207.

Das Value Adding der VCG hat nicht nur auf die Entwicklung des Portfolio-unternehmens sondern auch auf das Fundraing des VC-Fonds in den nächsten Perioden. Cumming, Fleming und Suchard (2005) zeigen, dass eine intensive Value Adding Aktivität der VCG die Bereitschaft der VC-Fundsinvesroren, Finanzmittel in den nächsten Perioden zur Verfügung zu stellen, positiv beeinflusst.[66]

Der positive Effekt des Monitorings und der Value Adding Leistungen wird auch vom Markt erkannt und bewertet. Megginson und Weiss (1991) finden bei VC finanzierten IPO signifikant niedrigere Zeichnungsrenditen als bei der übrigen Stichprobe. Die Finanzierung und Begleitung der Unternehmen durch eine VCG wird also vom Markt als positives Signal aufgefasst (*Zertifizierungseffekt*).

2.1.2.3 Die Desinvestitionsphase

Die letzte Phase im VC Cycle stellt die *Desinvestition*, auch Exit genannt, dar. Diese Phase schließt den Beteiligungsprozess ab und ermöglicht der VCG und eventuell auch dem Entrepreneur einen kompletten oder partiellen Ausstieg aus der getätigten Investition.[67] Durch die Desinvestition trennt sich die VCG vom Portfoliounternehmen, indem sie ihre Anteile ganz oder teilweise verkauft. Aus dem Liquiditätszufluss können in der Folgeperiode neue Beteiligungen getätigt und die externen Investoren bedient werden. Bei der Desinvestition spielt neben der unmittelbaren Gewinnmaximierung auch der Reputationsaspekt eine wichtige Rolle. Da VCG wiederholt als Kapitalanbieter am VC-Markt auftreten, ist der Ausbau der eigenen Reputation durch einen erfolgreichen Exit sehr wichtig. Eine gute Reputation sendet ein positives Signal für die anderen Marktteilnehmer aus und daraus ergeben sich positive Konsequenzen sowohl für das Fundraising als auch für den Dealflow und die Renditeerwartung der nächsten Perioden.

Die Durchführung der Desinvestition bedarf einer sorgfältigen und systematischen Vorbereitung. Während der Beteiligungslaufzeit ist folglich ein aktives Exitmanagement erforderlich. Das Exitmanagement zielt darauf ab, durch eine

---

[66] Vgl. Cumming/Fleming/Suchard (2005), S. 324f.
[67] Vgl. DeTienne (2010), S. 203.

zielgerichtete Vorbereitung und Durchführung von Beteiligungsveräußerungen exitbedingte Interessenkonflikte zwischen den Vertragspartnern sowie damit einhergehende Renditeeinbußen zu vermeiden.[68] Ein effizientes Exitmanagement setzt also eine frühzeitige Auseinandersetzung der VCG mit den potenziellen Exitalternativen voraus. Zu diesen Zwecken bilden manche VCG auch ein Exit-Komitee, das periodisch die angestrebte Exitstrategie auf Realisierbarkeit prüft und mögliche Veränderungen beim Portfoliounternehmen sowie in dessen Umfeld in die Exitvorbereitung einbezieht.[69]

Zur Durchführung der Desinvestition stehen mehrere Alternativwege zur Verfügung.[70] Da der Beteiligungsausstieg den zentralen Aspekt dieser Arbeit darstellt, werden sowohl die Exitmodalitäten als auch die spezifische Problematik jedes Exitkanals ausführlich im Abschnitt 2.3.1 betrachtet.

2.2 Die Notwendigkeit eines Beteiligungsausstiegs

Der mehrstufige VC-Investitionsprozess startet – wie im vorherigen Abschnitt dargestellt – mit der Kapitalakquisition und endet mit dem Ausstieg der VCG und womöglich auch des Entrepreneurs[71] aus dem Unternehmen. Die vorliegende Arbeit fokussiert auf den Ausstieg der VCG. Der Beteiligungsprozess, als letzte Stufe des VC-Investitionsprozesses, stellt den Übergang zur nächsten Beteiligungsfinanzierung dar und dessen erfolgreiche Durchführung prägt die künftige Investitionstätigkeit der VCG. Die Möglichkeiten und Perspektiven einer späteren Veräußerung werden bereits bei der Vorbereitung der Beteiligungsentscheidung identifiziert und diese Überlegungen zur Gestaltung des Ausstiegs fließen schon in die Vertragsverhandlung und -gestaltung ein. Die Exitentscheidung hat daher Konsequenzen für den gesamten VC-Zyklus. Vor diesem Hinter-

---

[68] Vgl. Paffenholz (2004), S. 3.
[69] Vgl. Sewing (2008), S. 38f.
[70] Vgl. Eckermann (2006), S. 51.
[71] Der Ausstieg des Entrepreneurs – auch als *entrepreneurial exit* bezeichnet – ist ebenfalls mit weitreichenden Konsequenzen für das Unternehmen, die Industrie und die Wirtschaft sowie für den Entrepreneur verbunden. Die Problematik wurde in unterschiedlichen empirischen und theoretischen Studien thematisiert. Für einen Überblick siehe DeTienne (2010).

grund soll in diesem Abschnitt gezeigt werden, dass die Ausstiegsentscheidung sowohl für die VCG als auch für den Entrepreneur und das Unternehmen von besonderer Bedeutung ist.

Das Geschäftsmodell der VCG besteht darin, die von Investoren angelegten oder von der Muttergesellschaft anvertrauten Mittel gewinnbringend und unter Berücksichtigung eigener strategischer Ziele anzulegen. Während der Fondslaufzeit schließt die VCG mehrere Beteiligungsverträge ab. Die Beteiligungsdauer ist i.d.R. auf 2 bis 7 Jahre beschränkt.[72] Über den Zeitpunkt und den Weg des Ausstiegs der VCG können die VCG und der Entrepreneur divergierende Vorstellungen haben. Daraus ergeben sich unterschiedliche Konflikte, die im Kapitel 3.1 näher analysiert werden, um anschließend auf die Bedeutung und die Problematik der Allokation von Exitrechten eingehen zu können.

Beteiligungsausstieg aus der Perspektive der Venture Capital Gesellschaft

Der Exithorizont der VCG wird in erster Linie von der Laufzeit des verwalteten Fonds bestimmt. Diese ist bei geschlossenen Fonds vordefiniert. Am Ende der Fondslaufzeit werden die getätigten Beteiligungen liquidiert, der Fonds wird aufgelöst und die externen Investoren erhalten ihren Anteil am Veräußerungserlös. Offene Fonds stellen dagegen ein auf Dauer eingerichtetes Beteiligungskonzept dar. Ein Ausstieg der VCG aus der Beteiligung findet auch hier statt, wenn die VCG ihre finanziellen und strategischen Ziele erreicht hat.

Weitere Bestimmungsfaktoren des Exithorizontes sind die Liquiditätslage, die Existenz neuer Investitionsalternativen sowie die Neuauflage eines Fonds.[73]

Ein Exit wird von der VCG auch dann angestrebt, wenn sie neue, lukrative Investitionsobjekte identifiziert hat, aber keine Fondsmittel für neue Beteiligungen verfügbar sind. Für eine Desinvestition kommen dann jene Beteiligungen in Frage, die bei einem vorzeitigen Exit eine niedrigere Rendite als die neu zu finan-

---

[72] Vgl. Cumming/Johan (2008), S. 1213. In Deutschland gibt es aber auch VCG die sehr viel länger bei ihren Portfoliounternehmen engagiert bleiben. Vgl. BVK (2011b).
[73] Vgl. Brachtendorf (2004), S. 35.

zierenden Unternehmen erwarten lassen.[74] Für die Wahrnehmung neuer Beteiligungsmöglichkeiten spielt allerdings nicht nur die Freisetzung von Finanzmitteln, sondern auch die Freisetzung vom eingebundenen Humankapital eine bedeutende Rolle. Die Investitionen der VCG in den Portfoliounternehmen werden
durch wertsteigernde Leistungen begleitet. Das Humankapital, das für diese
Leistungen zur Verfügung steht, ist begrenzt und neue Beteiligungen können nur
dann sinnvoll betreut werden, wenn bereits gebundenes Humankapital freigesetzt
wird (*recycling of informed capital*).[75]

Vor dem Hintergrund der Wahrnehmung neuer Investitionschancen wird die Bedeutung der Liquiditätslage der VCG ersichtlich. MacMillan, Siegel und Narasimha (1985) zeigen in ihrer Studie, dass für die befragten VCG die
Liquidierbarkeit der Beteiligung ein bedeutendes Kriterium bei der PU-Auswahl
ist. In diesem Kontext zeigen Aghion, Bolton und Tirole (2004), dass eine VCG
mit guter Reputation seltener gezwungen ist Beteiligungen frühzeitig zu veräußern, um neue Investitionen zu tätigen. Aufgrund ihrer Reputation gelingt es diesen VCG einfacher neues Kapital aufzunehmen.[76]

Die Nachfrage nach VC variiert über die Zeit. Ein Treibfaktor dieser Nachfrage
ist die Konjunkturentwicklung. Eine Betrachtung der VC-Investitionen in den
USA über die letzten drei Dekaden lässt feststellen, dass das Investitionsvolumen
über die Zeit relativ stabil geblieben ist.

In Zeiten wirtschaftlichen Aufschwungs steigt also allgemein die Nachfrage nach
Kapital. Infolgedessen sind auch VCG einer hohen Nachfrage lukrativer Beteili-
gungsprojekte ausgesetzt, die sie aufgrund der vorhandenen Budgetbeschrän-
kung nur durch Desinvestitionen bedienen können.

---

[74] Vgl. Brachtendorf (2004), S. 35.
[75] Vgl. Michelacci/Suarez (2004), S. 459f. Auch Fulghieri und Seviril (2009) untersuchen diesen Aspekt und
kommen zum Ergebnis, dass VCG eine bessere Performance erzielen, wenn sie ein kleines Portfolio an Unternehmen finanzieren und betreuen, als wenn sie ihr verfügbares Humankapital auf zu viele Portfoliounternehmen verteilen. Fulghieri/Seviril (2009), S. 4644. Neue Beteiligungen sind somit nur dann sinnvoll, wenn sich
die VCG von bestehenden Beteiligungen trennen kann.
[76] Auf diesen theoretischen Ansatz und dessen Ergebnisse wird im Kapitel 3.3.1 detailliert eingegangen.

Hinter der Portfoliorestrukturierung durch Desinvestition und Abschluss neuer Beteiligungen steckt aber neben der Wahrnehmung profitabler Investitionsgelegenheiten auch ein weiterer wirtschaftlicher Aspekt. Aufgrund ihrer Spezialisierung sind VCG in der Lage, vor allem in der Gründungs- und Frühentwicklungsphase eines Unternehmens, Monitoring sowie Beratungs- und Unterstützungsleistungen effizient zu erbringen. Cumming und MacIntosh (2001) haben den Zusammenhang zwischen dem Grenznutzen von Value Adding Aktivitäten (*projected marginal value added, PMVA*) und den dadurch verursachten Grenzkosten (*projected marginal costs, PMC*)[77] untersucht und festgestellt, dass der Grenznutzen (PMVA) – wie aus der Abbildung 2-8 zu erkennen ist – mit der Dauer der Beteiligung sinkt und ab einem gewissen Punkt unter dem Kostenniveau (PMC) liegt.

Abbildung 2-8: Die Entwicklung des Grenznutzens der Value Adding Aktivität (*PMVA*) und der dadurch hervorgerufenen Kosten (*PMC*) während der Beteiligungslaufzeit

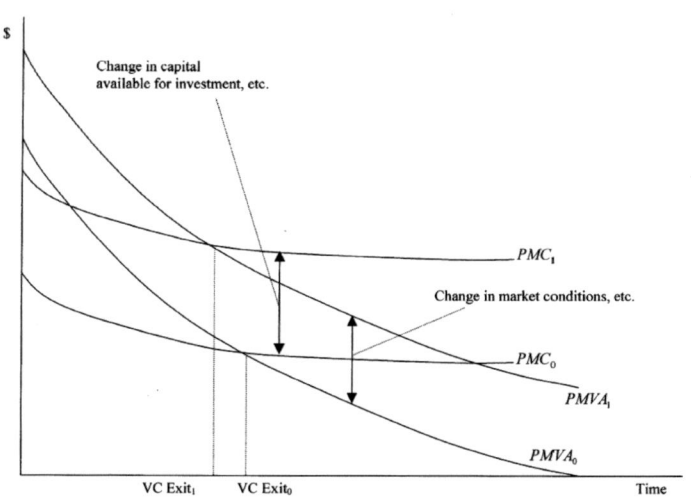

Quelle: Cumming/MacIntosh (2001), S. 448.

---

[77] Mit den beiden Begriffen PMVA und PMC versuchen die Autoren nicht nur den aktuellen Zustand – d.h. das aktuelle Value Adding bzw. die jetzigen Kosten – zu erfassen, sondern berücksichtigen auch die künftige Entwicklung mit dem daraus resultierenden Value Adding bzw. den entsprechenden Kosten.

Nachdem eine gewisse Professionalisierung des jungen Unternehmens stattgefunden hat und dieses mittlerweile auch über eine wirtschaftliche Historie verfügt, übersteigen die Grenzkosten der Value Adding Leistung deren Grenznutzen. Aus Profitabilitätsgründen ist für die VCG der Zeitpunkt erreicht worden, zu dem ein Kapitalrecycling, von erfolgreichen Portfoliounternehmen hin zu neuen jungen Unternehmen mit hohem Wachstumspotenzial, stattfinden soll.[78]

Beteiligungsausstieg aus der Perspektive des Entrepreneurs

Auch aus der Perspektive des Entrepreneurs erweist sich der Ausstieg der VCG aus dem Unternehmen als notwendig.

Durch den finanziellen, aber vor allem strategischen und operativen Input des Venture Capitalists, hat das junge Unternehmen einen gewissen Reife- und Professionalisierungsgrad erreicht und ist nun vielmehr mit allgemeinen Problemen der Unternehmensführung konfrontiert. Es benötigt weniger die spezifische Unterstützung durch die VCG als die Dienstleistungen spezialisierter Beratungsunternehmen. Dadurch dass am Anfang der Beteiligung, also in frühen Unternehmensphasen, i.d.R. wichtige strategische Entscheidungen bevorstehen, das Managementteam gebildet wird und Marktstrategien noch entwickelt werden müssen, haben Beratung und Unterstützung durch den Venture Capitalist eine außerordentlich positive Auswirkung auf die Wertschöpfung im Unternehmen.[79] Je älter das Unternehmen und je erfahrener das Managementteam, desto geringer ist aber der aus dem Value Adding erzielbare Nutzen. Außerdem hat das Unternehmen jetzt auch die finanziellen Mittel, um externe Beratungsleistungen in Anspruch zu nehmen.

Ein weiterer Aspekt hinsichtlich der Notwendigkeit eines Beteiligungsausstiegs der VCG aus Sicht des Entrepreneurs betrifft die psychologische Dimension der Unternehmenskontrolle. Indem sich die VCG von ihren Anteilen an dem Portfo-

---

[78] Vgl. Cumming/MacIntosh (2001), S. 450.
[79] Botazzi, Da Rin und Hellmann (2008) zeigen in ihrer empirischen Untersuchung, dass der sog. *investor activism* – gemessen durch die Interaktionshäufigkeit, den realisierten Exit sowie das Engagement der VCG beim Management Recruiting und bei der Sicherstellung der Folgefinanzierung – einen positiven Einfluss auf die Performance des Unternehmens hat. Vgl. dazu Botazzi/Da Rin/Hellmann (2008), S. 492f und 511.

liounternehmen trennt, kann der Entrepreneur implizit oder explizit die Kontrolle über sein Unternehmen (zurück)erlangen. Viele Gründer entscheiden sich für die Selbständigkeit, weil sie darin die Chance sehen, ihre Kreativität und unternehmerische Handlungsfähigkeit entfalten zu können. Es sind also nicht nur höhere Einkommenserwartungen, sondern auch das Streben nach Selbstständigkeit, das den Entrepreneur zur Gründung motiviert.[80] Die im Rahmen des Beteiligungsvertrages abgetretenen Kontrollrechte kann der Entrepreneur durch den Ausstieg des Venture Capitalists zurückbekommen. Black und Gilson (1998) zeigen, dass vor allem der Börsengang eine positive Auswirkung auf die implizite (Wieder)Erlangung unternehmerischer Unabhängigkeit hat, weil in diesem Fall eine Streuung der Anteile stattfindet und der Entrepreneur das Unternehmen auch dann kontrollieren kann, wenn er nicht über eine Stimmenmehrheit verfügt.[81] Je nachdem inwieweit sich der Entrepreneur mit seinem Unternehmen identifiziert, ist die Bedeutung des oben beschriebenen Aspektes unterschiedlich stark ausgeprägt. In der Literatur unterscheidet man zwei Entrepreneurstypen: Der *serial* Entrepreneur und der *life style* Entrepreneur. Diese Differenzierung ist auf die Treibkräfte der Unternehmensgründung zurückzuführen. Ein *life style* Entrepreneur gründet sein Unternehmen, um seine Ideen zu verwirklichen und seine Existenz zu sichern. Dabei legt er besonderen Wert auf seine unternehmerische Selbstbestimmung.[82] Vinturella und Erickson (2004) beschreiben die Zielsetzung eines solchen Entrepreneurs wie folgt: *„for these [entrepreneurs] a good living and independence is the goal and driving force behind the business. There is no plan to take the business public or sell it to a larger company [...] nor to grow the business faster than the internal resources will allow"*. Dieser Entrepreneurstyp wird beim Ausstieg der VCG vor allem Wert darauf legen, dass ihm die Exitalternative die Erlangung der Kontrolle über sein Unternehmen ermöglicht. Ein *serial* Entrepreneur dagegen betrachtet eine Unternehmensgründung als eine besondere Herausforderung: Sobald das gegründete Unternehmen reif für den Verkauf ist, steigt er aus und mit dem zugeflossenen Kapital wird ein

---

[80] Vgl. Reissig-Thust (2003), S. 67.
[81] Vgl. Black/Gilson (1998), S. 261.
[82] Vgl. Schwienbacher (2007), S. 761.

neues Projekt gestartet. Ein *serial* Entrepreneur ist also grundsätzlich an einem schnellen und erfolgreichen Ausstieg interessiert.[83] Aus seiner Sicht ist der Ausstieg des Finanzierungspartners nur insofern bedeutend, dass er durch Timing und die Wahl des Exitkanals den Unternehmenswert und somit den Wert seines Anteils beeinflusst.

Ein Ausstieg der VCG aus ihrem Beteiligungsengagement bei dem Portfoliounternehmen stellt sich demzufolge sowohl aus Sicht der VCG, als auch aus Sicht des Entrepreneurs und des Portfoliounternehmens als notwendiger Schritt heraus. Es ergibt sich folglich die Frage, welche Exitalternative hierfür gewählt werden soll und welcher Zeitpunkt für einen Ausstieg der VCG geeignet ist. Die Exitgestaltung ist allerdings ein komplexer Prozess mit weitreichenden Konsequenzen für das Verhalten der beteiligten Parteien und die Unternehmensentwicklung. Aufgrund der strategischen Bedeutung des Ausstiegs ist die Exitentscheidung mit diversen Interessenkonflikten behaftet und kann als Auslöser positiver oder negativer Anreize fungieren. Diese Aspekte werden im Abschnitt 3.1 näher betrachtet, um die Bedeutung sowie die Auswirkungen der Exitstrategie besser verstehen zu können.

2.3 Die Anatomie eines Beteiligungsausstiegs

Im vorherigen Abschnitt wurde gezeigt, wie wichtig der Beteiligungsausstieg für die VCG, aber auch für den Entrepreneur ist. Zum Ausstieg aus der Beteiligung stehen der VCG mehrere Alternativen sowie verschiedene Zeitpunkte zur Auswahl. Die verfügbaren Exitkanäle unterscheiden sich hinsichtlich des Vorbereitungsaufwands, der Auswirkung auf die Kontrollallokation im Unternehmen und auf dessen künftige Performance sowie auch hinsichtlich des erzielbaren Verkaufserlöses. Die Entscheidung über den Exitzeitpunkt hängt vom Planungshorizont der VCG und des Entrepreneurs, sowie von makroökonomischen Faktoren

---

[83] Vgl. Schwienbacher (2007), S. 762.

(z.B. „*hotness of IPO market*") und unternehmensspezifischen Faktoren (Größe, Alter, Branchenzugehörigkeit, Wettbewerbsumfeld) ab.

Die Frage nach der Exitstrategie beschäftigt die VCG schon bei der Investitionsentscheidung, da der Exit die Beteiligungsrendite bestimmt und somit den Erfolg des Engagements bei dem Portfoliounternehmen widerspiegelt. Die VCG eruieren also frühzeitig verfügbare Exitalternativen und analysieren den anzustrebenden Exitzeitpunkt sowie die Möglichkeiten zur Strukturierung der Transaktion (Partial- oder Totalexit[84], simultaner oder singulärer Exit[85]). Während der Beteiligungslaufzeit wird diese Analyse fortgeführt, die Exitstrategie laufend aktualisiert und an die Unternehmensentwicklung, das Marktumfeld sowie die konjunkturelle Entwicklung angepasst.[86]

Das Ziel dieses Kapitels besteht darin, die Betrachtung des VC-Zykluses abzuschließen, indem die praktischen Gestaltungsmöglichkeiten der Desinvestition – die Bestimmung des Exitkanals und des Exitzeitpunktes – beleuchtet werden. Dadurch soll die notwendige Grundlage für eine tiefergehende Analyse der Interessenkonflikte und Anreizeffekte geschaffen werden, die im Zusammenhang mit der konkreten Gestaltung der Exitstrategie entstehen.

2.3.1 Die Exitkanäle

In der Praxis unterscheidet man grundsätzlich folgende fünf Exitkanäle:[87]

- Der Börsengang (Initial Public Offering – IPO),
- Der Verkauf an einen strategischen Investor (Trade Sale),
- Der Verkauf an einen Finanzinvestor oder an mehrere Finanzinvestoren (Secondary Purchase),
- Der Rückkauf der Anteile durch die verbleibenden Gesellschafter (Buy Back),

---

[84] Der Unterschied zwischen diesen beiden Gestaltungsformen wird im nächsten Abschnitt erläutert.
[85] Diese beiden Formen der Beteiligungsveräußerung unterscheiden sich darin, ob alle beteiligten Parteien ihre Anteile beim Exit verkaufen oder nicht. Der Mitverkauf kann sogar vertraglich geregelt und somit zwingend sein. Vgl. Brettel et al. (2008), S. 110.
[86] Vgl. Brettel et al. (2008), S. 122.
[87] Vgl. Nathusius (2001), S. 84.

- Liquidation (Write off).

Die praktische Relevanz dieser Kanäle variiert von Land zu Land, bedingt durch Unterschiede in der Gesetzgebung (z.B. Investorenschutz), in der Entwicklung der Kapitalmärkte oder in der Struktur des VC-Marktes[88].

In diesem Abschnitt werden die Merkmale der einzelnen Exitmöglichkeiten sowie deren Vor- bzw. Nachteile für die VCG, für den Entrepreneur und für das Portfoliounternehmen herausgearbeitet.

Die praktische Gestaltung der Desinvestition unterscheidet sich nicht nur hinsichtlich des gewählten Exitkanals sondern oft auch bezüglich des Exitumfangs. Der Venture Capitalist kann teilweise oder vollständig aus seiner Beteiligung aussteigen. Theoretisch ist für jeden der fünf genannten Ausstiegsalternativen ein Voll- bzw. Teilexit möglich. Während bei einem vollständigen Exit der Venture Capitalist seine gesamte Beteiligung veräußert, findet bei einem partiellen Exit nur ein Teilverkauf statt.[89]

Die Hintergründe eines partiellen Exits können unterschiedlich sein und variieren mit dem gewählten Ausstiegskanal. Cumming und MacIntosh (2003a) untersuchen die Determinanten partieller Ausstiege. Das wichtigste Ergebnis betrifft die vorhandene Informationsasymmetrie. Junge Unternehmen sind einer großen Qualitätsunsicherheit ausgesetzt. Eine wichtige Funktion der VCG, als Finanzintermediär, besteht in der Informationsproduktion.[90] Im Laufe der Beteiligung sammelt die VCG Informationen über das Portfoliounternehmen und dessen Qualität. Wenn die Informationsasymmetrie zwischen Entrepreneur/Venture Capitalist und den Folgeinvestoren hoch ist, kann ein Teilexit des Venture Capitalists als Qualitätssignal fungieren (*certification*), das Vertrauen potenzieller Investoren ins Unternehmen stärken und dadurch ihre Investitionsbereitschaft erhöhen. Darüber hinaus hat der Teilexit einen weiteren positiven Effekt für das

---

[88] Öffentlich geförderte Beteiligungsgesellschaften haben neben Rentabilitätszielen vor allem soziale Ziele zu erfüllen. Demzufolge bleiben diese VCG viel länger bei ihren Portfoliounternehmen engagiert um einen Ausfall zu verhindern und das junge Unternehmen so lange wie möglich zu unterstützen. Liquidationen kommen somit seltener vor. Vgl. dazu Knobloch (2001), S. 1461.

[89] Vgl. Cumming/MacIntosh (2003b), S. 98.

[90] Vgl. Hartmann-Wendels (2005), S. 219.

Unternehmen und die Folgeinvestoren. Dadurch dass die VCG noch am Portfoliounternehmen beteiligt bleibt, ist sie weiterhin motiviert, das Unternehmen mit seiner Kompetenz zu unterstützen und es auch zu überwachen.[91] Im Folgenden werden die Charakteristika der einzelnen Exitvarianten beleuchtet.

2.3.1.1 Der Börsengang (IPO)

Aufgrund der hohen Renditechancen gilt der Börsengang sowohl in der Literatur als auch in der Praxis als ein besonders attraktiver Exitweg.[92] Diese Aussage ist dadurch begründet, dass der Börsengang der profitabelste Exitweg ist, gefolgt vom Trade Sale.[93] Trotzdem zeigen sowohl deutsche als auch US-amerikanische Statistiken, dass ein Trade Sale in der Praxis wesentlich öfter vorkommt als ein IPO. Das liegt vor allem an den hohen Transaktionskosten[94] eines IPO, die eine gewisse Mindestgröße des Unternehmens und der Emission erforderlich machen, damit der IPO wirtschaftlich sinnvoll werden kann. Darüber hinaus muss das Unternehmen eine gewisse Größe und ein bestimmtes Profitabilitätsniveau erreicht haben, um das Interesse der Investoren zu erwecken.[95] Außerdem verlangt ein IPO eine intensive Vorbereitung[96] und eignet sich wenig als schneller und flexibler Beteiligungsausstieg.

---

[91] Vgl. Cumming/MacIntosh (2003a), S. 544.

[92] Für den US-amerikanischen VC-Markt berichtet Gompers (1995), dass VC-Fonds im Durchschnitt eine jährliche Rendite von 60% aus Beteiligungen erzielen, die über einen IPO beendet wurden. Aus Beteiligungen, bei denen der Ausstieg via Trade Sale erfolgte, betrug die jährliche Rendite dagegen nur 15%.

[93] Vgl. Cumming/Johan (2008b), S. 1213. An dieser Stelle soll allerdings auf eine mögliche Verzerrung der Ergebnisse aufgrund einer Vorauswahl der IPO-Kandidaten durch die VCG hingewiesen werden. Da nur erfolgreiche Unternehmen sich aus Reputations- und Transaktionskostengründen für einen Börsengang eignen, überrascht es letztendlich nicht, dass diese Unternehmen dem Venture Capitalist beim Ausstieg die höchsten Renditen bescheren. Vgl. dazu. Cochrane (2005).

[94] Solche Kosten entstehen durch Erstellung des Börsenprospekts, durch Veranstaltung von Roadshows, durch Beauftragung einer Investmentbank, die den Börsengang vorbereitet und begleitet. Vgl. hierzu Franzke/Theissen (2005), S. 395. Diese Maßnahmen sind dafür notwendig, um die zwischen dem Emittenten und den Anlegern bestehenden Informationsasymmetrie bzgl. des Emissionspreises zu reduzieren. Vgl. hierzu Göppl/Sauer (1990), S. 160f.

[95] Vgl. Eckermann (2006), S. 65.

[96] Die Voraussetzung für eine Börseneinführung ist, dass das junge Unternehmen in einer börsenfähigen Organisationsform (Aktiengesellschaft) existiert. Darüber hinaus muss die Bilanzierung des Unternehmens auf die erforderlichen Rechnungslegungsvorschriften umgestellt werden und ein leistungsfähiges Controlling aufgebaut werden, das eine zeitnahe Berichterstattung an die Aktionäre sicherstellt. Vgl. dazu Houben (2003), S. 187.

Der Exit über einen Börsengang erfordert i.d.R. zwei Schritte. Im ersten Schritt werden die Aktien des Portfoliounternehmens im Rahmen einer Neuemission an der Börse platziert. Das Emissionsvolumen besteht dabei aus Aktienbeständen der Altaktionäre und eventuell auch aus neuen Aktien, wenn mit der Börseneinführung gleichzeitig auch eine Kapitalerhöhung angestrebt wird.[97] Der eigentliche Ausstieg der VCG erfolgt im zweiten Schritt, nach Ablauf der Lock-up-Frist, durch Veräußerung der Aktien über die Börse. Lock-up-Vereinbarungen stellen Verkaufsrestriktionen dar, die der VCG einen Verkauf der Aktien unmittelbar nach der Börseneinführung verbieten. Sie muss einen gewissen Anteil beibehalten und darf sich erst im Laufe der nächsten Monate oder sogar Jahre von ihren Aktien trennen. Eine Lock-up-Klausel kann außerdem festlegen, dass die VCG sich nur schrittweise von ihren Aktien trennen darf. Die Festlegung einer Lock-up-Frist schränkt die Flexibilität eines Beteiligungsausstiegs via IPO ein, dient aber dem Abbau der vorhandenen Qualitäts- und Bewertungsunsicherheit. Das Beibehalten der Beteiligung über den Börsengang hinaus soll potenziellen Investoren eine gute Qualität des Unternehmens signalisieren, deren Investitionsbereitschaft steigern und die Zeichnungsrendite erhöhen.[98]

Ein IPO bringt für die Beteiligten unterschiedliche Vor- bzw. Nachteile.

Auch wenn ein Liquiditätszufluss aufgrund von Lock-up-Vereinbarungen nicht unmittelbar nach der Börseneinführung stattfindet, ermöglicht ein IPO der VCG die Erzielung hoher Veräußerungserlöse. Außerdem trägt ein erfolgreicher IPO aufgrund der Medienresonanz in den Fachkreisen maßgeblich zum Reputationsausbau der VCG bei. Diese Tatsache fördert in den Folgeperioden das Fundrai-

---

[97] Vgl. Kurth (2005), S. 74.

[98] Der Existenz von Lock-up-Perioden liegt einerseits die *Signaling Hypothese* zugrunde. Leland und Pyle (1977) leiten in ihrem Modell ab, dass ein hoher Anteilsbesitz der Altaktionäre (Venture Capitalist und Entrepreneur) nach dem IPO dem Markt eine hohe Unternehmensqualität signalisiert. Lock-up-Vereinbarungen können andererseits auch das Moral Hazard Risiko in der post-IPO Phase reduzieren. Die Kompetenz des Venture Capitalists sowie dessen weiterhin bestehende Kontrollmöglichkeit sollen ein Fehlverhalten des neuen Managements verhindern (*Commitment Hypothese*). Brav und Gompers (2003) bringen empirische Evidenz für die Commitment Hypothese, finden aber keine Bestätigung der Signaling Hypothese. Bessler und Kurth (2007) finden dagegen für den deutschen Markt (1998-2001) empirische Evidenz dafür, dass eine längere Lock-up-Periode das Underpricing signifikant – von 45,7% auf 22,1% – reduziert. Vgl. Bessler/Kurth (2009), S. 43. Auch Tykvová und Walz (2004) finden vergleichbare Ergebnisse für den Neuen Markt. Vgl. Tykvová/Walz (2004), S. 23f

sing und schlägt sich auch im Dealflow[99] positiv nieder, da VCG mit guter Reputation als Finanzierungsgeber besonders attraktiv sind.

Dem Entrepreneur ermöglicht der Börsengang die implizite Wiedererlangung abgetretener Kontrolle. Die VCG veräußert entweder unmittelbar nach Börsennotierung oder nach Ablauf der Lock-up-Periode ihre Aktien. Zusammen mit der Streuung ihrer Anteile findet auch eine Streuung ihrer Kontrollrechte statt. Die neuen Aktionäre verhalten sich i.d.R. weitgehend passiv und üben ihre Kontrollrechte nicht aus. Außerdem erlöschen mit dem Börsengang auch die im Rahmen des Beteiligungsvertrags eingeräumten speziellen Kontrollrechte der VCG (z.B. in Form von Covenants). Dadurch verfügt der Entrepreneur nach einem IPO faktisch über die Kontrolle des Unternehmens, auch wenn er nur ein Minderheitsaktionär ist.[100]

Das Portfoliounternehmen hat die Möglichkeit im Rahmen des Börsengangs zusätzliches Kapital durch eine Neuemission aufzunehmen, um somit die Eigenkapitalbasis zu erweitern.[101] Die Erweiterung der Eigenkapitalbasis und die steigende Transparenz, aufgrund der zu erfüllenden Veröffentlichungspflichten, gehen mit einer Verbesserung der Kreditwürdigkeit einher und eröffnen dem Unternehmen neue Perspektiven hinsichtlich der Folgefinanzierung. Dies fördert in der Folge das künftige Unternehmenswachstum.

2.3.1.2 Trade Sale

Ein Trade Sale (TS) stellt den Verkauf von Unternehmensteilen oder des gesamten Unternehmens an einen strategischen Investor dar. Als strategische Investoren fungieren Industrieunternehmen (Konkurrenten, Lieferanten, Kunden), die mit dem Kauf des jungen Unternehmens auf die Realisation von Synergieeffekten, auf die Erzielung strategischer Vorteile, auf die Erschließung neuer Märkte,

---

[99] Hsu (2004) zeigt, dass im Falle einer VCG mit sehr guter Reputation die Wahrscheinlichkeit einer Annahme des Finanzierungsangebots durch den Entrepreneur dreimal höher ist als bei einer VCG mit geringerer Reputation. Außerdem stellt die Studie heraus, dass Entrepreneure auf der Suche nach Finanzierung für ihre Investitionsprojekte bereit sind Kosten, z.B. in Form eines sog. *equity discount* von 10 -14%, auf sich zu nehmen, um eine Beteiligungsfinanzierung durch eine renommierte VCG zu erhalten.
[100] Vgl. Black/Gilson (1998), S. 261.
[101] Vgl. Franzke/Theissen (2005), S. 393.

auf die vertikale Integration der Produkte oder auf die Akquisition neuer Technologien („*window of technology*") abzielen.[102]

Für einen Trade Sale kommen i.d.R. erfolgreiche aber noch nicht börsenreife
Unternehmen in Frage. Cumming und MacIntosh (2003b) stellen heraus, dass
ein strategischer Investor aufgrund seiner Branchen- und Marktkenntnisse das
Unternehmen sehr genau und realistisch bewerten kann.[103] Außerdem kann ihm
die direkte Verhandlung mit dem Entrepreneur bzw. dem Venture Capitalist einen guten Informationszugang ermöglichen.[104] Es gibt aber in der Literatur keine
eindeutigen Aussagen über die Profitabilität des Trade Sales als Ausstiegsweg.
Einerseits kann der strategische Investor aufgrund der erwarteten Synergieeffekte und seines guten Informationszugangs bereit sein, einen höheren Preis für die
Beteiligung oder das gesamte Unternehmen zu bezahlen, als im Normalfall erzielbar wäre.[105] Andererseits kann ein Trade Sale weniger lukrativ als ein IPO
sein. Zum einen hängt der erzielte Veräußerungserlös von der Verhandlungsposition der involvierten Parteien ab. Wenn mehrere Kaufinteressenten für das Portfoliounternehmen bieten, dann kann ein Trade Sale auch einen höheren Erlös
generieren als ein Börsengang.[106] Konnte aufgrund der konjunkturellen Lage
oder der Spezifität der Unternehmensaktivität nur ein Kaufinteressent identifiziert werden, so ist dessen Verhandlungsposition besonders stark und das Erzielen hoher Übernahmeprämien eher unwahrscheinlich.[107] Zum anderen lässt die
während der Beteiligung stattgefundene Professionalisierung des
Portfoliounternehmens weniger Verbesserungspotenzial im Managementbereich
zu. So kann der strategische Investor auf die Existenz technischer oder technologischer Probleme bei der Produktentwicklung als Grund für die Wahl des Trade

---

[102] Vgl. Cumming/MacIntosh (2003b), S. 8 sowie Bascha/Walz (2001), S. 286 und 290f.

[103] Vgl. Cumming/MacIntosh (2003b), S. 20.

[104] Dieser Aspekt ist insbesondere für Portfoliounternehmen mit einer ausgeprägten Informationsasymmetrie
bedeutend. Die Informationsasymmetrie kann durch eine umfangreiche Innovationstätigkeit, durch eine hohe
Komplexität der Produkte oder Dienstleistungen hervorgerufen werden. Vgl. hierzu Stein (2005), S. 162f.

[105] Vgl. Bayar/Chemmanur (2011), S. 5; Houben (2003), S. 188; Nathusius (2001), S. 85.

[106] Vgl. Paffenholz (2004), S. 120.

[107] Vgl. Paffenholz (2004), S. 121; Cumming/MacIntosh (2003b), S. 52.

Sales als Exitkanal schließen und somit einen Preis unter dem fairen Wert für den Kauf anbieten.[108]

Ein Trade Sale hat unterschiedliche Konsequenzen für die involvierten Parteien. Der VCG sichert ein Trade Sale eine schnelle Abwicklung und einen unmittelbaren Liquiditätszufluss. Ein Reputationsgewinn fällt allerdings im Falle eines strategischen Verkaufs gering aus, da die Aufmerksamkeit der Öffentlichkeit bei einer solchen Transaktion sehr gering ist und wenn, dann nur interessierte Fachkreise tangiert.[109] Eine erfolgreiche Abwicklung des Verkaufs und ein hoher Veräußerungserlös können sich allerdings positiv auf das Fundraising der VCG in den Folgeperioden auswirken.

Den größten Impakt hat ein Trade Sale für den Entrepreneur. Falls der strategische Investor eine vollständige Übernahme anstrebt und die Anteile des Entrepreneurs ebenfalls erwerben möchte, dann könnte der Entrepreneur von einer Übernahmeprämie profitieren.[110] Nachteilig wirkt sich für den Entrepreneur bei einem Trade Sale allerdings der resultierende Kontrolltransfer aus. Um die erwarteten Synergieeffekte zu realisieren, engagiert sich der strategische Investor relativ stark im unternehmerischen Entscheidungsprozess. Auch wenn der Entrepreneur nicht komplett aus dem Unternehmen aussteigt, verliert er folglich weitgehend seine Autonomie.[111]

Die Akquisition durch ein Industrieunternehmen eröffnet dem jungen Unternehmen neue Perspektiven. Es bekommt verbesserten Zugang zu Absatzmärkten und Technologien. Dadurch wird das Wachstum gefördert und die Marktposition des Unternehmens gestärkt.[112]

---

[108] Kanatas und Stefanadis (2010) bezeichnen diesen Sachverhalt als *Venture Capital Curse*. Vgl. Kanatas/Stefanadis (2010), S. 1-2.
[109] Vgl. Bascha (2001), S. 41.
[110] Vgl. Houben (2003), S. 188.
[111] Vgl. Houben (2003), S. 189
[112] Vgl. Bayar/Chemmanur (2011), S. 5

2.3.1.3 Secondary Purchase (Verkauf an einen Finanzinvestor)

Im Vergleich zu einem Trade Sale wird bei einem Secondary Purchase die VC-Beteiligung oder das gesamte Unternehmen an einen anderen finanziell ausgerichteten Investor – Beteiligungsgesellschaft, Private Equity Fonds – verkauft. Im Gegensatz zu einem strategischen Investor verfolgt der Finanzinvestor mit seiner Investition nur reine renditeorientierte Ziele. Eine Ausnahme wäre die Existenz im Portfolio des Finanzinvestors eines strategisch passenden Portfoliounternehmens.[113] Im Rahmen einer sog. „Buy-and-Built"-Strategie kann der Finanzinvestor beide Portfoliounternehmen zusammenführen und dadurch mögliche Synergiepotenziale ausschöpfen. Dabei kann der Finanzinvestor auch gezielt junge Unternehmen kaufen um diese anschließend zu einem großen, konkurrenzfähigen Unternehmen zu fusionieren und dadurch seine Renditeaussichten wesentlich zu verbessern.[114]

Auch wenn dieser Exitweg keine besonders hohen Verkaufserlöse verspricht, ist seine Bedeutung in den letzten Jahren deutlich gestiegen.[115] Dieser Trend ist vor allem auf die gestiegene Anzahl der Buy-out-Transaktionen[116] zurückzuführen.

Die Konfliktproblematik ist bei einem Secondary Purchase typischerweise schwach ausgeprägt, da die Transaktion keine besonderen Änderungen in der Allokation der Cashflow- und Kontrollrechte im Unternehmen verursacht.[117] Die Abwicklung der Transaktion verläuft i.d.R. schnell und unkompliziert, da der Finanzinvestor über entsprechende Erfahrung verfügt. Demzufolge sind die hierfür anfallenden Transaktionskosten recht gering.

Ein Secondary Purchase führt bei der VCG zu keinem zusätzlichen Reputationsgewinn, ermöglicht aber einen schnellen Beteiligungsausstieg und einen unmittelbaren Liquiditätszufluss.

---

[113] Vgl. Houben (2003), S. 189f.
[114] Vgl. Hoffmann (2008), S. 39
[115] Vgl. BVK (2009), S. 7
[116] Ein Buy-out stellt eine besondere Form des Unternehmenskaufs dar. Dabei erwirbt eine VCG oder ein Private Equity Fonds eine Mehrheitsbeteiligung an einem nicht börsennotierten Unternehmen mit dem Ziel, diese nach einer gewissen Zeit gewinnbringend zu veräußern.
[117] Vgl. Eckermann (2005), S. 71

Die Konsequenzen eines Secondary Purchase für das Unternehmen und den Entrepreneur hängen weitgehend von den Eigenschaften des Finanzinvestors ab. Da es sich nicht um einen industriellen Käufer handelt, kann das Unternehmen jedenfalls nicht von einem Zugang zu neuen Technologien oder Märkten profitieren. Wenn es sich allerdings um einen aktiven Investor handelt, der sich im Entscheidungsprozess und im Unternehmensgeschehen engagiert, dann können die Kompetenzen des Finanzinvestors zu einer Unternehmenswertsteigerung beitragen. Diese geht allerdings mit einer weitgehenden Einschränkung der unternehmerischen Autonomie des Entrepreneurs einher.[118]

2.3.1.4 Buy Back (Rückkauf durch verbleibende Gesellschafter)

Der Rückkauf der Anteile einer VCG durch den Entrepreneur, das Management oder das Unternehmen selbst stellt eine weitere Exitalternative dar. In Deutschland sind die stille Beteiligung[119] und das Gesellschafterdarlehen[120] sehr beliebte Finanzierungsinstrumente. Insbesondere öffentlich geförderte VCG setzen stille Beteiligungen mit fester Laufzeit und vertraglich vereinbarter Ablösung der Beteiligung durch den Entrepreneur ein.[121] Die Rückzahlung der stillen Beteiligung oder des Gesellschafterdarlehens stellen ebenfalls Formen der Zurückerlangung unternehmerischer Autonomie durch den Entrepreneur dar und werden zum Buy Back-Exit gezählt.[122]

Buy Back Transaktionen basieren i.d.R. auf entsprechenden Vereinbarungen in den Beteiligungsverträgen, die der VCG eine Option (*redemption right*) einräu-

---

[118] Vgl. Houben (2003), S. 190

[119] Die stille Beteiligung ist eine hybride Finanzierungsform. Sie bietet dem stillen Gesellschafter den Vorrang des Fremdkapitals (Möglichkeit zur bevorrechtigten Bedienung aus den Liquidationsgewinnen, Möglichkeit zur Vereinbarung einer gewinnunabhängigen, festen Verzinsung der Einlage) und die Chancen des Eigenkapitals (Vereinbarung einer Vorzugsdividende, Möglichkeit der Einräumung umfangreicher Zustimmungs- und Widerrufsrechte). Vgl. dazu Ritzer-Angerer (2005), S 388f.

[120] Das Gesellschafterdarlehen stellt ein Darlehen eines Gesellschafters an seine Gesellschaft dar. Bei einer Personengesellschaft wird dieses wie eine Einlage des Gesellschafters behandelt und Zinszahlungen stellen aus steuerlicher Sicht Auszahlung von Gewinnen dar. Bei einer Kapitalgesellschaft ist das Gesellschafterdarlehen eine Verbindlichkeit, die eine regelmäßige Tilgung innerhalb einer festgelegten Laufzeit zu einem vertraglich vereinbarten Zinssatz voraussetzt. Die Fremdkapitalzinsen stellen steuerlich Betriebsausgaben dar und wirken daher steuermindern. Vgl. dazu Perridon/Steiner (2004), S. 430f.

[121] Vgl. Schefczyk (2006), S. 39

[122] Vgl. Brettel et al. (2008), S. 118

men, ihre Anteile am Ende der Beteiligungslaufzeit an den Entrepreneur zu verkaufen.[123] Diese Vereinbarung definiert die Veräußerungskonditionen[124] und kann dem Entrepreneur in manchen Fällen als Instrument dienen, um einen eventuellen Trade Sale abzuwenden.[125]

Die vertragliche Festlegung einer Buy Back-Formel ist auch im Sinne der VCG. Da ein Buy Back oft nur dann zustande kommt, wenn andere Exitmechanismen scheitern, ist die Verhandlungsposition des Entrepreneurs/Managements besonders stark und würde unumgänglich zu einem niedrigen Kaufpreis führen. Steht die Rückkaufformel dagegen fest, so wird diese Verhandlungsmacht geschwächt.[126]

Ein Buy Back bringt der VCG nur geringfügige Vorteile. Dieser Ausstiegsweg verursacht geringe Transaktionskosten und sichert eine schnelle und übersichtliche Abwicklung sowie auch einen sofortigen Liquiditätszufluss. Anders als bei einem IPO, Trade Sale oder Secondary Purchase lässt sich ein Buy Back gut planen. Der Verkaufspreis wird aufgrund der Rückkaufformel ermittelt und nicht durch die Zahlungsbereitschaft externer Investoren oder durch die Konjunktur- bzw. Marktentwicklung beeinflusst.[127] Die dabei erzielbare Rendite ist aber vergleichsweise gering und ein Reputationsgewinn nicht realisierbar.

Es ist vor allem der Entrepreneur, der von einem Rückkauf profitieren kann. Sein Nutzen ist dabei nicht-monetärer Natur. Durch den Erwerb der Anteile der VCG erlangt er die vollständige Kontrolle über sein Unternehmen. Diesem privaten Nutzen stehen die Kosten einer Fremdfinanzierung der Transaktion[128] gegenüber. Ihm wird allerdings nicht überall die gleiche Bedeutung beigemessen. Cumming und MacIntosh (2003b) betrachten den Rückkauf für USA und Kanada als ein Instrument, das exklusiv dem Venture Capitalist dazu dient sich von wenig luk-

---

[123] Vgl. Cumming/MacIntosh (2003b), S. 9
[124] Vgl. Nathusius (2001), S. 85
[125] Vgl. Schefczyk (2006), S. 39. Eine genauere Betrachtung des *Redemption* Rechtes findet im Kapitel 3.2 statt.
[126] Vgl. Nathusius (2001), S. 85
[127] Vgl. Houben (2003), S. 191
[128] Weil der Entrepreneur sein gesamtes Privatvermögen i.d.R. in seinem Unternehmen investiert hat, verfügt er über keine weiteren Finanzmittel aus denen er den Rückkauf tätigen könnte. Vgl. dazu Brettel et al. (2008), S. 119

rativen Beteiligungen zu trennen, wenn das Unternehmen vom Entrepreneur weitergeführt werden kann und es ihm ermöglicht seinen Lebensstandard beizubehalten.

Für das Unternehmen selbst ist ein Buy Back nicht unbedingt vom Vorteil. Durch den Rückkauf der Anteile der VCG wird dem Unternehmen direkt oder indirekt Liquidität entzogen. Erwirbt das Unternehmen die Anteile, so fließen liquide Mittel unmittelbar ab. Der Rückkauf der Anteile durch den Entrepreneur wird meistens fremdfinanziert. Zwecks Kredittilgung ist er dann in der Zukunft oft gezwungen erhöhte Ausschüttungen vorzunehmen. Ungeachtet dessen, ob das Unternehmen oder der Entrepreneur die VCG-Anteile kauft, schränkt der daraus resultierende Liquiditätsabfluss die künftigen Wachstumsaussichten des Unternehmens ein.[129]

2.3.1.5 Liquidation

Angesichts der hohen Unsicherheit mit der junge Unternehmen in der Früh- und Wachstumsphase behaftet sind, stellen Ausfälle von Portfoliounternehmen keine Überraschung dar. Technologische Probleme, Absatzschwierigkeiten, Managementfehler, Fachkräftemangel sind nur einige der Risiken, welche die Existenz eines jungen Unternehmens gefährden können.[130] Bei einer Liquidation werden die Aktiva des Unternehmens verkauft und die noch offenen Verbindlichkeiten abgelöst. Das nach der Schuldenbegleichung noch vorhandene Gesellschaftsvermögen wird anschließend auf die Anteilseigner verteilt. Dabei ist der von der VCG i.d.R. erzielte Liquidationserlös, wenn überhaupt vorhanden, relativ gering. Folglich ist oft eine Teil- oder Totalabschreibung der Beteiligung erforderlich.[131]

Aber nicht nur im Falle einer Insolvenz des Portfoliounternehmens kann ein Ausstieg via Liquidation zustande kommen, sondern auch bei relativ guten Zukunftsperspektiven, wenn kein anderer Exitweg verfügbar war. In diesem Fall können Unternehmensteile oder einzelne Vermögensgegenstände an verschiede-

---

[129] Vgl. Houben (2003), S. 190f.
[130] Vgl. Niefert et al. (2006), S. 44
[131] Vgl. Brettel et al. (2008), 120

ne Investoren eventuell sogar gewinnbringend verkauft werden. Abschließend wird das Unternehmen abgewickelt.[132]

Ein Beteiligungsausstieg über Liquidation ist allerdings für die VCG nur dann möglich wenn sie das Recht auf eine Liquidation hat.[133]

Auch wenn der Entrepreneur aufgrund seines persönlichen Nutzens aus der Fortführung des eigenen Unternehmens eine Liquidation zu vermeiden versucht (*gambling for resurrection*[134]), ist bei negativen Entwicklungsprognosen eine Liquidation des Unternehmens für beide Parteien die einzig wirtschaftlich sinnvolle Entscheidung. Sonst muss bei drohender Zahlungsunfähigkeit ein kostspieliges Insolvenzverfahren beantragt werden, mit der Folge des Kontrollverlustes für die Eigenkapitalgeber. Ist die angestrebte Sanierung doch nicht erfolgreich, wird das Unternehmen letztendlich abgewickelt.[135] Für den Entrepreneur und die VCG reduziert sich allerdings der erzielbare Liquidationserlös drastisch.[136]

Für den Entrepreneur hat das Scheitern des Unternehmens nicht nur finanzielle, sondern auch soziale Implikationen. Einerseits können die Finanzierungskosten für künftige Gründungsinitiativen dadurch steigen. Andererseits kann das Scheitern zu einer sog. sozialen Stigmatisierung (*stigma of failure*) führen.[137] In ihrem Bericht aus dem Jahr 1998 stellte die Europäische Kommission folgendes fest: *«In Europe, a serious social stigma is attached to bankruptcy. […] those who go*

---

[132] Vgl. Brettel et al. (2008), 120
[133] Vgl. Houben (2003), S. 192
[134] Auf diesen Begriff wird im Kapitel 3.1 näher eingegangen.
[135] Vgl. Brettel et al. (2008), 121
[136] Im Zusammenhang mit einer Insolvenz entstehen direkte und indirekte Insolvenzkosten. Die *direkten* Kosten umfassen alle durch die Einleitung des Insolvenzverfahrens verursachten Kosten (Gerichtskosten, Verwaltergebühren, Rechtsanwalt-/Beraterhonorar). Bei den *indirekten* Insolvenzkosten geht es um Opportunitätskosten, die sich aus der finanziellen Notlage des Unternehmens oder aus dem Imageverlust ergeben. Zu den negativen Auswirkungen einer Insolvenzeröffnung können Unternehmenseffekte (Demotivation eigener Mitarbeiter, Abwanderung qualifiziertes Personals), Markteffekte (Einstellung der Belieferung durch Lieferanten, Absatzschwierigkeiten aufgrund unsicherer Gewährleistung, Verdrängungsstrategien der Konkurrenz), sowie Verfahrenseffekte (Liquidation des Unternehmens trotz positiven Fortführungswerts) subsumiert werden. Vgl. Zirener (2005), S. 153ff.
[137] Vgl. dazu Landier (2006). Achleitner, Braun und Kohn (2011) bestätigen für den deutschen Markt diese Problematik und zeigen, dass in Deutschland die interpersonellen Beziehungen und somit das Humankapital für die Investoren am Kapitalmarkt eine größere Rolle als in den USA spielen. Vgl. Achleitner/Braun/Kohn (2011), S. 268f und 285. Vgl. auch Metzger (2007), S. 15.

bankrupt tend to be considered as „losers".»[138] Die soziale Facette dieses Problems ergibt sich aus den kulturellen Gegebenheiten in den jeweiligen Ländern und prägt die unternehmerische Initiative in der Gesellschaft. Die finanziellen und sozialen Konsequenzen[139] einer Liquidation können die Konflikte im Falle einer ungünstigen Unternehmensentwicklung verschärfen, da der Entrepreneur einen Ausstieg der VCG via Liquidation zu verzögern bzw. zuvermeiden versucht.

2.3.2 Exitkanäle in der Praxis

Die Nutzung der Exitalternativen ist von Land zu Land unterschiedlich ausgeprägt. Die Inanspruchnahme der Exitkanäle in Deutschland zeigt für das letzte Jahrzehnt folgende Entwicklung, die in der Abbildung 2-9 grafisch dargestellt wird.

Abbildung 2-9: Nutzung der Exitkanäle in Deutschland (2000 – 2010)

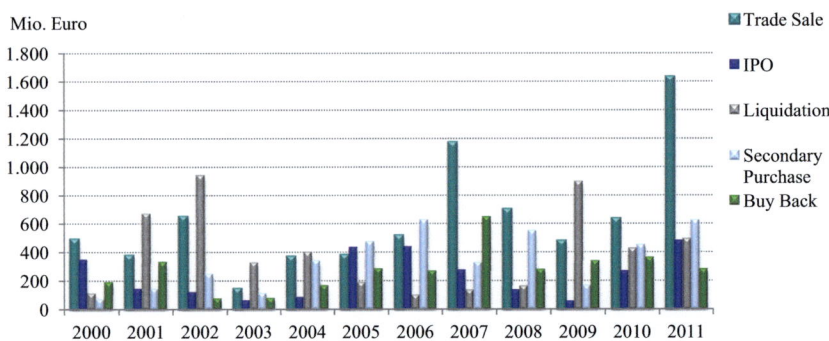

Quelle: BVK (2010) und BVK (2011a). Die Volumenangaben der Desinvestitionen beziehen sich auf die ursprünglichen Anschaffungskosten (Investitionen) der Beteiligungen und berücksichtigen keinerlei zwischenzeitliche Wertveränderungen.

Unmittelbar nach der Dotcom-Blase war die Liquidation der meist genutzte Exitkanal in Deutschland. In den Jahren 2005 und 2006 ist der Buy Back der

---

[138] Vgl. Europäische Kommission (1998), S. 3

[139] Es gibt auch indirekte Konsequenzen einer Liquidation. Bei einem erneuten Gründungsversuch kann der Entrepreneur z.B. Schwierigkeiten bei der Kapitalbeschaffung erleben. Vgl. Metzger (2007), S. 10.

meist beschrittene Exitweg.[140] Es gibt zwei mögliche Effekte, welche die Wahrscheinlichkeit eines Buy Backs erhöhen. Zum einen ist es der Wunsch des Entrepreneurs nach einem hohen Grad unternehmerischer Freiheit.[141] Zum anderen ist es der strategische Fokus der VCG, der sich auf die Realisierung eines Buy Backs positiv auswirken. So zeigt Stein (2005) in ihrer empirischen Untersuchung, dass öffentlich geförderte VCG häufiger den Buy Back als Exit auswählen und so dem Wunsch des Entrepreneurs nach unternehmerischer Unabhängigkeit zustimmen.[142] Da die öffentliche Förderung für das deutsche Unternehmertum eine bedeutende Rolle spielt, könnte dieser Aspekt, gekoppelt mit dem stark ausgeprägten Wunsch deutscher Entrepreneure nach unternehmerischer Selbstbestimmung, zur Erklärung des relativ häufigen Einsatzes von Buy Backs als Exitweg in Deutschland beitragen.

Eine äußerst positive Entwicklung erfährt der Trade Sale in den Jahren 2007 und 2011. Diese ist auf die positive Stimmung an der Börse, die positive Konjunkturentwicklung sowie der aufnahmefähige M&A-Markt zurückzuführen.

2.3.3 Der Exitzeitpunkt

Die Exitentscheidung umfasst sowohl die Wahl des Exitkanals als auch die Bestimmung des Exitzeitpunktes. Die mit der Exitgestaltung zusammenhängenden Zielvorstellungen der beiden Vertragspartner sind nicht immer kongruent. Wie im Abschnitt 2.2 bereits gezeigt, ist es für die VCG sinnvoll aus der Beteiligung auszusteigen, wenn die Grenzkosten der Value Adding Aktivitäten deren Grenznutzen übersteigen. Der Entrepreneur verfolgt mit der Exitstrategie eigene Ziele. Infolgedessen wird die Bestimmung eines für beide Parteien optimalen Zeitpunktes für den Ausstieg der VCG aus der Beteiligung erschwert. In diesem Abschnitt wird die Entscheidung über den Exithorizont aus der Perspektive der VCG und

---

[140] In der Statistik umfasst der Buy Back folgende Exitvarianten: Verkauf an das Management, Rückzahlung stiller Beteiligungen und Rückzahlung von Gesellschafterdarlehen.
[141] Es sind vor allem familiengeführte Unternehmen bei denen eine andere Desinvestitionsvariante als der Buy Back nicht in Frage kommt. Vgl. dazu Paffenholz (2004), S. 127.
[142] Vgl. Stein (2005), S. 160f und 189

aus der Sicht des Entrepreneurs betrachtet, um die treibenden Faktoren dieses strategischen Schrittes herausarbeiten zu können.

Jeder Vertragspartner strebt für den Ausstieg der VCG den aus seiner Sicht optimalen Zeitpunkt an. Es ergibt sich folglich ein *Zeithorizontproblem*.[143] Während der Venture Capitalist eher ungeduldig ist, aus der Beteiligung auszusteigen, plant der Entrepreneur die Entwicklung seines Unternehmens über einen relativ langen Zeithorizont. Im Folgenden werden die Motive dargestellt, die zu dieser zeitlichen Diskrepanz führen.

Die Ungeduld der VCG lässt sich unterschiedlich begründen. Zum einen liegt es an der begrenzten Laufzeit des verwalteten Fonds. Nach Auflegung des VC-Fonds werden Beteiligungsentscheidungen getroffen. Je näher die Fondsliquidierung rückt, desto stärker ist der Druck auf der VCG noch bestehende Beteiligungen zu beenden, um am Ende der Fondslaufzeit die eigenen Investoren bedienen zu können.[144] Ein weiterer Grund für die Ungeduld der VCG ergibt sich aus der Notwendigkeit der Freisetzung gebundener Ressourcen um neue, lukrative Investitionsgelegenheiten wahrnehmen zu können. Einerseits müssen Finanzmittel freigesetzt werden um neue Portfoliounternehmen finanzieren zu können und andererseits ist auch eine Freisetzung vom Humankapital erforderlich, um neue Beteiligungen akquirieren und betreuen zu können.[145] Das Recycling von Finanz- und Humankapital, das der VCG nur im beschränkten Umfang zur Verfügung steht, ist eine wichtige Determinante der Entscheidung über den Exitzeitpunkt. Die Bedeutung dieses Entscheidungsfaktors wird durch die konjunkturelle Lage beeinflusst, denn in Zeiten wirtschaftlichen Aufschwungs steigt die Nachfrage der Unternehmen nach Kapital. Die steigende Nachfrage schlägt sich positiv auch auf das Beteiligungsgeschäft nieder. Die Ungeduld der VCG kann aber auch in der positiven Signalwirkung eines erfolgreichen Ausstiegs begründet sein. VCG können mittels einer erfolgreichen – renditestarken bzw. medienwirksamen – Veräußerung einer Beteiligung potenziellen Investoren ihre Leistungs-

---

[143] Vgl. Reissig-Thust (2003), S, 84
[144] Vgl. Bienz/Walz (2010), S. 1075
[145] Siehe hierzu die Diskussion im Kapitel 2.2 über die Notwendigkeit des Exits aus Sicht der VCG.

fähigkeit signalisieren. Steht die Auflegung eines neuen VC-Fonds bevor, so kann die VCG bspw. einen schnelleren Exit aus erfolgsversprechenden Beteiligungen anstreben, um dieses Ereignis als Fundraisingargument für interessierte Investoren heranzuziehen. Vor allem junge VCG sind bemüht diesen Weg einzuschlagen, um ihr begrenztes Reputationskapital ausbauen zu können.[146] Auch für kapitalsuchende Unternehmen stellen erfolgreiche Exits ein positives Signal bezüglich des Engagements und der Betreuungsqualität der VCG dar.[147]

Im Gegensatz zur VCG zeichnet sich der Entrepreneur i.d.R. durch eine langfristig orientierte Planung aus. Er ist bestrebt mit der strategischen und operationalen Unterstützung des Venture Capitalists eine solide Basis für die Entwicklung seines Unternehmens zu schaffen, auf der er nach dem Ausstieg seines Finanzierungspartners erfolgreich aufbauen kann. Vor diesem Hintergrund kann es dazu kommen, dass der Entrepreneur eine für die VCG renditestarke Exitstrategie ablehnt, wenn aus seiner Sicht dadurch die langfristigen Entwicklungsperspektiven des Unternehmens gefährdet sind oder das Unternehmen aus seiner Sicht noch nicht reif für einen Exit ist.[148]

Zur Bestimmung des Exitzeitpunktes trägt allerdings nicht nur das Zusammenspiel zwischen dem geduldigen Verhalten des Entrepreneurs und der Ungeduld der VCG bei. Es fließen auch zahlreiche externe Faktoren, wie z.B. das Unternehmensumfeld und die konjunkturelle Marktsituation, in die Entscheidung ein. Diese Aspekte beeinflussen generell das Preisniveau von Exittransaktionen und bestimmen die Bewertung des Unternehmens durch potenzielle Investoren.[149] Das Bewertungsergebnis ist maßgeblich durch den Grad der Qualitätsunsicherheit interessierter Investoren beeinflusst.[150] Ein schneller Ausstieg der VCG aus der Beteiligung wirkt sich daher nachteilig auf die Unternehmensbewertung aus,

---

[146] Dieses Phänomen wurde von Gompers (1996) untersucht und als *grandstanding* bezeichnet. Eine nähere Betrachtung dieses Phänomens und dessen Konsequenzen findet im Kapitel 3.1 statt. Vgl. auch Brachtendorf (2004), S. 35.
[147] Vgl. Hsu (2004), S. 1806
[148] Vgl. Paffenholz (2004), S. 86f und Brettel et al. (2008), S. 124
[149] Vgl. Brettel et al. (2008), S. 124
[150] Vgl. Bienz/Walz (2010), S. 1078

da das junge Unternehmen sich womöglich am Markt noch nicht etabliert hat und noch über keinen Track Record verfügt.

Die Exitentscheidung ist, wie man aus den bisherigen Ausführungen im Kapitel 2.3 erkennen kann, zweidimensional. Sie betrifft einerseits den Ausstiegsweg und andererseits den Ausstiegszeitpunkt. Zwischen den beiden Dimensionen gibt es allerdings auch Wechselwirkungen. Als aktiver Investor trägt die VCG während der Beteiligung zur Steigerung des Unternehmenswertes bei. Die Beteiligungslaufzeit sollte daher positiv mit dem Entwicklungspotenzial des Unternehmens korrelieren: Je mehr die VCG zur Wertschöpfung beitragen kann, desto länger soll sie am Unternehmen beteiligt bleiben und ihr Value Adding leisten.[151] Exitwege, die zu den höchsten Renditen führen, wie z.b. ein IPO, sollten daher mit der längsten Beteiligungslaufzeit verbunden sein.[152] Dieser Zusammenhang lässt sich aber empirisch nicht bestätigen. Die Wahl des Exitkanals sowie die zeitliche Komponente der Exitentscheidung variieren von Land zu Land. Cumming und Johan (2009) fassen einige empirische Studien zu der Exitgestaltung zusammen und stellen die praktische Bedeutung der Exitalternativen (IPO, Private Exits[153] und Liquidation) in einigen Ländern bzw. Regionen der Welt gegenüber. Auch wenn die empirischen Ergebnisse keine einheitlichen Aussagen bzgl. einer generellen Rangordnung von Exitkanälen ermöglichen, lassen sich anhand der Angaben in der Tabelle 2-1 dennoch einige allgemeine Trends erkennen. Überall scheint die Beteiligungsdauer bis zu einem Börsengang die kürzeste zu sein, mit der Ausnahme der USA, wo eine Liquidation im Durchschnitt schneller eintritt. Diese Tatsache kann als Beleg für die Bereitschaft US-amerikanischer VCG interpretiert werden, sich schneller von nicht erfolgreichen Portfoliounternehmen zu trennen, um dadurch die Verluste infolge einer ungünstigen Entwicklung des Unternehmens einzuschränken.

---

[151] Vgl. Cumming/Johan (2010), S. 253.
[152] Vgl. Cumming/MacIntosh (2003b), S. 80.
[153] Unter Private Exits werden Verkäufe an strategische Investoren oder Finanzinvestoren sowie Rückkäufe subsummiert, also Transaktionen welche nur einen engen Investorenkreis involvieren.

Tabelle 2-1: Regionale Relevanz der Exitkanäle

	IPO	Private Exits (TS, Secondary Purchase, Buy Back)	Write-off
Australasia (Cumming et al., 2006) 1989 – 2001	2,84 Jahre (34% Exits)	3,43 Jahre (60% Exits)	4,58 Jahre (16% Exits)
Kanada (Cumming und Johan, 2007) 1991 – 2004	2,45 Jahre (5,85% Exits)	4,11 Jahre (74,22% Exits)	3,18 Jahre (19,93% Exits)
Continental Europe (Cumming, 2008) 1995 – 2005	3,33 Jahre (17,02% Exits)	3,38 Jahre (48,94% Exits)	3,58 Jahre (34,04% Exits)
Europa (Schwienbacher, 2005) 1990 – 2001	3,7 Jahre für alle Exitkanäle (25,3% Exits)	(53,9% Exits)	(20,8% Exits)
Großbritannien (Nikoskelainen und Wright, 2007) 1995 – 2004	2,6 Jahre (16,2% Exits)	3,56 Jahre (46,1% Exits)	3,9 Jahre (37,7% Exits)
USA (Cumming und Johan, 2007) 1991 – 2004	2,95 Jahre (35,65% Exits)	3,16 Jahre (54,64 % Exits)	2,88 Jahre (9,71% Exits)
USA (Giot und Schwienbacher, 2007) 1980 – 2003	3,34 Jahre (16% Exits)	4,56 Jahre (49,8 % Exits)	3,30 Jahre (32,8% Exits)

Quelle: Cumming und Johan (2009), S. 595

Dieses Argument findet Unterstützung in der Studie von Schwienbacher (2005). Er findet empirische Evidenz dafür, dass die Wahrscheinlichkeit einer Liquidation der Portfoliounternehmen bei europäischen VCG niedriger als bei den US-amerikanischen VCG ist. Desweiteren lässt sich anhand der Daten aus der Tabelle 2-1 feststellen, dass die meist gewählte Exitform der sog. Private Exit darstellt.

Der Prozess einer VC-Beteiligung durchläuft mehrere Etappen und endet faktisch mit dem Exit der VCG aus dem Portfoliounternehmen. Für den Ausstieg stehen der VCG diverse Wege und unterschiedliche Zeitpunkte zur Verfügung. Wie die Konstellation aus Exitkanal und Exitzeitpunkt letztendlich aussieht, ergibt sich aus dem Zusammenspiel von transaktionsspezifischen Faktoren, von Umfeld- und Marktbedingungen aber auch von den Interessen der involvierten Parteien, VCG und Entrepreneur. Vor diesem Hintergrund ist die Gestaltung der Exitstrategie über alle Phasen des VC-Beteiligungsprozesses hinweg von besonderer Bedeutung und wird im nächsten Abschnitt näher betrachtet.

3 Gestaltung der Exitstrategie

Auch wenn der Ausstieg der VCG aus der Beteiligung, aus Gründen, die im Kapitel 2.2 erläutert wurden, von beiden Vertragspartnern angestrebt wird, ist dessen Gestaltung oft konfliktbehaftet:

> *„Both venture capitalist and entrepreneurs want eventually to*
> *convert their illiquid holdings into cash or cash equivalents,*
> *but they can disagree on the timing or the method."*[154]

Der Exit hat weitreichende Konsequenzen sowohl für die VCG und den Entrepreneur als auch für das Unternehmen selbst. Außerdem wird die Wahl des Exitkanals und des Exitzeitpunktes vom Zusammenspiel unterschiedlicher Faktoren (z.b. Konjunkturentwicklung, Industrietrends, Unternehmenserfolg) beeinflusst. Darüber hinaus kann der gewählte Exitmechanismus sowohl Interessenkonflikte als auch Anreizeffekte auslösen. Nicht nur bzgl. des auszuwählenden Exitkanals, sondern auch über den Exitzeitpunkt können unterschiedliche Vorstellungen der beteiligten Parteien herrschen. Die Existenz solcher divergierenden Interessen kann u.U. zu langwierigen Verhandlungen oder zu Exitverzögerungen bis hin zu einer suboptimalen Exitgestaltung führen. Solche Beeinträchtigungen der Exitperspektive und des Desinvestitionsablaufs können letztendlich auch negative Konsequenzen für die Unternehmensentwicklung haben, da Konflikte die Zusammenarbeit der Vertragspartner hindern und deren Engagement verringern. Um Exitkonflikte zu vermeiden und eine effiziente Exitentscheidung herbeizuführen, können in den Beteiligungsverträgen spezielle Exitklauseln vereinbart werden.

In diesem Kapitel werden zunächst die möglichen Interessenkonflikte und Anreizeffekte ausgearbeitet, die im Zusammenhang mit der Exitentscheidung und -gestaltung zwischen der VCG und dem Entrepreneur entstehen können. Im zweiten Teil des Kapitels werden praxisgängige Vertragsklauseln dargestellt,

---

[154] Sahlman (1990), S. 509.

die eine Allokation der Kontrolle über die Exitentscheidung ermöglichen, um die Interessenkonflikte zu vermeiden und notwendige Anreizeffekte zu induzieren. Im dritten Teil des Kapitels wird die Allokation der Exitrechte in den Beteiligungsverträgen anhand theoretischer und empirischer Arbeiten näher betrachtet.

3.1 Potenzielle Interessenkonflikte und Anreizeffekte beim Exit der Venture Capital Gesellschaft

Im Rahmen der Entscheidung über den Weg und den Zeitpunkt des VCG-Ausstiegs aus der Beteiligung können aufgrund ungleicher Ziele Divergenzen zwischen den involvierten Parteien entstehen. Aufgrund der zwischen den beiden Vertragspartnern existierenden Informationsasymmetrie und der Unvollständigkeit[155] von Beteiligungsverträgen entstehen sowohl für den Entrepreneur als auch für die VCG Handlungsspielräume, die zu einem opportunistischen Verhalten verleiten können. So wird die Partei, die über den Exit entscheiden darf, nicht notwendigerweise den gesamtwirtschaftlich effizienten Exitkanal auswählen, sondern denjenigen, der ihren eigenen Nutzen maximiert.[156]

Als aktive Investoren nehmen VCG bei der Beteiligungsfinanzierung eine duale Funktion wahr: Kapitalgeber und Berater. Die Beziehung zwischen VCG und Entrepreneur zeichnet sich folglich durch zwei Ebenen aus: eine monetäre Ebene (Finanzkapitalbereitstellung) und eine nicht-monetäre Ebene (Humankapitalbereitstellung). Je nach betrachteter Ebene sind die Handlungsspielräume der involvierten Parteien unterschiedlich ausgeprägt. Im Folgenden werden die beiden Ebenen näher betrachtet und die möglichen Interessenkonflikte bzgl. der Exitgestaltung analysiert.

---

[155] Aufgrund der Komplexität der Umwelt können beim Vertragsabschluss nicht alle Umweltzustände berücksichtigt werden, so dass der Vertrag alle Handlungsmöglichkeiten oder zustandsabhängige Konsequenzen für die gesamte Laufzeit festlegen kann. Neben der Komplexität der Umwelt führen auch andere Gründe dazu, dass Verträge unvollständig sind. So können z.B. Kreditnehmer und Kreditgeber den Projektertrag zwar beobachten, sind aber nicht imstande, ihre Rechte, falls notwendig, gerichtlich durchzusetzen, da der Gericht den wahren Projektertrag nicht überprüfen kann. Vgl. dazu Hartmann-Wendels/Pfingsten/Weber (2010), S. 118f.

[156] Vgl. Houben (2003), S. 192f.

Auf der *monetären Ebene* stellt die VCG dem Entrepreneur Finanzkapital zur Verfügung. Mit diesem Kapital soll der Entrepreneur das geplante Investitionsprojekt durchführen und der VCG am Ende der Beteiligungslaufzeit die Erzielung eines hohen Erlöses aus der Veräußerung ihrer Anteile ermöglichen. Die VCG kann nur dann einen hohen Gewinn realisieren, wenn das Projekt eine positive Entwicklung durchläuft. Diese Entwicklung ist allerdings vom Verhalten des Entrepreneurs abhängig. So kann der Entrepreneur während der Beteiligungslaufzeit gewisse Handlungen unternehmen, die lediglich seinen Nutzen maximieren, der VCG aber finanziell schaden. Im Folgenden werden zwei wichtige Auslöser solcher Handlungen näher analysiert: die ineffiziente Ressourcenallokation[157] sowie das Streben nach Selbstständigkeit[158]. Daraus werden dann die potenziellen Exitkonflikte abgeleitet.

Die Verfügbarkeit der Exitkanäle hängt in erheblichem Maße von den Zukunftsaussichten des Unternehmens ab.[159] Die Zukunftsaussichten werden wiederum durch die Unternehmensentwicklung bedingt und dazu trägt die betriebliche *Ressourcenallokation* bzw. das Engagement der Vertragspartner entscheidend bei. Demzufolge werden die Exitchancen der VCG vom Verhalten des Entrepreneurs und dessen Leistungsbereitschaft bestimmt. Der Entrepreneur kann die Art und die Intensität seines Arbeitseinsatzes so lenken, dass es für die Erzielung seiner privaten Vorteile optimal ist. So kann z.B. die besondere Anstrengung eines technologieaffinen Entrepreneurs für die Produkt- bzw. Technologieentwicklung, sowie für die eigene Reputation und Anerkennung in den Fachkreisen förderlich, jedoch für die von der VCG angestrebte Verkaufsrendite nicht zielführend sein.[160]

Der Wirkungszusammenhang zwischen der Ressourcenallokation und der Wahl des Exitkanals besteht allerdings in beiden Richtungen. Einerseits bestimmt der Arbeitseinsatz des Entrepreneurs und der VCG die Verfügbarkeit der Exitkanäle

---

[157] Vgl. Paffenholz (2004), S. 90.
[158] Vgl. Reissig-Thust (2003), S 84.
[159] Vgl. Houben (2003), S. 193ff.
[160] Vgl. Gompers/Lerner (2006), S. 174.

und andererseits wirkt sich die Wahl des Exitkanals auf die Leistungsbereitschaft der beiden Vertragspartner aus. Der ausgewählte Exitweg beeinflusst die erwartete Auszahlung sowie den nicht-monetären Nutzen der involvierten Parteien und damit auch deren Arbeitsanreize, so wie das im Kapitel 5.4 gezeigt wird.[161] So kann z.b. die Aussicht eines Trade Sales den Arbeitsanreiz des Entrepreneurs verringern, weil der Entrepreneur im Rahmen eines Trade Sales i.d.R. die Kontrolle über sein Unternehmen an den strategischen Investor abtreten muss und somit seinen nicht-monetären Nutzen aus der Kontrolle bzw. Führung des Unternehmens verliert.[162] Das Recht, über die Wahl des Exitkanals entscheiden zu können, sowie die Allokation dieses Rechtes sind daher wesentliche Bestimmungselemente der Exitaussichten.

Der bedeutendste Auslöser konfliktgenerierender Handlungen seitens des Entrepreneurs ist sein *Streben nach Selbstständigkeit*. Die Gründungsforschung unterscheidet zwei Hauptmotive, die den Schritt in die Selbstständigkeit fördern: Umsetzung eigener Geschäftsideen („Chancengründung") und fehlende Erwerbsalternativen („Notgründung").[163] Mit der Gründung seines Unternehmens verfolgt der Entrepreneur nicht nur monetäre sondern auch nicht-monetäre Ziele. So ergab die Erhebung des KfW-Gründungsmonitors[164] im Jahr 2009, dass nur 8,71% aller befragten Entrepreneure pekuniäre Gründe als Hauptmotiv ihres Unternehmensstarts genannt haben. Im Vordergrund standen nicht-monetäre Aspekte wie die Ausnutzung der Geschäftsidee (39,2%) oder die Selbstverwirklichung (6,05%[165]). Sogar 38% der befragten Gründer aus Arbeitslosigkeit sahen in der Gründung eine Chance zur Realisierung eigener Ideen.[166]

---

[161] Vgl. Houben (2003), S. 193, Fußnote 325.

[162] Auf diesen Aspekt der Anreizwirkung von Exitkanälen, der zum Kern der vorliegenden Arbeit gehört, wird im Kapitel 5.1.2. näher eingegangen.

[163] Vgl. KfW-Gründungsmonitor (2010), S. 43ff.

[164] Der KfW-Gründungsmonitor ist eine telefonische Bevölkerungsbefragung zum Gründungsgeschehen in Deutschland. Im Rahmen dieser seit 2000 stattfindenden Erhebung werden jährlich 40.000 zufällig ausgewählte in Deutschland ansässige Personen befragt.

[165] Die Erhebung des KfW-Gründungsmonitors (2010) ergab, dass 26,9% der befragten Entrepreneure ein anderes Gründungsmotiv als die Ausnutzung der Geschäftsidee und die fehlenden Erwerbsalternativen nannten. Darunter gaben 22,5% die Möglichkeit zur Selbstverwirklichung als Gründungsmotiv an. Vgl. KfW-Gründungsmonitor (2010), S. 111f.

[166] Vgl. KfW-Gründungsmonitor (2010), S. 51f.

Demzufolge hat die Möglichkeit der Selbstverwirklichung und der Selbstbestimmung einen hohen Stellenwert, unabhängig davon, ob die Gründung chancen- oder notgetrieben ist.

Dieses Streben nach Selbstständigkeit bestimmt auch die vom Entrepreneur bevorzugte Gestaltung des VCG-Ausstiegs. Der Entrepreneur wird diejenigen Exitmöglichkeiten präferieren, die ihm eine Bewahrung und sogar Stärkung seiner unternehmerischen Selbstständigkeit ermöglichen. Diese Ziele kann der Entrepreneur durch einen Ausstieg der VCG via Buy Back oder IPO erreichen. Bei der ersten Exitvariante erhält er explizit die Kontrolle über sein Unternehmen und kann über die strategische und operative Entwicklung seines Unternehmens selbstständig entscheiden. Die zweite Exitvariante ermöglicht ihm eine implizite Kontrollübernahme, wie im Kapitel 2.3.1.1 bereits erläutert. Ein Buy Back ist allerdings für die VCG kein attraktiver Exitkanal, da in diesem Fall weder hohe Renditen noch ein Reputationsaufbau erzielbar sind. Der IPO ist dagegen auch für die VCG, sowohl aus Rendite- als auch aus Reputationsüberlegungen, ein besonders interessanter Exitweg. Dieser Weg kann aber u.U. langwierig sein und ist im Falle eines sofortigen Desinvestitionsbedarfs weniger geeignet. Außerdem kann sich die VCG bei einem Börsengang nicht sofort von ihren Anteilen trennen, sondern sie muss i.d.R. mit der Veräußerung bis ans Ende der Lock-up-Periode warten.[167]

Eine schnelle Trennung von der Beteiligung ermöglichen das Secondary Purchase und der Trade Sale. Diese Transaktionen sichern der VCG einen sofortigen Liquiditätszufluss. Der Trade Sale stellt aber oft für den Entrepreneur das Ende seiner Autonomie dar, da der strategische Investor die Kontrolle über das Unternehmen übernimmt, dieses infolge der Akquisition in ein größeres Unternehmen integriert und den Entrepreneur mit einem professionellen Managern ersetzt.[168] Hellmann (1998) hebt den psychologischen Aspekt des Ausscheidens aus dem eigenen Unternehmens, wenn die VCG den Gründer mit einem externen Manager ersetzt, hervor. Aus der Führung des eigenen Unternehmens erzielt der

---

[167] Für eine detaillierte Diskussion zur Lock-up-Periode siehe Kapitel 2.3.1.1.
[168] Vgl. Nathusius (2001), S. 85.

Entrepreneur einen persönlichen Nutzen und sein Ersetzen durch einen professionellen Manager kann er als Demütigung und Anzweiflung seiner Fähigkeiten auffassen, auch wenn das Unternehmen letztendlich vom Führungswechsel profitieren würde. Folglich möchten Entrepreneure i.d.R. das eigene Unternehmen nicht freiwillig verlassen.[169]

Das Streben des Entrepreneurs nach Selbstständigkeit beeinflusst nicht nur die Wahl des Exitkanals, sondern es kann auch dazu führen, dass der Entrepreneur den Ausstieg der VCG zu verhindern versucht. Im Falle einer negativen Beteiligungsentwicklung ist die VCG bestrebt den finanziellen Schaden einzuschränken. Daher findet die Trennung vom Portfoliounternehmen über eine Liquidation statt, weil keine Folgeinvestoren zu einem Kauf motiviert werden können und der Entrepreneur nicht über die für einen Buy Back notwendigen Finanzmittel verfügt. Der Entrepreneur ist bei einer Liquidation gezwungen sich von seinem Unternehmen und von seiner Geschäftsidee zu trennen. Dieses Ereignis ist oft mit sozialen Konsequenzen und möglicherweise auch mit einer gesellschaftlichen Stigmatisierung verbunden.[170] Aus diesem Grund kann es zu einem Überlebenskampf auf Kosten der VCG, weil der Entrepreneur einen persönlichen Nutzen aus dem Erhalt seines Unternehmens erzielt.[171]

Das Streben des Entrepreneurs nach Selbstständigkeit prägt auch die zeitliche Komponente der Exitplanung. Der Planungshorizont des Entrepreneurs ist langfristig ausgerichtet. Er fokussiert seine Anstrengungen auf die Sicherung des Unternehmensbestandes und auf künftige Wachstumsmöglichkeiten. Daher kann der Entrepreneur weniger lukrative Exitmöglichkeiten vorziehen, die aber langfristig ein gutes Wertsteigerungspotenzial für das Unternehmen versprechen.[172]

---

[169] Vgl. Hellmann (1998), S. 57f.
[170] Siehe hierzu Kapitel 2.3.1.5. Vgl. Landier (2006), S. 2f.
[171] Dieses Verhalten wird maßgeblich durch den Entrepreneurtyp bedingt. Die emotionale Bindung eines *serial Entrepreneurs* (siehe hierzu die Begriffsabgrenzung im Kapitel 2.2.) an seinem Unternehmen ist weniger stark, so dass er sich schneller vom Unternehmen trennt bzw. die Kontrolle abgibt.
[172] Vgl. Paffenholz (2004), S. 86f.

Auf der *nicht-monetären Ebene* der Interaktion zwischen den Vertragspartnern unterstützt die VCG mit ihrer betriebswirtschaftlichen und eventuell auch
technischen Expertise das junge Unternehmen. Die Betreuung und Beratung
finden mit dem Ziel der Wertsteigerung aber auch der Risikoeinschränkung
statt. Aus Sicht des Entrepreneurs und des Portfoliounternehmens ist eine Veräußerung der VCG-Anteile grundsätzlich dann sinnvoll, wenn das Value
Adding-Potenzial der VCG ausgeschöpft wurde und bestimmte Meilensteine
der Unternehmensentwicklung (z.B. Aufbau der Vertriebskanäle, Akquisition
von Schlüsselkunden) erreicht sind.[173] Steigt die VCG unerwartet schon vorher
aus, so kann dieser Hold-up durch die VCG die Position des Unternehmens mit-
telfristig schwächen, weil suboptimale Entscheidungen – wie z.B. die Redukti-
on von F&E-Ausgaben – getroffen werden, um kurzfristig den Unternehmenswert zu erhöhen.[174] Im Folgenden werden die Exitkonflikte dargestellt, die
durch einen Hold-up des Venture Capitalists generiert werden können.

Eine geringe Unterstützung durch die VCG kann negative Konsequenzen für
das Unternehmen und dessen Zukunftsaussichten haben. Dadurch können manche Exitalternativen, die vom Entrepreneur erwünscht sind (z.B. ein IPO), gar
nicht mehr realisierbar sein.

Ein anderer Aspekt bzgl. der Value Adding-Leistungen betrifft einen frühen
Exit der VCG. Einen möglichen Auslöser eines frühen Ausstiegs sieht Gompers
(1996) in dem sog. *grandstanding*. Mit diesem Begriff werden alle Aktionen
umfasst, die vor allem junge VCG unternehmen, um ihre Reputation auszubau-
en und ihrem Fundraising in den Folgeperioden positive Impulse zu setzen.[175]
Grandstanding kann Konflikte zwischen Entrepreneur und VCG verursachen,
wenn ein früher Exit der VCG dazu führt, dass ihr Value Adding nicht optimal
im Unternehmen absorbiert werden kann. Die Entwicklung des Unternehmens
wird dadurch möglicherweise beeinträchtigt. Im Falle einer Grandstanding-
Strategie wird meistens der Börsengang als Exitweg angestrebt. Je früher ein

---

[173] Vgl. Baumgärtner (2005), S. 244.
[174] Vgl. Gompers/Lerner (2006), S. 346.
[175] Vgl. Gompers (1996), S. 134f.

junges Unternehmen an die Börse geht, desto höher ist die Unsicherheit der Anleger bzgl. der tatsächlichen Qualität des Unternehmens. Das liegt darin begründet, dass je früher der Börsengang stattfindet, desto kürzer die Entwicklungshistorie des Unternehmens ist und desto weniger Informationen Anlegern zur Verfügung stehen. Aufgrund dieser Unsicherheit liegt der Emissionskurs unter dem Preis, wie er sich bei einer vollständigen Information ergeben würde. Dem Unternehmen entgehen folglich Emissionsgewinne.

Die VCG kann auch aufgrund eines unvorhersehbaren *Liquiditätsschocks* bestrebt sein, früher als ursprünglich geplant aus der Beteiligung auszusteigen. Nicht nur der frühere Ausstieg und die damit zusammenhängende Unterbrechung jeglicher Value Adding-Aktivitäten der VCG kann einen Konflikt zwischen den beiden Vertragspartnern hervorrufen, sondern auch die Wahl des Exitweges.[176] Ist ein schneller Exit erforderlich, dann ist die Verhandlungsposition der VCG geschwächt. Der Folgeinvestor kann davon profitieren und den Verkaufspreis unter den fairen Wert des Unternehmens drücken. Bei einem schnellen Ausstieg kommen i.d.R. nur zwei Wege in Frage – der Verkauf an einen strategischen Investor oder an einen Finanzinvestor – so dass möglicherweise eine für das Unternehmen und dessen künftige Entwicklung suboptimale Exitentscheidung getroffen wird.

Um solche konfliktgenerierenden Situationen zu vermeiden, können in den VC-Verträgen Exitklauseln vereinbart werden. Diese Vereinbarungen erweisen sich jedoch nicht als unproblematisch. Wie in diesem Abschnitt gezeigt, haben die Exitentscheidung und somit auch die Allokation von Exitrechten einen Einfluss auf das Verhalten der involvierten Parteien und können unterschiedliche Anreize auslösen.

---

[176] Vgl. Aghion/Bolton/Tirole (2004), S. 328f.

3.2 Vertragliche Exitgestaltung: Exitentscheidungsrechte und Exitklauseln

Nachdem im ersten Teil dieses Kapitels die aus der Exitgestaltung hervorgehenden Interessendivergenzen und Anreizeffekte dargestellt wurden, soll in diesem Abschnitt ein Überblick über die Exitklauseln verschafft werden, die in den VC-Beteiligungsverträgen zum Einsatz kommen. Diese Instrumente dienen einerseits dazu, um opportunistische Handlungsspielräume der Beteiligten einzuschränken und andererseits, um möglichen Verzögerungen im Desinvestitionsablauf entgegenzuwirken. Es werden folgende exitbezogene Vertragsklauseln und deren Funktionsweise beschrieben: Tag-Along, Drag-Along, Pre-emption, Registrierungsrechte, Redemption und das Recht auf Ablösung der Geschäftsführung.

Tag-Along Klauseln[177] räumen einem Anteilseigner ein Mitverkaufsrecht ein. Plant ein anderer Gesellschafter einen kompletten oder teilweisen Verkauf seiner Anteile an Dritte, so darf der Inhaber des Mitverkaufsrechtes seine Anteile zu gleichen Konditionen veräußern.[178] Dadurch kann die Tag-Along Klausel vermeiden, dass die VCG bei einem unerwarteten Ausstieg des Entrepreneurs aus dem Unternehmen Wertverluste erleidet, weil dem Unternehmen das Humankapital des Entrepreneurs entgangen ist.[179] Die Tag-Along Klausel kann folglich die im Abschnitt 2.1.2.2 dargestellte Hold up- und Arbeitanreizproblematik mildern.[180] Wenn der Minderheitsgesellschafter vor einem Hold-up geschützt ist, dann hat die Stärkung seiner ex-post Verhandlungsposition einen positiven Einfluss auf seinen Arbeitsanreiz.

Drag-Along Klauseln stellen Mitverkaufsverpflichtungen dar. Strategische Investoren sind i.d.R. an dem Erwerb einer Mehrheitsbeteiligung interessiert, die ihnen die Kontrollübernahme im akquirierten Unternehmen ermöglichen. Eine Mitverkaufsverpflichtung dient dazu, eine Verkaufsweigerung durch einen

---

[177] In der Vertragspraxis sind Tag-Along Klauseln auch unter der Bezeichnung Co-Sale Vereinbarungen zu finden. Vgl. Cumming/Johan (2008b), S. 1219.

[178] Vgl. Bienz/Walz (2010), S. 1077f.

[179] Vgl. Houben/Nippel (2005), S. 331.

[180] Vgl. Reissig-Thust (2003), S. 116.

Anteilseigner zu verhindern. Verkaufsunwillige Anteilseigner werden durch diese Klausel verpflichtet, ihre Anteile an den interessierten Käufer zu den gleichen Konditionen zu veräußern.[181] Diese Vertragsvereinbarung soll vor allem der VCG ermöglichen, einen Trade Sale auch gegen den Willen des Entrepreneurs realisieren zu können.[182]

Pre-emption Rechte (Vorkaufrechte)[183] können verhindern, dass Unternehmensanteile an Dritte veräußert werden, wenn der Entrepreneur oder der Venture Capitalist einen Ausstieg aus dem Unternehmen anstreben. Wenn der Beteiligungsvertrag ein solches Recht einräumt, ist die Partei, die einen Verkauf ihrer Anteile plant, dazu gezwungen, diese Anteile zunächst dem Inhaber des Bezugsrechtes zu einem fairen Wert zum Kauf anzubieten.[184] Nimmt dieser das Angebot nicht an, dann kann der Verkauf an einen externen Investor stattfinden.

Die *Registrierungsrechte* wirken einer Verhinderung der Desinvestition via IPO entgegen. Die Desinvestition über einen Börsengang erfordert meistens eine Umwandlung in die Rechtsform einer AG, sofern das Unternehmen in einer anderen Rechtsform geführt wird, sowie eine Erfüllung aller Börsenzulassungsvoraussetzungen, damit eine Registrierung der Unternehmensanteile bei der zuständigen Börsenaufsichtsbehörde erfolgen kann.[185] Für die Verankerung der Registrierungsrechte im Beteiligungsvertrag können zwei Gestaltungsformen herangezogen werden: Demand Rechte oder Piggy Back Rechte. *Demand Rechte* können die Blockade eines Börsengangs dadurch vermeiden, dass festgelegt wird, unter welchen Umständen ein IPO stattzufinden hat. Beim Erreichen des im Vertrag spezifizierten Zustandes ist der Inhaber dieses Rechtes berechtigt, die anderen Gesellschafter zur Zustimmung eines IPO und der hierfür notwendigen Schritte zu zwingen.[186] Ein *Piggy Back Recht* ist dagegen als eine Verkaufsoption aufzufassen. Es stellt sicher, dass der Inhaber die Möglichkeit hat,

---

[181] Vgl. Paffenholz (2004), S. 97.
[182] Vgl. Reissig-Thust (2003), S. 116.
[183] In der englischen Literatur auch als *rights of first refusal at sale* bezeichnet. Vgl. Cumming/Johan (2008b), S. 1219.
[184] Vgl. Chemla et al. (2007), S. 117.
[185] Vgl. Houben/Nippel (2005), S. 332.
[186] Vgl. Chemla et al. (2207), S. 118.

seine Unternehmensanteile im Rahmen eines angestrebten Börsengangs registrieren zu lassen, um diese anschließend für den Börsenhandel freizugeben. Diese Klausel soll folglich vermeiden, dass ein Minderheitsgesellschafter von einer Desinvestition über den Börsengang nicht profitieren kann, weil seine Aktien in der Emission nicht einbezogen werden. Dem Zweck nach ist die Piggy Back Klausel mit der Tag-Along Klausel vergleichbar. Beide dienen dazu, die Position eines Minderheitsgesellschafters zu stärken.[187]

Redemption- oder Einlöseklauseln räumen ihrem Inhaber das Recht auf Einlösung seines Anteils durch einen anderen Gesellschafter oder durch das Unternehmen ein. Diese Klausel entspricht einer Verkaufsoption auf die Unternehmensanteile des Inhabers.[188] Redemption Rechte werden i.d.R. der VCG zugeteilt. Wenn die VCG dieses Recht erhält, dann kann sie den Entrepreneur zu einem Buy Back zwingen. Die Klausel kann als Drohung dienen und den Entrepreneur motivieren rechtzeitig bei einem anderen Ausstiegsweg mitzuwirken.[189]

Eine indirekte Möglichkeit die Exitentscheidung zu kontrollieren räumt der VCG *das Recht auf Ablösung der Geschäftsführung* (*CEO replacement right*) ein. Verfügt die VCG über dieses Recht, so kann sie bei bestehenden Divergenzen bzgl. des Exitkanals oder Exitzeitpunktes dem Entrepreneur entweder mit einem Führungswechsel drohen oder ihn sogar durch einen professionellen Manager ersetzen, der den Exitplänen der VCG zustimmt. Dieses Recht auf Ablösung des Entrepreneurs von der Unternehmensspitze ist kein explizites Exitrecht, sondern ein allgemeines Kontrollrecht. Hinter der Ablösung der Geschäftsführung können neben der Exitplanung auch weitere Motive stehen. Ein Grund kann z.B. die zunehmende Unternehmensgröße und das starke Unternehmenswachstum sein, die professionelle Führungsqualifikationen erfordern. Ein weiteres Argument betrifft die mangelnde Objektivität des Entrepreneurs,

---

[187] Vgl. Bienz/Walz (2010), S. 1078.
[188] Vgl. Houben (2003), S. 206.
[189] Vgl. Reissig-Thust (2003), S. 116f.

die aufgrund der starken Bindung an sein Unternehmen einen exzessiven Optimismus im Rahmen von Entscheidungsprozessen zeigt.[190]

Während Tag-Along, Drag-Along und Pre-emption Klauseln vor allem im Falle eines strategischen Verkaufs (Trade Sale) zur Geltung kommen und deswegen in der Literatur auch als TS-Exitrechte bezeichnet werden, sind Registrierungsrechte nur für eine Desinvestition via IPO relevant. Daher werden sie in der Literatur auch als IPO-Exitrechte angeführt.

Im Folgenden soll die praktische Verwendung dieser Exitklauseln bei der Gestaltung von VC-Finanzierungsverträgen beleuchtet werden. Aufgrund des sehr eingeschränkten Zugangs zu Vertragsinformationen sind die Häufigkeit sowie die Umstände ihres Einsatzes durch empirische Studien wenig untersucht worden.

Kaplan, Martel und Strömberg (2007) untersuchen 145 VC-Transaktionen aus 23 Ländern und beleuchten den Zusammenhang zwischen der Vertragsgestaltung und den gesetzlichen Rahmenbedingungen, sowie den Merkmalen der VCG. Es wird dabei die Allokation von Cashflow-, Kontroll-, sowie Exit- und Liquidationsrechten genauer analysiert. *Senior exit* Klauseln, wie z.B. Drag-Along Rechte, werden in 50% der untersuchten Verträge eingesetzt. Einen überdurchschnittlichen Einsatz erfahren diese Klauseln in Ländern, deren gesetzlicher Rahmen auf dem sog. Common Law basiert, sowie insbesondere in Ländern mit sozialistischem Hintergrund (z. B. China).[191] Das Ergebnis ist zum einen darauf zurückzuführen, dass in den Common Law Ländern meistens US-ähnliche VC-Verträge abgeschlossen werden, die, so wie Kaplan und Strömberg (2003) herausstellen, der VCG generell sehr viele Kontrollmöglichkeiten einräumen. Zum anderen lässt sich im Falle der sozialistischen Länder die festgestellte Kontrollallokation zugunsten der VCG durch den geringen Investorenschutz anhand vorhandener Gesetze erklären. Die empirische Analyse liefert

---

[190] Für eine detaillierte Darstellung der Argumente für und gegen eine Ablösung des Entrepreneurs in der Geschäftsführung siehe Walker et al. (2011), S. 45ff.
[191] Vgl. Kaplan/Martel/Strömberg (2007), S. 283ff.

allerdings keine signifikanten Ergebnisse für diese Einflussfaktoren.[192] Die Studie zeigt außerdem, dass der Einsatz von Exitklauseln auch vom Finanzierungsvolumen bestimmt wird. Bei größeren Transaktionen (über 3 Mio. US $) wird die Allokation von Exitrechten wahrscheinlicher. Darüber hinaus lassen sich größere und erfahrenere VCG öfter als kleine und junge VCG Exitrechte vertraglich einräumen.[193]

Bienz und Walz (2010) nutzen den Zugang zu Transaktionsinformationen über die KfW und untersuchen 290 deutsche Portfoliounternehmen und 464 Finanzierungsrunden, die im Laufe der jeweiligen Beteiligungsverhältnisse zustande kamen. Die Studie zeigt, dass TS-Exitrechte viel öfter als IPO-Exitrechte in den Verträgen eingesetzt werden. Am häufigsten werden Pre-emption Klauseln zugunsten der VCG (66%), sowie Tag-Along Klauseln (50%) vereinbart. Demand und Piggy Back Rechte sind in nur 3% aller analysierten Verträge enthalten. Die Verträge enthalten allerdings nicht nur einzelne Exitklauseln. Manchmal wird eine Kombination einiger Exitklauseln ausgehandelt. So enthalten 70% der Verträge sowohl eine Tag-Along- als auch eine Drag-Along-Klausel. 67% der Verträge mit einem Pre-emption-Recht zugunsten der VCG enthalten auch eine Tag-Along-Klausel zu ihren Gunsten.[194]

Kaplan und Strömberg (2003) untersuchen unter anderem auch den Einsatz von Liquidationsrechten in den VC-Finanzierungsverträgen. Sie zeigen, dass Redemption Rechte in 78,7% der untersuchten Verträge eingesetzt werden und dass die Einlösung der Anteile durch die VCG im Durchschnitt nach 5 Jahren stattfindet.[195]

Dieser Abschnitt hat gezeigt, dass VC-Verträge unterschiedliche Exitvereinbarungen zwischen den Vertragspartnern enthalten können. Der Einsatz verfügbarer Exitklauseln variiert nicht nur von Transaktion zu Transaktion, sondern auch von Land zu Land. Es stellt sich daher an dieser Stelle die Frage

---

[192] Vgl. Kaplan/Martel/Strömberg (2007), S. 290.
[193] Vgl. Kaplan/Martel/Strömberg (2007), S. 293.
[194] Vgl. Bienz/Walz (2010), S. 1089.
[195] Vgl. Kaplan/Strömberg (2003), S. 291.

nach den Determinanten der vertraglichen Allokation von Exitrechten zwischen den beteiligten Parteien.

3.3 Allokation der Exitrechte in den VC-Beteiligungsverträgen: Theorie und Empirie

Die vorherigen Abschnitte in diesem Kapitel haben das Konfliktpotenzial der Exitentscheidung beleuchtet und die vertraglichen Implementierungsmöglichkeiten in Form von Exitvereinbarungen dargestellt. Empirische Studien belegen, dass VC-Beteiligungsverträge nicht nur einzelne Exitklauseln, sondern auch Kombinationen mehrerer Klauseln enthalten. Außerdem kann sowohl der Entrepreneur als auch die VCG Exitrechte für sich selbst aushandeln. Aus der vertraglich vereinbarten Konstellation dieser Exitrechte ergibt sich wer letztendlich die Exitentscheidung kontrolliert. Dieser Problematik wird in diesem Abschnitt nachgegangen. Anhand theoretischer und empirischer Arbeiten soll die Allokation von Exitrechten näher analysiert werden, um daraus Erkenntnisse über deren Bedeutung für die Investitions- und Finanzierungsentscheidung gewinnen zu können. Auf dieser Basis wird dann im Kapitel 4 das Grundmodell aufgebaut und im Kapitel 5 erweitert.

Es gibt in der VC-Literatur nur wenige Arbeiten die sich direkt mit den Exitrechten beschäftigen. Es besteht vielmehr eine indirekte Betrachtungsweise, über die umfassende Kategorie der Kontrollrechte, zu der u. a. die Exitrechte gehören. Seitdem Kaplan und Strömberg (2003) die Vorteile einer getrennten Allokation von Cashflow-, Kontroll- und Exitrechten aus theoretischer und empirischer Sicht dargelegt haben, besteht in der Fachliteratur kein Zweifel über die positiven Auswirkungen einer solchen Vorgehensweise bei der Vertragsgestaltung. Die explizite Betrachtung der Exitrechte hat aber erst in der jüngeren Zeit die Aufmerksamkeit wissenschaftlicher Beiträge, insbesondere empirischer Natur, erfahren.

3.3.1 Theoretische Ansätze

Theoretische Studien haben nur selten auf die explizite Untersuchung exitspezifischer Kontrollrechte und deren Auswirkungen für die Vertragsparteien fokussiert. Im Folgenden werden diejenigen theoretischen Arbeiten näher betrachtet, deren Vorgehensweise und Ergebnisse besondere Relevanz für die Modellierung und die Diskussion in der vorliegenden Arbeit besitzen.

Eine der ersten theoretischen Arbeiten in diesem Bereich stammt von *Berglöf (1994)*. Er untersucht fünf mögliche Finanzierungsinstrumente[196] im Hinblick auf die daraus resultierenden Cashflow- und Kontrolleffekte. Der Kontrollaspekt bezieht sich auf die konkrete Situation eines Verkaufs an einen interessierten Investor (Trade Sale). Je nachdem welches Instrument zur Finanzierung herangezogen wird, führt entweder der Entrepreneur oder der Venture Capitalist die Verhandlungen mit dem strategischen Investor durch.[197] Mit der Feststellung, dass der Entrepreneur aus der Durchführung des von ihm initiierten Projektes einen Privatnutzen erzielt, beleuchtet Berglöf (1994) das Zusammenspiel von Finanzierungentscheidung und Kontrollallokation. Dem Entrepreneur wird der Verlust seines Privatnutzens infolge des Verzichtes auf die Unternehmensführung nur dann vergütet, wenn er im Rahmen der Verkaufsverhandlungen über die entsprechende Verhandlungsmacht verfügt.[198] Das Modell umfasst drei Zeitpunkte (t_0, t_1, t_2) und weist folgende Zeit- und Ereignisstruktur auf:[199]

t_0: Der risikoneutrale Entrepreneur benötigt zur Durchführung eines risikobehafteten Projektes die finanzielle Unterstützung eines Venture Capitalists. Zu diesem Zweck kommt ein Finanzierungsvertrag[200] zustande. Dabei verfügt der Entrepreneur über die gesamte Verhandlungsmacht.

---

[196] Es geht dabei um folgende Finanzierungsinstrumente: Vorzugsaktien, Stammaktien, Bankkredit, Wandelanleihe und Mischfinanzierung (Eigen- und Fremdkapitalfinanzierung. Vgl. Berglöf (1994), S. 253.
[197] Vgl. Berglöf (1994), S. 248.
[198] Vgl. Berglöf (1994), S. 252.
[199] Vgl. Berglöf (1994), S. 251f.
[200] Es handelt sich entweder um eine reine Eigenkapital- bzw. Fremdkapitalfinanzierung oder um eine Mischfinanzierung.

t_1: Die Partei, die über die Unternehmenskontrolle verfügt, kann eine von drei Handlungsalternativen auswählen. Das Unternehmen wird entweder vom Entrepreneur fortgeführt, an einen strategischen Investor verkauft oder liquidiert. Die Entscheidung hängt von dem zu diesem Zeitpunkt beobachtbaren Umweltzustand ab. Dieser kann entweder mit Wahrscheinlichkeit q „gut" oder mit Wahrscheinlichkeit $1-q$ „schlecht" sein. Im guten Zustand erzielt der Entrepreneur aus dem Projekt einen Privatnutzen[201] (z).

t_2: Der Projekterlös der zweiten Periode wird durch den in t_1 etablierten Umweltzustand bestimmt. Eine Übernahme des Unternehmens durch den strategischen Investor führt, aufgrund eines überlegenen Managements bzw. einer besseren Verwertungsmöglichkeit bei Liquidation, zu höheren Projekterlösen als bei der Fortführung durch den Entrepreneur. Der strategische Investor kann aber einen Teil des Projektertrags (ϕ) für eigene Zwecke abzweigen (*asset stripping*). Die Unternehmensübernahme durch den strategischen Investor wirkt sich im guten Zustand positiv auf den verteilbaren Projekterlös $(y_{gs} > y_{gc})$[202] und im schlechten Zustand mindernd $(y_{bs} - \phi < y_{bl})$[203] aus. Der Entrepreneur verliert den Privatnutzen, wenn das Unternehmen vom strategischen Investor übernommen wird. Außerdem kann er sich eine monetäre Kompensation für diesen Verlust nur dann sichern, wenn er die Kontrolle über die Vertragsverhandlungen hat.

Es wird Folgendes angenommen: Wenn das Unternehmen ein Übernahmeangebot bekommt, wird die kontrollierende Partei einem Verkauf zustimmen. Ist der Entrepreneur die kontrollierende Partei, so ist er indifferent zwischen Verkauf

---

[201] Dieser Privatnutzen kann als Reputationskapital aufgefasst werden, das der Entrepreneur aus der Durchführung eines erfolgreichen Projektes erzielt und im Rahmen künftiger Investitionsvorhaben nutzen kann. Vgl. Berglöf (1994), S. 252.

[202] Dabei steht y_{gs} für den Projekterlös im guten Zustand bei einer Übernahme des Unternehmens und y_{gc} für den Projekterlös im guten Zustand bei einer Fortführung des Unternehmens mit dem Entrepreneur als Manager. Vgl. Berglöf (1994), S. 253.

[203] Die Variablen y_{bs} bzw. y_{bl} bezeichnen den Projekterlös im schlechten Zustand bei einer Übernahme des Unternehmens bzw. bei einer Liquidation. Vgl. Berglöf (1994), S. 253.

und Fortführung, da er infolge der Vergütung seines Privatnutzens in beiden Fällen den gleichen Gesamtnutzen erzielt. Es wird allerdings angenommen, dass er das Übernahmeangebot annimmt. Der Venture Capitalist profitiert von einer Übernahme im guten Zustand und, obwohl er im schlechten Zustand, aufgrund des *asset stripping* einen geringeren Nutzen als bei Fortführung mit dem Entrepreneur erreicht, akzeptiert er ebenfalls das Übernahmeangebot, wenn er die Kontrolle über diese Entscheidung hat.[204]

Das Entscheidungsproblem des Entrepreneurs beruht darauf, dass dieser diejenige Finanzierungsform auswählt, die seinen Erwartungsnutzen maximiert, vorausgesetzt, die Teilnahmebedingung[205] des Venture Capitalists ist erfüllt. Es werden drei Kontrollmöglichkeiten berücksichtigt. Bei Finanzierung mit stimmrechtslosen Aktien behält der Entrepreneur die Kontrolle über das Unternehmen. Bei Finanzierung mit Stammaktien verfügt der Venture Capitalist über die Unternehmenskontrolle. Die dritte Möglichkeit besteht darin, dass die Kontrollallokation zustandsabhängig stattfindet. Dabei werden die Finanzierungsformen miteinander verglichen und der monetäre sowie nicht-monetäre Nutzen gegeneinander abgewogen. Die paarweisen Vergleiche der analysierten Finanzinstrumente zeigen folgende Resultate:

- Wenn der Privatnutzen des Entrepreneurs einen gewissen Wert z^* übersteigt, dann ist eine Finanzierung über die Emission stimmrechtsloser Vorzugsaktien vorteilhafter für den Entrepreneur als die Emission von Stammaktien. Da er dadurch die Kontrolle für sich behält, kann er bei einem eventuellen Verkauf an den strategischen Investor eine Vergütung seines verlorengehenden Privatnutzens bewirken und dadurch seinen erwarteten Gesamtnutzen steigern.[206]

- Eine weitere Form der Finanzierung ist der Standardkreditvertrag. Dieser sieht eine zustandsabhängige Kontrollallokation vor: Wenn der Entrepre-

---

[204] Vgl. Berglöf (1994), S. 254.
[205] Es wird dabei angenommen, dass der Venture Capitalist keine Gewinne erzielt, sondern lediglich seine Investitionskosten deckt. Vgl. Berglöf (1994), S. 251.
[206] Vgl. Berglöf (1994), S. 256f.

neur im schlechten Zustand seine Rückzahlungsverpflichtungen (*D*) nicht erfüllen kann, übernimmt der Investor die Kontrolle, liquidiert das Unternehmen und vereinnahmt den Liquidationserlös(y_{bl}). Diese zustandsabhängige Kontrollallokation sichert beiden Vertragspartnern ihren Reservationsnutzen.[207] Der Nutzen des Entrepreneurs ist bei einem Standardkreditvertrag höher als bei einer Eigenkapitalfinanzierung, falls bei einem Unternehmensverkauf die erwartete Wertminderung durch den *asset stripping* des externen Managers im schlechten Zustand über der im guten Zustand erwarteten Wertsteigerung liegt:

$$(1-q)[y_{bl} - (y_{bs} - \phi)] > q(y_{gs} - y_{gc})$$

- Der Standardkreditvertrag ermöglicht aufgrund der zustandsabhängigen Kontrollallokation eine Maximierung des in jedem Zustand erreichbaren Nutzens. Er schützt den Investor bei einer negativen Entwicklung $(D > y_{bl})$, bietet ihm aber keine Beteiligung an einer zusätzlichen Cashflow-Realisation. Vor diesem Hintergrund ist eine Kreditfinanzierung mit Wandeloption in stimmrechtslose Aktien[208] sowohl der reinen Kreditfinanzierung als auch der Eigenkapitalfinanzierung überlegen, da sie dem Investor eine Umwandlung seines Fremdkapitals in Eigenkapital und somit eine Partizipation an potenziellen Erlössteigerungen ermöglicht.[209] Der Entrepreneur muss bei einer Umwandlung keine Rückzahlung mehr leisten. Die Kreditfinanzierung mit Wandeloption dominiert auch eine Mischfinanzierung (teils Eigenkapital, teils Fremdkapital), weil diese im guten Zustand dem Investor nur teilweise eine Erfolgsbeteiligung ermöglicht.[210]

---

[207] Im Falle einer reinen Fremdfinanzierung verkauft der Entrepreneur das Unternehmen an den strategischen Investor und sichert sich im guten Zustand die Vergütung seines Privatnutzens, da er die Verhandlung kontrolliert. Der Investor erhält auch beim Verkauf den vertraglich vereinbarten Liquidationserlös y_{bl} und erreicht somit seinen Reservationsnutzen unabhängig davon ob das Unternehmen vom strategischen Investor übernommen wurde. Dadurch ist er vom *asset stripping* geschützt $(y_{bl} > y_{bs} - \phi)$. Vgl. Berglöf (1994), S. 259ff.

[208] Im englischsprachigen Raum hat sich hierfür der Begriff *convertible debt* etabliert. Im Modell geht es konkret darum, dass nach der Umwandlung der Venture Capitalist nicht die Kontrolle über das Unternehmen ergreift.

[209] Gegenüber einer Eigenkapitalfinanzierung führt die *downside protection* beim *convertible debt* dazu, dass der Entrepreneur weniger Cashflow-Rechte abtreten muss um den Venture Capitalist für seine Investition zu kompensieren.Vgl. Berglöf (1994), S. 261f.

[210] Vgl. Berglöf (1994), S. 262f.

Die Vorteile der Kreditfinanzierung mit Wandeloption (*convertible securities*) werden von einer Vielzahl empirischer Studien dokumentiert, welche die praktische Bedeutung dieses Finanzierungsinstrumentes hervorheben.[211]

Die Ergebnisse von Berglöf (1994) zeigen einige Implikationen für die Allokation der Kontrolle über die Desinvestitionsentscheidung (Äquivalent im Modell: Verkaufsentscheidung). Die Kontrollallokation soll zustandsabhängig gestaltet werden. Im guten Zustand ist ein Trade Sale wertsteigernd und somit für alle profitabel. Wenn der Entrepreneur die Verhandlung führt, kann er seinen Privatnutzen vergüten lassen und somit einen höheren Verkaufspreis erzielen. Im schlechten Zustand stiftet das Projekt dem Entrepreneur keinen Privatnutzen und somit bleibt dieser indifferent zwischen einer Liquidation und einem Trade Sale. Demzufolge soll in diesem Fall der Kapitalgeber die Verhandlungskontrolle bekommen, da er sich für die wirtschaftlich sinnvolle Alternative entscheidet.[212] Diese zustandsabhängige Allokation entfaltet ein gewisses Drohpotenzial und wirkt somit disziplinierend auf den Entrepreneur.

Die Arbeit von Berglöf (1994) verdeutlicht die Bedeutung des aus der Kontrolle erzielbaren Privatnutzens des Entrepreneurs für die Finanzierungsentscheidung. Sie zeigt außerdem, dass Kontrollrechte eine Auswirkung auf die Desinvestitionsentscheidung haben. Diese Erkenntnisse über den Privatnutzen des Entrepreneurs werden dann später im Rahmen der modelltheoretischen Analyse der Determinanten von Exitentscheidungen einfließen. Der explizite Zusammenhang zwischen der Allokation der Kontrolle über die Desinvestition und der Leistungsbereitschaft der Vertragspartner bleibt in diesem theoretischen Ansatz allerdings unberücksichtigt. Auf diesen Effekt wird im Kapitel 5 näher eingegangen.

---

[211] Kaplan und Strömberg (2003) zeigen für US-amerikanische VC-Transaktionen, dass *convertible preffered stocks* in 204 von 213 untersuchten Finanzierungsrunden als Finanzierungsinstrument eingesetzt werden. Vgl. Kaplan/Strömberg (2003), S. 286. Kaplan, Martel und Strömberg (2007) zeigen für 23 unterschiedliche Länder, dass außerhalb der USA *convertible preffered stocks* seltener eingesetzt werden (in 53,8% der untersuchten Transaktionen). Vgl. Kaplan/Martel/Strömberg (2007), S. 282.

[212] Vgl. Berglöf (1994), S. 259.

Aghion, Bolton und Tirole (2004) befassen sich ebenfalls direkt mit der Exitentscheidung und betrachten dabei die damit verbundenen Interessenkonflikte und Anreizeffekte. Desinvestitionsentscheidungen induzieren u.a. den folgenden Konflikt zwischen Entrepreneur und Venture Capitalist: Während der Entrepreneur bei der Wahl des Exitkanals auf Ziele wie Autonomie und Selbstverwirklichung fokussiert, legt der Venture Capitalist Wert auf die Fungibilität seiner Beteiligung. Daher will er die Kontrolle über die Desinvestitionsstrategie haben. Eine solche Kontrollallokation führt allerdings dazu, dass der Venture Capitalist möglicherweise eine für das Unternehmen ineffiziente Exitentscheidung trifft. Er kann aus dem Portfoliounternehmen aussteigen, bevor das Value Adding Potenzial ausgeschöpft werden konnte.[213] Außerdem reduziert eine Allokation der Exitrechte zugunsten des Venture Capitalists seinen Anreiz das Projekt und den Entrepreneur zu überwachen. Denn bei schlechten Entwicklungsaussichten kann er schnell aussteigen, bevor potenzielle Folgeinvestoren sein Fehlverhalten und dessen Konsequenzen richtig wahrnehmen können.[214] Das Modell setzt an diesem Trade Off zwischen der Liquiditätspräferenz des Venture Capitalists[215] und der aus der Kontrollallokation hervorgehenden Anreizwirkung an. Die Liquiditätspräferenz des Venture Capitalists kann sich im Beteiligungsvertrag in Form eines eingeräumten Exitentscheidungsrechtes materialisieren, so dass eine schnelle Liquiditätsbeschaffung durch einen frühzeitigen Beteiligungsausstieg realisiert werden kann.[216]

Ein vermögensloser, risikoneutraler Entrepreneur benötigt einen Investitionsbetrag I um ein Projekt zu starten. Zur Projektrealisierung ist er somit auf die finanzielle Unterstützung durch einen risikoneutralen Investor angewiesen. Es gibt in der Ökonomie drei Investortypen: uninformierte Investoren, aktive In-

---

[213] Vgl. Aghion/Bolton/Tirole (2004), S. 328f.

[214] Vgl. Aghion/Bolton/Tirole (2004), S. 337.

[215] Für den Venture Capitalist ist es wichtig, dass im Falle eines Liquiditätsschocks, der Ausstieg aus der Beteiligung schnell und unkompliziert verläuft.

[216] Ein Beteiligungsvertrag, der dem Investor ein Exitentscheidungsrecht einräumt, wird von Aghion, Bolton und Tirole (2004) als „*liquider*" Kontrakt bezeichnet, weil er dem Investor ermöglicht, seinen Liquiditätsbedarf rasch zu befriedigen. Vgl. Aghion/Bolton/Tirole (2004), S. 338.

vestoren[217] und Spekulanten. Wenn die aktiven Investoren das Projekt finanziell unterstützen, entstehen ihnen im Gegensatz zu den uninformierten Investoren und den Spekulanten Opportunitätskosten $(\mu_0)^{218}$. Die aktiven Investoren finanzieren nur einen Teil des Projektes, I^a. Die Differenz $(I - I^a)$ wird entweder von uninformierten Investoren oder von Spekulanten finanziert.

Das Modell umfasst drei Zeitpunkte $(t = 0, 1, 2)$.

Das Projekt erwirtschaftet in $t = 2$ einen verifizierbaren, unsicheren Cashflow $\tilde{R}$:

$$\tilde{R} = \begin{cases} r, \text{ mit Wahrscheinlichkeit } 1 - p \\ r + \Delta, \text{ mit Wahrscheinlichkeit } p \end{cases}$$

Abhängig von der Leistung des Entrepreneurs kann die Erfolgswahrscheinlichkeit hoch (p_H) oder niedrig (p_L) sein. Ein niedriger Arbeitseinsatz stiftet dem Entrepreneur einen Privatnutzen $\beta > 0$. Die Rolle des aktiven Investors besteht darin, den Entrepreneur zu überwachen. Das Monitoring kann den vom Entrepreneur durch weniger Leistung erzielten Privatnutzen reduzieren. Es verursacht allerdings Kosten, $c > 0$. Der aktive Investor wird das Projekt nur dann finanzieren, wenn er für seine Monitoringleistung kompensiert wird. Wenn der Entrepreneur einen geringen Arbeitseinsatz liefert und dadurch die Erfolgswahrscheinlichkeit des Projektes verringert, ist das *Pledgeable Income*[219] des uninformierten Investors null. Sein *Pledgeable Income* ist nur dann positiv, wenn der Entrepreneur eine hohe Leistung erbringt und der aktive Investor ihn überwacht.[220]

---

[217] Unter einem aktiven Investor kann z.B. der General Partner einer VCG verstanden werden. Zur Darstellung der im angel-sächsischen Raum etablierten Form von VCG als *Limited Partnership* siehe Kapitel 2.1.1.1.

[218] Die Idee stammt aus Holmström und Tirole (1997). Professionalisierte Investoren haben i.d.R. einen besseren Zugang zu Investitionsprojekten, verfügen aber nicht über ausreichendes Kapital, um alle wahrnehmen zu können (Kapitalknappheit). Daher entstehen dem Investor infolge der Kapitalbindung durch Projektfinanzierung Opportunitätskosten in Höhe verpasster Investitionsgelegenheiten.

[219] Der deutsche Begriff *verpfändbares Einkommen* hat sich bisher in der Literatur nicht durchgesetzt.

[220] Vgl. Aghion/Bolton/Tirole (2004), S. 331ff.

Die zeitliche Struktur des Modells sieht wie folgt aus:[221]

$t = 0$: Start-up stage:

Der Entrepreneur schließt mit dem uninformierten und dem aktiven Investor einen Beteiligungsvertrag ab.[222] Nach Verhandlungsabschluss entscheidet der aktive Investor darüber, ob er den Entrepreneur überwacht und darauf basierend passt der Entrepreneur seine Leistungserbringung an.[223]

$t = 1$: Trading stage:

Der aktive Investor ist mit der Wahrscheinlichkeit λ einem Liquiditätsschock ausgesetzt. Wenn er sofort Liquidität benötigt, muss er seine Beteiligung an einen Spekulanten verkaufen. Dieser kann die Cashflow-Realisation in $t = 2$ besser einschätzen und das Projekt somit besser bewerten. Dadurch entstehen ihm allerdings Kosten, $\psi > 0$.

$t = 2$: Pay-back Stage:

Der Cashflow wird realisiert und das Projekt abgeschlossen.

Das Entscheidungsproblem besteht darin, die Kompensation des aktiven Investors für seine Kapitalbereitstellung so gering wie möglich zu halten, sein Monitoringanreiz aber dennoch bestehen bleibt.

Die Resultate von Aghion, Bolton und Tirole (2004) zeigen folgende Implikationen für die Allokation der Kontrolle über die Exitentscheidung:

• Wenn die Opportunitätskosten des aktiven Investors hoch sind ($\mu > \hat{\mu}$), dann ist es optimal im Beteiligungsvertrag dem Investor die Option eines frühen Ausstiegs im Zeitpunkt $t = 1$ einzuräumen. Bei einem Liquiditätsschock wird der Investor von diesem Recht Gebrauch machen. Dadurch sinken die Finanzierungskosten.[224]

---

[221] Vgl. Aghion/Bolton/Tirole (2004), S. 333f.

[222] Es ist dabei der uninformierte Investor, der sowohl dem Entrepreneur als auch dem aktiven Investor ein Finanzierungsangebot unterbreitet.

[223] Wenn der active Investor sich für Monitoring entscheidet, findet ein hoher Arbeitseinsatz seitens des Entrepreneurs statt. Stellt der Entrepreneur dagegen fest, dass er nicht überwacht wird, so senkt er seine Arbeitsleistung (*shirking*).

[224] Vgl. Aghion/Bolton/Tirole (2004), S. 340.

- Je höher die Wahrscheinlichkeit des Liquiditätsschocks (λ), desto stärker ausgeprägt ist die ex-ante Liquiditätspräferenz des Venture Capitalists und desto wahrscheinlicher der Abschluss eines *liquiden* Vertrags.[225]

- Eine verstärkte VC-Knappheit in $t = 0$, die mit steigenden Opportunitätskosten (μ_0) einhergeht, erhöht die ex-ante Liquiditätspräferenz des Venture Capitalists. Der Abschluss eines liquiden Beteiligungsvertrages schwächt allerdings den Monitoringanreiz des aktiven Investors. Um die Anreizkompatibilität des Vertrages sicherzustellen, muss die Kompensation des aktiven Investors steigen. Diese Tatsache senkt den Nutzen des uninformierten Investors. Daher ist er bei hohen Opportunitätskosten des aktiven Investors weniger bereit einen liquiden Beteiligungsvertrag anzubieten.[226]

Das Modell liefert auch einige empirische Implikationen für die Determinanten der exogenen Intensität der Liquiditätspräferenz des aktiven Investors. Über die Ausprägung der Liquiditätspräferenz beeinflussen diese Faktoren letztendlich die Vertragsgestaltung bzw. die Einräumung der Exitoption. Zum einen lässt sich feststellen, dass VCG mit guter Reputation geringere Opportunitätskosten (μ) haben und somit seltener einen vorzeitigen Ausstieg benötigen um neue, lukrative Beteiligungen abzuschließen. Aufgrund ihrer Reputation sind sie in der Lage auch kurzfristig einen neuen Fonds aufzulegen um neue Projekte zu finanzieren. VCG mit guter Reputation werden sich daher seltener eine Exitoption vertraglich zusichern. Diese Modellimplikation findet jedoch keine eindeutige empirische Bestätigung. Kaplan, Martel und Strömberg (2007) finden in ihrer Untersuchung genau das Gegenteil heraus. Zum zweiten wird die Liquiditätspräferenz des Venture Capitalists durch eine restriktive Angebotspolitik anderer Kapitalgeber, wie z.B. Banken (*Credit Crunch*), intensiviert. Während einer Kreditklemme können Unternehmen eventuell verstärkt VC nachfragen. Zum dritten beeinflusst die Entwicklung des IPO-Marktes die Liquiditätspräferenz des Venture Capitalists. Er wird bei einem äußerst positiven Trend am

---

[225] Vgl. Aghion/Bolton/Tirole (2004), S. 340f.

[226] Der uninformierte Investor bietet laut Annahme (siehe Fußnote 222) den Finanzierungsvertrag den anderen Vertragspartnern an. Vgl. Aghion/Bolton/Tirole (2004), S. 341.

IPO-Markt (*Hot-Issue Market*) bereits in $t = 1$ einen Ausstieg anstreben, um von höheren Emissionsrenditen profitieren zu können.[227]

Es sind folglich makroökonomische Faktoren, wie z.b. das Kapitalangebot oder die Entwicklung der Aktienkurse, sowie mikroökonomische Faktoren (die Reputation der VCG), welche die Vertragsgestaltung bzgl. der Exitentscheidung bedingen. Ein liquider Vertrag lässt sich dadurch realisieren, dass man dem Venture Capitalist Registrierungsrechte (Demand oder Piggy Back) oder ein Drag-Along Recht einräumt.

Der theoretische Ansatz von Aghion, Bolton und Tirole (2004) berücksichtigt eine andere Form von Privatnutzen als Berglöf (1994). Die Existenz des Privatnutzens hat hiereinen negativen Einfluss auf die Projektentwicklung, da der Entrepreneur diesen Nutzen durch Verringerung seines Arbeitseinsatzes erzielt. Die Analyse beleuchtet außerdem zwei Anreizeffekte. Es ist zum einen der Einfluss der Liquiditätspräferenz des aktiven Investors auf seine Monitoringleistung und zum anderen der Wirkungszusammenhang zwischen dem Privatnutzen und der Leistungsbereitschaft des Entrepreneurs. Diese zwei Aspekte fließen im Kapitel 5 in die Entwicklung des eigenen Modellrahmens ein. Der vom Entrepreneur erzielbare Privatnutzen wird als Treibfaktor der Leistungsmotivation interpretiert und nicht als Anreiz dafür, die eigene Leistung zu reduzieren.

Der theoretische Ansatz von *Chemla et al. (2007)* adressiert ebenfalls direkt die Allokation von Exitrechten in den Gesellschafftervereinbarungen von VC-finanzierten Unternehmen. In einem dynamischen Moral Hazard-Modellrahmen setzt dieser Erklärungsansatz an dem Trade off zwischen Leistungserbringung und Privatnutzen und liefert eine ökonomische Erklärung für den Einsatz von Exitentscheidungsklauseln (Tag-Along, Drag-Along, Demand und Piggy Back).[228] Diese Klauseln dienen dazu, die Wiederverhandlungsmöglichkeiten der Vertragspartner einzuschränken, so dass das ex-ante effiziente Leistungsni-

---

[227] Vgl. Aghion/Bolton/Tirole (2004), S. 349f.
[228] Vgl. Chemla et al. (2007), S. 93f.

veau aller Beteiligten während der gesamten Geschäftsbeziehung erhalten bleibt. Die Gesellschaftervereinbarung legt die Anteile der jeweiligen Vertragspartner fest und bestimmt dadurch den monetären Nutzen jedes Beteiligten sowie dessen Leistungsbereitschaft.[229] Ein Vertragspartner kann eine Wiederverhandlung initiieren, um für sich einen höheren Nutzen zu erzielen. Ist die Verhandlung erfolgreich, so geht das Ergebnis zu Lasten der anderen Vertragspartner, deren Nutzen dadurch reduziert wird. Antizipieren die anderen Vertragspartner die Gefahr einer Wiederverhandlung, so sinkt ihre Leistungsmotivation und ihr ex-post Leistungsniveau liegt nun unter dem ex-ante Optimum. Die Verwendung diverser Vertragsklauseln in den Finanzierungsverträgen bzw. Gesellschaftervereinbarungen zielt auf die Einschränkung von Verhandlungs- und opportunistischen Handlungsspielräumen und auf die klare Abgrenzung von Vcrhandlungspositionen ab.[230]

Der Modellrahmen setzt sich aus folgenden Aspekten zusammen:

Zwei Vertragspartner – a und b – gründen ein Unternehmen. Jeder erhält einen gewissen Anteil am Unternehmen: a bekommt γ und b erhält $1 - \gamma$. Neben der Allokation der Cashflow-Rechte regelt die Gesellschaftervereinbarung auch weitere Aspekte, wie z.B. die Exitentscheidungsrechte (Tag-Along, Drag-Along, Demand und Piggy Back Rechten). Jeder Vertragspartner muss seinen Leistungsbeitrag i_n $(n \in \{a,b\})$ erbringen, damit das Unternehmen erfolgreich wird. Diese Leistungserbringung[231] verursacht allerdings Kosten, $1/2\, c_n i_n^2$.[232]

Die Vertragspartner können ihre Anteile am Unternehmen beibehalten oder an einen Investor t verkaufen. Der strategische Investor kann eine Mehrheits- oder eine Minderheitsbeteiligung erwerben. Die Akquisition einer Mehrheitsbeteiligung durch den strategischen Investor führt im Zustand s_t mit der Wahrscheinlichkeit p_t zu einer Wertsteigerung und im Zustand s_f mit der Wahrscheinlich-

---

[229] Eine hohe Beteiligung am erwarteten Projekt-Cashflow schlägt sich positiv in die Leistungsbereitschaft des jeweiligen Vertragspartners nieder.
[230] Vgl. Chemla et al. (2007), S. 94 und 96.
[231] Chemla et al. (2007) bezeichnen diese Leistung als *specific investment*. Es geht dabei um die spezifische Leistung, die aus dem Humankapital der beiden jeweiligen Vertragspartner hervorgeht.
[232] Vgl. Chemla et al. (2007), S. 99.

keit p_f zu einer Wertminderung $(p_t + p_f = 1)$. Abhängig von der Höhe der Beteiligung des strategischen Investors und vom erreichten Zustand ergeben sich folgende zustandsabhängige Unternehmenswerte: $V_t(s_t), V_t(s_f), V_f(s_t)$ oder $V_f(s_f)$, mit $V_t(s_t) > V_f(s_t)$ und $V_f(s_f) > V_t(s_f)$.

Ein Vertragspartner kann einen wertmindernden Transfer vornehmen. Es kann sich dabei z.b. um einen Know How-Transfer vom Unternehmen hin zu einem Konkurrenten oder um die Blockade einer wichtigen strategischen Entscheidung, wie der Ausstieg eines Partners, handeln. Der Transfer reduziert den Unternehmenswert um den Anteil Δ auf $V_u(s) \cdot I \cdot (1 - \Delta)$. Dieser Transfer stiftet der initiierenden Partei den Nutzen $\alpha V_u(s) \cdot I \cdot \Delta$ mit $\alpha > 1/2$.[233]

Der zeitliche Ablauf sieht wie folgt aus:[234]

$t = 0$: Der Gesellschaftervertrag wird unterzeichnet. Die jeweiligen Anteile der beiden Partner (γ bzw. $1 - \gamma$) werden vertraglich festgelegt.

$t = 1$: Die Vertragspartner entscheiden über das eigene Leistungsniveau, i_a bzw. i_b.

$t = 2$: Die Vertragspartner können die Vertragskonditionen neu verhandeln oder die im Vertrag implementierten Rechte ausüben.

$t = 3$: Ein Trade Sale und/oder ein wertmindernder Transfer findet statt. Das Unternehmen erwirtschaftet den zustandsabhängigen Cashflow.

Die modelltheoretische Analyse ergibt folgende Resultate im Hinblick auf die Allokation der betrachteten Exitrechte:

- Tag-Along Rechte, auch Mitverkaufsrechte dienen dem Inhaber dazu, bei einer ungünstigen Unternehmensentwicklung (s_f) das Risiko einer Wiederverhandlung mit nutzenmindernden Konsequenzen zu eliminieren. Die Drohung des Vertragspartners, seine Anteile an einen externen Investor zu verkaufen, dessen Aktionen wertmindernd auf das Unternehmen

---

[233] Vgl. Chemla et al. (2007), S. 99.
[234] Vgl. Chemla et al. (2007), S. 100.

wirken, kann der Inhaber des Tag-Along Rechtes mittels eines Mitverkaufs seiner Anteile abwenden.[235] Das Tag-Along Recht soll somit derjenigen Partei zugewiesen werden, der mit einer Wiederverhandlung gedroht werden könnte.

- Tag-Along Rechte sichern außerdem dem Inhaber einen Verkauf zu gleichen Konditionen zu, falls durch Anschaffung einer Mehrheit, der externe Investor kein Interesse an einen Kauf weiterer Anteile hat oder diese nur zu einem niedrigeren Preis erwerben will.[236]

- Drag-Along Rechte (Mitverkaufsverpflichtungen) stellen generell sicher, dass keine Partei von einem Trade Sale zu Lasten der anderen Vertragspartner profitieren kann.[237] Sie verhindern konkret, dass der Vertragspartner im Falle einer positiven Unternehmensentwicklung (s_t) einen wertsteigernden Trade Sale blockiert und somit den Inhaber von einem gewinnbringenden Verkauf seiner Anteile nicht profitieren lässt. Drag-Along Rechte sollen folglich derjenigen Vertragspartei zugesprochen werden, die unter den Folgen einer Wiederverhandlung am stärksten leiden würde.[238]

- Tag-Along und Drag-Along Rechte stärken die Verhandlungsposition des Inhabers und senken das Hold-up Risiko. Das dadurch erreichte Machtgleichgewicht führt dazu, dass die Vertragspartner vom ex-ante optimalen Leistungsniveau nicht abweichen und somit die Unternehmensentwicklung nicht gefährden.[239]

- Demand Rechte und Piggy Back Rechte sind analog zu Drag-Along bzw. Tag-Along Rechten für den Fall eines IPO zu interpretieren.[240]

Der theoretische Ansatz von Chemla et al. (2007) thematisiert potenzielle Exitkonflikte zwischen den Vertragspartnern, die sich in Form einer Wiederverhandlung äußern und analysiert deren Vermeidung mittels entsprechenden

---

[235] Vgl. Chemla et al. (2007), S. 105f.
[236] Vgl. Chemla et al. (2007), S. 107.
[237] Vgl. Chemla et al. (2007), S. 109
[238] Vgl. Chemla et al. (2007), S. 106f.
[239] Vgl. Chemla et al. (2007), S. 109.
[240] Vgl. Chemla et al. (2007), S. 110f.

Exitvereinbarungen. Das Modell knüpft an den Leistungsimplikationen an, die aus drohenden Exitkonflikten resultieren und zeigt wie Exitvereinbarungen in den Beteiligungsverträgen dafür sorgen, dass das Wiederverhandlungsrisiko keine negativen Leistungsanreize auslöst. Diese Idee des Leistungsanreizeffektes wird im eigenen Modellrahmen aufgegriffen und aus einer neuen Perspektive betrachtet. Es wird neben dem Trade Sale eine weitere Exitvariante (IPO) eingeführt und die daraus resultierenden Interessenkonflikte sowie deren Implikationen für die Allokation der Exitrechte und die damit zusammenhängende Leistungsanreizeffekte analysiert.

In seinem modelltheoretischen Ansatz zur Allokation der Kontrollrechte in den VC-Finanzierungsverträgen betrachtet *Hellmann (1998)* nur implizit die Exitentscheidung. Er geht von der Feststellung aus, dass der Venture Capitalist häufig umfangreiche Kontrollrechte erhält. Diese Abtretung der Kontrolle ist generell insofern notwendig, da die monetäre Kompensation des Venture Capitalists aufgrund fehlender oder geringfügig erwarteter Gewinne des jungen Unternehmens nicht ausreicht, um seine Teilnahmebedingung zu erfüllen und einen hohen Leistungsanreiz seinerseits zu generieren. Ein wichtiges Recht betrifft die Möglichkeit den Gründer durch einen professionellen Manager zu ersetzen (CEO replacement right).[241]

Ein risikoneutraler Entrepreneur benötigt zur Durchführung eines zweiperiodigen Projektes die finanzielle Beteiligung eines risikoneutralen Venture Capitalists. Das Projekt ist unsicher und erwirtschaftet im guten Zustand 1 GE und im schlechten Zustand 0 GE. Aus der Durchführung des Projektes erzielt der Entrepreneur einen Privatnutzen, B. Dieser Privatnutzen setzt sich aus einer psychologischen Komponente (b_0) und aus einer materiellen Komponente (b_1) zusammen: $B = b_0 + b_1$. Die psychologische Komponente des Privatnutzens ergibt sich aus der Ausübung der Geschäftsführung. Die materielle Komponente (z.B. on-the-job-consumption) mindert den erwarteten Projekterlös. Der Entrepreneur kann seinen Privatnutzen auf Kosten des aus dem Projekt

---

[241] Vgl. Hellmann (1998), S. 57ff.

erwarteten Cashflows erhöhen, indem er gewisse Entscheidungen trifft, die ungünstig auf die Projektentwicklung, aber nutzenstiftend für ihn wirken.[242]

Am Ende der ersten Periode ist eine Ablösung des Entrepreneurs als Geschäftsführer möglich. Wenn ein Führungswechsel stattfindet, verliert der Entrepreneur seinen Privatnutzen. Die Wahrscheinlichkeit, dass der Venture Capitalist einen geeigneten externen Manager findet, ist m. Der Suchprozess verursacht allerdings Kosten, $c(m)$. Ein Managementwechsel ist wahrscheinlicher, wenn der Venture Capitalist über dieses „Wechselrecht" verfügt. Für das Unternehmen hat der Wechsel einen wertsteigernden Effekt, da der professionelle Manager über entsprechende Schlüsselqualifikationen, wie z.B. Führungs- und Branchenerfahrung, verfügt. Während der Entrepreneur eine Erfolgswahrscheinlichkeit $p(b_1)$ induziert, hat das Projekt unter Führung des professionellen Managers eine höhere Erfolgswahrscheinlichkeit, ϕ. Das Nettoergebnis eines Führungswechsels (Γ) ist folgendermaßen definiert: $\Gamma = [\phi - p(b_1)] \cdot 1 - B$.[243]

Der monetäre Nutzen beider Vertragspartner hängt einerseits vom Projektausgang und andererseits von der Wechselentscheidung am Ende der ersten Periode ab. Im Falle eines Führungswechsels in $t = 1$ erhält der Entrepreneur in $t = 2$ eine Abfindung. Die Höhe dieser Abfindung ist ebenfalls vom Projektausgang abhängig. Die erwartete Abfindung ist somit $S = \phi \cdot S_1 + (1 - \phi) \cdot S_0$.[244] Ohne Führungswechsel ist der vom Entrepreneur in $t = 2$ erwartete Geldzufluss $p \cdot \alpha_1 + (1 - p) \cdot \alpha_0$.[245]

Die zeitliche Struktur des Modells sieht wie folgt aus:

$t = 0$: Der Beteiligungsvertrag wird abgeschlossen. Der Vertrag spezifiziert die Vergütung des Entrepreneurs, mit und ohne Ablösung: $\{\alpha_0, \alpha_1, S_0, S_1, t, \gamma\}$.

---

[242] Die Erfolgswahrscheinlichkeit des Projektes wird folgenderweise durch die Entscheidungen des Entrepreneurs beeinflusst: $p(b_1) = p_0 + p_1(b_1)$ mit $\frac{dp_1}{db_1} < 0$. Während die Parameter b_0 und p_0 exogen gegeben sind, werden b_1 und p_1 vom Entrepreneur beeinflusst. Vgl. Hellmann (1998), S. 61.

[243] Vgl. Hellmann (1998), S. 61.

[244] Die Höhe der Abfindung ist zustandsabhängig: S_1 stellt die Abfindung im guten Zustand und S_0 die Abfindung im schlechten Zustand dar.

[245] Dabei ist α_1 der Geldzufluss im guten Zustand und α_0 der Geldzufluss im schlechten Zustand.

Die Variable t bezeichnet den *ex-ante* Transfer vom Venture Capitalist an den Entrepreneur. Dieser kann z.B. als Wissenstransfer, der infolge einer Finanzierungsberatung stattfindet, aufgefasst werden. γ ist eine binäre Variable, welche die Kontrollallokation beschreibt. Sie nimmt entweder den Wert 1 (der Venture Capitalist entscheidet über die Ablösungsfrage) oder den Wert 0 (der Entrepreneur verfügt über das Entscheidungsrecht) an.[246]

$t = 1$: Der Venture Capitalist kann einen professionellen Manager suchen. Je nachdem ob er über das Wechselrecht verfügt und ob seine Suche erfolgreich war, findet ein Führungswechsel statt oder nicht.

$t = 2$: Das Projekt endet. Der erwirtschaftete Cashflow steht fest und wird auf die Vertragspartner verteilt.

Das Entscheidungsproblem setzt an dem Trade Off zwischen dem Nutzenverlust des Entrepreneurs durch Kontrollabgabe und Führungsverzicht und dem Leistungsanreiz des Venture Capitalists bei der Suche nach qualifizierten Führungskräften. Verfügt der Venture Capitalist nicht über das Wechselrecht, dann sinkt seine Motivation bei der Personalsuche. Das kann sowohl für das Unternehmen als auch für den Entrepreneur negative Auswirkungen haben.

Die Resultate von Hellmann (1998) zeigen folgende Implikationen für die Allokation von Kontrollrechten:

- Wenn das Nettoergebnis eines Führungswechsels positiv ist $\left(\phi - p(b_1) > B \right)$, dann ist es optimal, dass der Venture Capitalist die Führungswechselentscheidung kontrolliert. In diesem Fall profitiert auch der Entrepreneur von seiner Ablösung, weil die Wertsteigerung im Unternehmen den verlorenen Privatnutzen übersteigt. Da die Ablösung des Entrepreneurs durch einen professionellen Manager eine Steigerung des Unternehmens bewirkt, soll der Venture Capitalist motiviert an die Suche nach einer neuen Führungskraft herangehen. Wenn er dagegen nicht si-

---

[246] Vgl. hierzu Hellmann (1998), S. 62.

cher sein kann, seinen Kandidaten auch durchsetzen zu können, wird sein Engagement bei der Suche gering sein.[247]

- Wenn das Nettoergebnis des Führungswechsels negativ ist $(\phi - p(b_1) < B)$, dann kompensiert die durch den externen Manager hervorgerufene Unternehmenswertsteigerung den Entrepreneur für den Verlust seines Privatnutzens nicht. Wenn der Entrepreneur die Entscheidung über den Führungswechsel kontrolliert, dann wird er einer Ablösung von der Geschäftsführung nicht zustimmen. Verfügt der Venture Capitalist über die Kontrolle dieser Entscheidung, so bestimmt die Höhe der Ablösung (S) den Führungswechsel.[248]

    o $S < S^{RC}$: Der Venture Capitalist lässt den Entrepreneur durch einen professionellen Manager ersetzen.[249]

    o $S^{NR} > S \geq S^{RC}$: Der Venture Capitalist wird den Entrepreneur nicht ersetzen, sondern ihn aufgrund einer Drohung mit der Ablösung dazu bringen, Cashflow-Anteile abzutreten. Ob sich die Strategie lohnt, hängt von der Höhe der Suchkosten ab.[250]

    o $S > S^{NR}$: Die zu zahlende Ablösung ist zu hoch und ein Wechsel lohnt sich für den Venture Capitalist somit nicht. Der Venture Capitalist involviert sich auch nicht in einem Suchprozess. Diese Vertragskonstellation entspricht einem Vertrag mit einer Kontrollallokation zugunsten des Entrepreneurs.

- Je höher der Privatnutzen (b_0), der vom Entrepreneur aus seiner geschäftsführenden Tätigkeit erzielbar ist, desto unwahrscheinlicher ist,

---

[247] Vgl. Hellmann (1998), S. 66.

[248] Vgl. Hellmann (1998), S. 66f.

[249] *RC* steht für *renegotiated continuation*. S^{RC} stellt folglich denjenigen Grenzwert der Abfindung dar, ab dem eine Verhandlung zwecks Fortführung des Unternehmens mit dem Entrepreneur erfolgreich ist. Die Verhandlung soll den Entrepreneur dazu bringen, seinen Cashflow-Anteil zu reduzieren, so dass der Venture Capitalist, auch wenn er von einem wertsteigernden Führungswechsel nicht profitiert, dennoch seinen Nutzen erhöhen kann. S^{RC} ist wie folgt definiert: $\phi - p + \alpha^R p$.

[250] *NR* steht für *no replacement*. S^{NR} stellt denjenigen Grenzwert der Abfindung, ab der eine Ablösung des Entrepreneurs von der Unternehmensspitze für den Venture Capitalist nicht mehr lohnenswert ist, da die zu zahlende Abfindung zu hoch ist und von der Effizienzsteigerung durch den externen Manager nicht kompensiert werden kann. S^{NR} ist wie folgt definiert: $\phi - p + \alpha p$.

dass der Venture Capitalist über die Kontrolle der Ablösungsentschei-
dung verfügt.[251]

Der theoretische Ansatz von Hellmann (1998) thematisiert die Bedeutung der
Ablösung des Entrepreneurs von der Unternehmensspitze für dessen Privatnutzen und analysiert die daraus resultierenden Konsequenzen für die Vertragsgestaltung (vertragliche Fixierung des „Wechselrechtes", Höhe der Abfindung).
Diese Idee wird für die Entwicklung des eigenen Modellrahmens aufgegriffen
um die Existenz dieses Privatnutzens in Kontext der Exitgestaktung zu untersuchen. Im Falle eines Trade Sales kommt es i.d.R. auch dazu, dass der Entrepreneur seine Anteile oft mit verkaufen und von der Geschäftsführung abtreten
muss. So entscheidet die Wahl des Exitkanals (Trade Sale oder IPO) darüber,
ob der Entrepreneur nach dem Ausstieg des Venture Capitalists einen Privatnutzen erzielt oder nicht.

Die in diesem Abschnitt dargestellten theoretischen Arbeiten zeigen, dass die
Allokation von Kontrollrechten und speziell von Exitrechten sowohl Leistungsanreize als auch einen nicht-monetären Nutzen generiert. An diesem Punkt
knüpft die eigene Modellierung in den Kapiteln 4 und 5 an.

3.3.2 Empirische Literatur

Während einige Exitkanäle, vor allem der IPO und der Trade Sale, oft zum
Untersuchungsgegenstand in der Literatur geworden sind, erwecken konkret in
der Praxis eingesetzte Exitmechanismen und die hierfür notwendigen vertraglichen Vereinbarungen erst seit kurzer Zeit das Interesse der Forscherkreise. In
diesem Abschnitt werden diejenigen Studien dargestellt, die wichtige Denkan-
stöße für die Entstehung der vorliegenden Arbeit geliefert haben.

Cumming (2008) analysiert den Zusammenhang zwischen der vertraglichen
Allokation von Exitrechten und dem realisierten Exit, um daraus Rückschlüsse
über die Determinanten vertraglicher Gestaltung der Exitstrategie ziehen zu
können. Seine Ergebnisse zeigen eine eindeutige Korrelation zwischen der

---

[251] Vgl. Hellmann (1998), S. 67.

Allokation von Exitrechten in den VC-Finanzierungsverträgen und dem beim Ausstieg des Venture Capitalists ausgewählten Exitkanal.

Die untersuchte Stichprobe enthält 223 Unternehmen, die im Zeitraum 1995 – 2002 von 35 europäischen VCG[252] finanziert wurden. Mittels schriftlicher Befragung sowie telefonischer oder persönlicher Interviews mit den VCG wurden öffentlich nicht zugängliche Informationen über die VC-Transaktion, die vertragliche Allokation von Exitrechten[253] sowie den Ausstiegskanal gesammelt. Anhand dieser Informationen konnten tiefere Einblicke in die Vertragspraxis europäischer VCG gewonnen werden.

Cumming (2008) untersucht folgende Hypothesen:

H1: Wenn der angestrebte Exitkanal ein hohes Konfliktpotenzial innehat, lässt sich der Venture Capitalist vertraglich mehr Kontrollrechte über die Exitentscheidung zusichern. Da ein Trade Sale eine Kontrollübernahme durch den strategischen Investor hervorruft und der Entrepreneur oft die Kontrolle über sein Unternehmen verliert, ist ein Ausstieg des Venture Capitalists via Trade Sale konfliktbehaftet. Um diese potenziellen Konflikte[254] zu vermeiden, wird sich der Venture Capitalist bei einer hohen Wahrscheinlichkeit eines strategischen Verkaufs mehr Kontrollrechte zusichern als bei einem angestrebten IPO.[255]

H2: Wenn der Venture Capitalist über weniger Kontroll- und Exitrechte verfügt, erhöht sich die Wahrscheinlichkeit eines Ausstiegs via IPO.[256]

H3: Eine Allokation der Kontroll- und Exitrechte zugunsten des Venture Capitalists verschafft diesem stärker ausgeprägte Leistungsanreize und führt daher zu einer besseren Performance des Unternehmens.[257]

---

[252] Die Daten stammen aus den folgenden europäischen Ländern: Belgien, Dänemark, Deutschland, Frankreich, Italien, Niederlande, Österreich, Polen, Portugal, Tschechische Republik und Schweiz.

[253] Es werden folgende Kontrollrechte explizit untersucht: das Drag-Along-Recht, das Redemption-Recht und das Entscheidungsrecht über die Ablösung des Geschäftsführers. Vgl. hierzu Cumming (2008), S. 1953f.

[254] Für eine detaillierte Darstellung des Konfliktpotenzials bei einem Trade Sale siehe im Kapitel 3.1 die Ausführungen zum Streben des Entrepreneurs nach Selbstständigkeit.

[255] Vgl. Cumming (2008), S. 1950f.

[256] Vgl. Cumming (2008), S. 1950f.

[257] Vgl. Cumming (2008), S. 1951.

Die deskriptive Statistik unterstützt die erste Hypothese (*H1*). VC-Transaktionen mit einem Ausstieg via Trade Sale sind durch mehr Kontrollmöglichkeiten[258] seitens der VCG gekennzeichnet. Eine multinomiale Logitregression untersucht die aufgestellten Hypothesen näher. In die Regressionsanalyse fließen Informationen über den Venture Capitalist (Fundsvolumen, die strategische Distanz des VC-Funds zu den Investoren), das Unternehmen und den Entrepreneur (Unternehmenslebensphase, berufliche Erfahrung des Entrepreneurs), die VC-Transaktion und die Vertragsgestaltung (Finanzierungsrunde, Vetorechte, Stimmrechte, das Recht auf die Ablösung der Geschäftsführung) aber auch institutionelle und marktspezifische Variablen (Marktkapitalisierung, MSCI-Returns).

Die Ergebnisse der Regressionsanalyse unterstützen ebenfalls die erste Hypothese (*H1*). Wenn der Venture Capitalist über das Recht auf Ablösung der Geschäftsführung oder über die Boardmehrheit[259] verfügt, erhöht sich die Wahrscheinlichkeit eines strategischen Verkaufs um 38,6% bzw. 23,7%.[260] Es zeigt sich auch, dass eine zusätzliche Exitklausel (Drag-Along oder Redemption), die zu einer noch stärkeren Exitkontrolle durch den Venture Capitalist führt, die Wahrscheinlichkeit eines strategischen Verkaufs signifikant um zusätzliche 12,2% erhöht.[261]

Die Regressionsanalyse bestätigt den Zusammenhang (*H2*) zwischen den Kontroll- bzw. Exitrechten des Venture Capitalists und dem ausgewählten Exitkanal (IPO), auch wenn die Ergebnisse eine geringere statistische Signifikanz haben. Verfügt der Venture Capitalist über die Boardmehrheit oder über ein explizites

---

[258] Die Kontrolle wird entweder über die eingesetzten Finanzierungsinstrumente (Wandelanleihe, Vorzugsaktien oder convertible preferred securities) oder über konkrete Kontrollrechte (Vetorecht, das Entscheidungsrecht über die Ablösung des Geschäftsführers) zugesichert. Vgl. Cumming (2008), S. 1965. Eine kurze Erläuterung zu convertible preferred securities befindet sich in Abschnitt 2.1.2.2 dieser Arbeit.

[259] Der *Board of Directors* erfüllt im angelsächsischen one-tier System sowohl eine Management- als auch eine Kontrollfunktion. Er besteht aus *inside directors,* denen die Unternehmensleitung zugetragen wurde, und aus *outside directors*, die mit der Kontrolle des Managements beauftragt wurden. Der Board wird von der Hauptversammlung (*shareholder meeting*) gewählt. Vgl. hierzu Hilb (2008), S. 49ff. Die Mehrheit im Board sichert somit die Mitwirkungsmöglichkeit bei wichtigen unternehmerischen Entscheidungen (strategische Entscheidungen, Managementvergütung, Bestellung und Abberufung von Führungskräften).

[260] Die Ergebnisse sind statistisch auf dem 1% Niveau signifikant. Vgl. Cumming (2008), S. 1968f.

[261] Auf dem 5% Niveau. Vgl. Cumming (2008), S. 1967.

Exitrecht, wie z.B. das Drag-Along- oder das Redemption-Recht, so sinkt die Wahrscheinlichkeit eines Börsengangs um 9,2% bzw. 6,6%[262].

Um die dritte Hypothese zu testen, wird als Proxy für die Unternehmensperformance die Wahrscheinlichkeit einer Liquidation herangezogen. Ein Exit der VCG via Liquidation wird als schlechte Unternehmensperformance aufgefasst. Die Regressionsanalyse zeigt einen negativen Zusammenhang zwischen der Kontrollposition des Venture Capitalists und der Wahrscheinlichkeit einer Liquidation. Wenn der Venture Capitalist über einen Führungswechsel entscheiden kann, verringert sich die Wahrscheinlichkeit einer Liquidation um ein Drittel.[263] Verfügt der Venture Capitalist über Exitrechte (Drag-Along oder Redemption), so sinkt die Wahrscheinlichkeit einer Liquidation um 18,2%. Bei einer Frühphasenfinanzierung ist der Effekt besonders stark ausgeprägt (39,9%).[264] Diese Resultate deuten darauf hin, dass Verträge die dem Venture Capitalist eine strengere Kontrolle ermöglichen, ungünstige Entwicklungen im Portfoliounternehmen rechtzeitig verhindern und das Risiko einer Liquidation senken. Durch seine Kontrollposition kann der Venture Capitalist seine Interessen besser schützen und eine positive Entwicklung seiner Beteiligungsrendite herbeiführen, indem die Unternehmensperformance verbessert wird.[265]

Die Hypothesen *H1*, *H2* und *H3* lassen sich mit einer hohen ökonomischen Signifikanz bestätigen.[266]

Bei der oben dargestellten Untersuchung stellt sich allerdings die Frage nach den tatsächlichen Kausalzusammenhängen. Wenn die Vertragspartner bereits beim Abschluss des Beteiligungsvertrags gewisse Vorstellungen bzgl. des

---

[262] Die Ergebnisse sind zum 10% bzw. 5% Niveau signifikant.

[263] Je nachdem welche Erklärungsvariablen in die Regressionsanalyse einfließen, variiert der Wert zwischen 28% und 35,5%. Das Ergebnis ist statistisch auf dem 10% oder 5% Niveau signifikant. Vgl. Cumming (2008), S. 1975f.

[264] Die Ergebnisse hängen von der einbezogenen Erklärungsvariablen ab. Die statistische Signifikanz liegt auf dem 5% Niveau. Vgl. Cumming (2008), S. 1975f.

[265] Vgl. Cumming (2008), S. 1974. Ein Redemption-Recht würde außerdem dem Venture Capitalist die Möglichkeit geben, einen Ausstieg via Liquidation zu vermeiden, indem er den Entrepreneur zum Kauf seiner Anteile auffordert.

[266] Der *Pseudo-R²*-Wert der Regressionsmodellen I bis IV schwankt zwischen 7,1% und 32,3%. Vgl. Cumming (2008), S. 1969ff.

Exitkanals haben, dann werden diese mittels entsprechender Vertragsgestaltung womöglich umgesetzt. Dadurch würde der sog. *preplanned* Exit die Allokation der Kontroll- und Exitrechte bestimmen und nicht umgekehrt. Vor diesem Hintergrund führt Cumming (2008) die Regressionsanalyse mit einer kleineren Stichprobe (117 Transaktionen) durch, indem er diejenigen VC-Transaktionen ausschließt bei denen gewisse Exitvorstellungen des Venture Capitalists bereits beim Vertragsabschluss vorhanden waren, der Entrepreneur darüber allerdings nicht in Kenntnis gesetzt wurde.[267] Die Ergebnisse bleiben weitgehend robust. Nur der Zusammenhang zwischen den Kontrollrechten des Venture Capitalists und der Wahrscheinlichkeit eines IPO ist statistisch nicht mehr signifikant. Die Wahrscheinlichkeit eines strategischen Verkaufs erhöht sich dagegen signifikant um 32,1% bzw. 18,1%, wenn der Venture Capitalist über einen Führungswechsel entscheiden kann bzw. über Exitrechte verfügt. Die Wahrscheinlichkeit einer Liquidation nimmt dagegen signifikant um 31,7% bzw. 18,2% ab.[268] Diese Verminderung wird als Zeichen guter Performance interpretiert.

Diese Endogenitätsproblematik wird von ***Cumming und Johan (2008b)*** direkt adressiert, indem sie die *preplanned* Exitstrategien und deren Auswirkungen auf die Vertragsgestaltung näher untersuchen. Eine *preplanned* Exitstrategie ist dadurch gekennzeichnet, dass der Venture Capitalist schon vor dem Vertragsabschluss einen konkreten Exitkanal ins Visier nimmt. Seine Exitpläne muss er aber nicht unbedingt dem Entrepreneur offenlegen. Da aus der Exitgestaltung, wie im Kapitel 3.1 gezeigt, sowohl Anreizeffekte als auch Interessenkonflikte hervorgehen, könnte er z.B. seiner Absicht das Portfoliounternehmen an die Börse zu bringen preisgeben, um die Leistungsmotivation des Entrepreneurs zu steigern.

---

[267] Es geht dabei also nicht um konkrete Exitpläne, die im Beteiligungsvertrag festgehalten wurden. Es geht um VC-Transaktionen bei denen, die befragten Fundmanager gewisse ex-ante Exitvorstellungen bzw. –wünsche geäußert haben. Vgl. Cumming (2008), S. 1977.

[268] Vgl. Cumming (2008), S. 1975.

Die Studie von Cumming und Johan (2008b) bedient sich derselben Datenbasis von 223 Unternehmen und fokussiert auf die Unterschiede in der Vertragsgestaltung für Transaktionen mit einem *preplanned* IPO-Exit und Transaktionen mit einem *preplanned* TS-Exit.[269] In 31% der untersuchten Fälle hat der Venture Capitalist vorvertragliche Exitpläne für einen Börsengang (25 Transaktionen) oder einen Trade Sale (45 Transaktionen). Aus den *preplanned* IPO-Transaktionen haben 6 (24%) tatsächlich zu einem Börsengang geführt und bei 9 Portfoliounternehmen (36%) gab es am Ende der Beobachtungsperiode noch keinen Ausstieg des Venture Capitalists. Bei den *preplanned* TS-Transaktionen fanden in der Tat 27 strategische Verkäufe (60%) statt und 6 Portfoliounternehmen (13,3%) verfügten weiterhin über die Beteiligung des Venture Capitalists.[270] Es zeigt sich also, dass die VCG generell bestrebt sind diese vorvertraglichen Exitpläne umzusetzen.

Die deskriptive Statistik zeigt, dass bei *preplanned* TS-Transaktionen im Durchschnitt mehr Veto[271]- und Kontrollrechte[272] für den Venture Capitalist vertraglich vereinbart werden.[273] Die Resultate der Regressionsanalyse bestätigen diesen Sachverhalt. *Preplanned* TS-Transaktionen führen zu mehr Kontrolle, u.a. auch Exitkontrolle, durch den Venture Capitalist. Bei einer *preplanned* TS-Transaktion steigt die Wahrscheinlichkeit der vertraglichen Einräumung von Vetorechten um bis zu 10%. Die Wahrscheinlichkeit der vertraglichen Einräumung von Kontrollrechten zugunsten des Venture Capitalists steigt um ca. 5%.[274]

---

[269] Vgl. Cumming/Johan (2008b), S. 1213.

[270] Vgl. Cumming/Johan (2008b), S. 1222f.

[271] Die Variable „Vetorechte" erfasst folgende Entscheidungsbereiche: Kauf bzw. Verkauf vom Betriebsvermögen, Kapitalerhöhungen, Kündigung von Führungskräften, Beauftragung von Beratungsunternehmen oder Änderung der Kontrollverhältnisse (z.B. durch die Aufnahme neuer Gesellschafter). Vgl. hierzu Cumming/Johan (2008b), S. 1219.

[272] Die Variable „Kontrollrechte" erfasst folgende mögliche Vertragsvereinbarungen: das Recht zur Berufung und Abbestellung der Geschäftsführung, Pre-emption-, Drag-Along-, Tag-Along-, Redemption-, Registration- und Verwässerungsschutzklausel sowie Informationsrechte des Venture Capitalists. Vgl. hierzu Cumming/Johan (2008b), S. 1219.

[273] Während bei *preplanned* TS-Transaktionen die VCG im Durchschnitt über 4,29 Veto- und 6,24 Kontrollrechte verfügt, sind es bei *preplanned* IPO-Transaktionen nur 3,28 Veto- und 3,92 Kontrollrechte. Vgl. Cumming/Johan (2008b), S. 1227.

[274] Vgl. Cumming/Johan (2008b), S. 1222f.

Die Untersuchung zeigt deutlich, dass die vorvertragliche Exiterwartung des Venture Capitalists die Allokation der Kontroll- und Exitrechte in dem Beteiligungsvertrag beeinflusst. Strebt der Venture Capitalist einen Trade Sale an, so wird er mehr Kontroll- und Exitrechte für sich aushandeln, um möglichen Konflikten zum Zeitpunkt der Desinvestition entgegenzuwirken. Aus der vertraglich vereinbarten Kontrollallokation kann also der Entrepreneur Rückschlüsse für den angestrebten Exitkanal ziehen. Ausgehend von dieser Erkenntnis wird im Kapitel 5 der vorliegenden Arbeit untersucht, wie sich dieser Informationsgehalt der vertraglich fixierten Kontrollallokation auf das Leistungsverhalten der beteiligten Parteien auswirkt.

Auch für den deutschen VC-Markt gibt es eine aktuelle Studie, *Bienz und Walz (2010)*, die explizit die Allokation von Exitrechten (Drag-Along, Tag-Along, Piggy Back, Demand und Pre-emption) in den VC-Finanzierungsverträgen untersucht und die Determinanten dieser vertraglichen Gestaltung der Exitentscheidung beleuchtet. Bienz und Walz (2010) untersuchen 464 VC-Verträge, die im Zeitraum 1990 – 2002 zwischen 290 unterschiedlichen Portfoliounternehmen und 91 VCG abgeschlossen wurden. Die Bezugsquelle der Daten ist die Kreditanstalt für Wiederaufbau (KfW).[275] Die Daten wurden aus dem Beteiligungsvertrag, dem Businessplan und der Gesellschaftervereinbarung gewonnen. Daher bietet die Studie tiefere Einblicke in die Vertragspraxis deutscher VCG an.[276]

Wie im Kapitel 3.2 bereits gezeigt, werden in den deutschen Verträgen TS-Exitrechte (Drag-Along, Tag-Along, Pre-emption) viel öfter als IPO-Exitrechte (Piggy Back und Demand) eingeräumt.[277] Mit Hilfe einer multivariaten Analyse untersuchen Bienz und Walz (2010) die Treibkräfte dieser Allokation von Exitrechten.

---

[275] Die Förderinstrumente der KfW werden im Kapitel 6 näher dargestellt und untersucht.
[276] Vgl. Bienz/Walz (2010), S. 1073.
[277] Vgl. Bienz/Walz (2010), S. 1089.

Die *vorvertraglichen Exiterwartungen* der VCG[278] stellen sich erneut als ein wichtiger Bestimmungsfaktor der Vertragsgestaltung heraus. Die Stichprobe wird im Hinblick auf die TS-Exiterwartung des Venture Capitalists in zwei Gruppen aufgeteilt. In der Gruppe der VC-Transaktionen ohne TS-Exiterwartung werden Drag-Along bzw. Tag-Along Klausel in 33% bzw. 44% der Fälle dem Venture Capitalist zugesichert. Für die Gruppe mit TS-Erwartung liegen diese Zahlen eindeutig höher: 62% bzw. 73%. Die Unterschiede zwischen den Gruppen sind sowohl statistisch als auch ökonomisch signifikant.[279] Die anschließende Probit Regression bestätigt diesen Zusammenhang zwischen der TS-Exiterwartung des Venture Capitalists und der Allokation von Exitrechten. Wenn der Venture Capitalist ex-ante einen Trade Sale anstrebt, erhöht sich die Wahrscheinlichkeit, dass ihm mindestens ein Exitrecht eingeräumt wird, um 40% bis 75%.[280]

Eine weitere Determinante der Allokation von Exitrechten ist die *Expertise der VCG* in der Industrie zu der das Portfoliounternehmen gehört. Wenn die VCG bereits Investitionserfahrung in einem Industriesektor hat, kann sie das Portfoliounternehmen hinsichtlich der Technologieentwicklung, der Lieferanten, der Absatzmärkte, der konkurrierenden Produkte oder Dienstleistungen besser beraten. Wenn der Venture Capitalist über eine solche Industrieerfahrung verfügt, wird der Entrepreneur womöglich auch bereit sein, ihm mehr Exitrechte einzuräumen, um seine Beteiligungsbereitschaft positiv zu beeinflussen. Die Stichprobe wird im Hinblick auf die Industrieexpertise erneut in zwei Gruppen aufgeteilt. In der Gruppe mit den Transaktionen ohne Expertise hat der Venture Capitalist in 50% der Fälle Pre-emption Rechte, in 22% der Fälle Drag-Along Rechte und in 34% der Fälle Tag-Along Rechte. Die Gruppe der Portfoliounternehmen die von einer Industrieexpertise profitieren können, räumt dem Venture

---

[278] Wenn der Beteiligungsgeber die Refinanzierung der VC-Transaktion über die KfW beantragt, muss er u.a. auch seine Erwartung hinsichtlich des Exitkanals und der Beteiligungsdauer mitteilen. Auf Basis dieser Informationen wurde in der Studie die Variable *TS-Exiterwartung* gebildet. Vgl. Bienz/Walz (2010), S. 1088.

[279] Die statistische Signifikanz der Differenz liegt auf dem 1% Niveau. Vgl. Bienz/Walz (2010), S. 1091 und 1094.

[280] Der Effekt hängt vom ausgewählten Modell ab. Die Ergebnisse sind aber für alle Modelle, bis auf das Modell 4, auf dem 1% oder 5% Niveau signifikant. Der ökonomische Erklärungsgehalt der Modelle ist mit einem *Pseudo R²*-Wert, der zwischen 0,15 und 0,22 schwankt, hoch. Vgl. Bienz/Walz (2010), S. 1104f.

Capitalist signifikant mehr Exitrechte ein. 73% der Verträge enthalten eine Preemption Klausel zugunsten des Venture Capitalists. 46% bzw. 56% der Verträge räumen dem Venture Capitalist ein Drag-Along bzw. ein Tag-Along Recht ein.[281] Die Probit Regression bestätigt den positiven Einfluss der Industrieexpertise auf die Allokation der Exitrechte zugunsten des Venture Capitalists. Wenn der Venture Capitalist über entsprechende Industrieerfahrung verfügt, erhöht sich die Wahrscheinlichkeit, dass ihm mindestens ein Exitrecht zugesichert wird, um 45% bis 79%.[282] Die Einbeziehung des *Alters der VCG* in die Analyse, als Proxy für die Erfahrung der VCG, ergibt ebenfalls statistisch signifikante Resultate und unterstützt die obige Aussage. Je älter und somit je mehr Investitionserfahrung ein Venture Capitalist hat, desto mehr Exitrechte sichert er sich vertraglich zu.[283]

Bienz und Walz (2010) untersuchen auch den *Liquiditätsbedarf* des Venture Capitalists als potenzielle Determinante für die Allokation der Exitrechte. Aghion, Bolton und Tirole (2004) zeigen in ihrem theoretischen Ansatz einen positiven Zusammenhang zwischen der Ausprägung der ex-ante Liquiditätspräferenz des Venture Capitalists und den ihm zugesicherten Exitrechten auf. Bestehen Erwartungen über einen sog. *Hot Issue Market*, dann ist die Liquiditätspräferenz des Venture Capitalists hoch und eine Allokation der Exitrechte zu seinen Gunsten wahrscheinlicher, da sonst seine Beteiligungsbereitschaft sinkt. Außerdem kann die Reputation der VCG deren Liquiditätspräferenz beeinflussen. Die Liquiditätspräferenz eines Venture Capitalists mit einer sehr guten Reputation ist weniger stark ausgeprägt, da er bei Bedarf auch kurzfristig neues Kapital akquirieren kann.[284] Die Resultate der Probit Regression unterstützen allerdings nicht die Aussagen von Aghion, Bolton und Tirole (2004). Die Boomphase des Neuen Marktes (1998 – 2000) hat einen negativen Einfluss auf die Allokation der Exitrechte zugunsten des Venture Capitalists. Der Effekt ist

---

[281] Vgl. Bienz/Walz (2010), S. 1092.
[282] Der Effekt hängt von den in die Regression einbezogenen Variablen ab, ist aber für alle Modelle auf dem 1% oder 5% Niveau signifikant. Vgl. Bienz/Walz (2010), S. 1104f.
[283] Vgl. Bienz/Walz (2010), S. 1099f.
[284] Für eine detaillierte Diskussion über den Modellrahmen und dessen Ergebnisse sowie empirischen Implikationen siehe Kapitel 3.3.1.

allerdings nur für die Allokation der Drag-Along Rechte signifikant. Als Proxy für die Reputation der VCG wird das Unternehmensalter herangezogen. Mit einem höheren Alter lässt sich der Venture Capitalist, im Gegensatz zu den Aussagen von Aghion, Bolton und Tirole (2004), mehr Exitrechte zusichern.[285] Bienz und Walz (2010) interpretieren dieses Resultat als Lerneffekt. Der deutsche VC-Markt war Anfang der 90er Jahre relativ unterentwickelt. Im Laufe der Zeit sammelten die deutschen VCG mehr Erfahrung mit Investitionen und Desinvestitionen und ließen sich mehr Exitrechte zusichern, um bereits bekannte Exitprobleme und -konflikte zu vermeiden. Demzufolge lassen sich ältere und somit erfahrenere und durchaus angesehenere VCG mehr Exitrechte vertraglich einräumen.[286]

Zusammengefasst erzielen Bienz und Walz (2010) folgende Ergebnisse bzgl. der Allokation von Exitrechten:[287]

- Exitrechte werden in den deutschen Finanzierungsverträgen hauptsächlich dem Venture Capitalist zugesichert.

- Die Finanzierungsverträge können auch mehrere Exitrechte, die sich in ihrer Auswirkung ergänzen, enthalten.

- Die vertragliche Allokation von Exitrechten hängt von der Wahrscheinlichkeit potenzieller Interessenkonflikte ab. Diese Konflikte können entweder zwischen Venture Capitalist und Entrepreneur oder zwischen den Syndikatpartnern vorkommen, wenn mehrere VCG zur Finanzierung beitragen. Strebt die VCG einen konflikthaften Exitkanal (z.B. Trade Sale) an, so lässt er sich mehr Exitkontrolle einräumen. Je mehr VCG an einer Finanzierung beteiligt sind, desto wahrscheinlicher ist die Einräumung von Tag-Along Rechten zugunsten der initiierenden VCG (Lead-Investor).[288]

---

[285] Vgl. Bienz/Walz (2010), S. 1099ff.
[286] Vgl. Bienz/Walz (2010), S. 1097.
[287] Vgl. Bienz/Walz (2010), S. 1113f.
[288] Das Tag-Along Recht soll den Inhaber vor einem eventuellen Hold-up durch die anderen Beteiligten schützen. Vgl. Bienz/Walz (2010), S. 1107.

3.4 Zwischenfazit

Dieses Kapitel verdeutlicht die Interessenkonflikte und die Verhaltensanreize, die aus der Exitentscheidung und -planung hervorgehen. Es wurde dabei gezeigt, welche Rolle die Vereinbarung von Exitklauseln in den VC-Verträgen bei der Lösung der Interessenkonflikte spielen kann. Die empirische Evidenz zeigt jedoch, dass die vertraglich fixierten Exitrechte Informationen über den vom Rechtsinhaber angestrebten Exitkanal liefern. Dieser Informationsgehalt könnte also gerade bei konfliktbehafteten Exitalternativen dazu führen, dass die Exitkonflikte gelöst werden, dafür aber während der Beteiligungslaufzeit negative Verhaltensanreize gesetzt werden. Dieser Aspekt wird im Kapitel 5 untersucht.

Hinsichtlich der Allokation der Exitrechte in der Praxis stellen die empirischen Studien fest, dass die Exitrechte überwiegend dem Venture Capitalist zugesichert werden. Die Bereitschaft des Entrepreneurs eine derartige Vertragskonstellation zu akzeptieren wird maßgeblich von folgenden zwei Faktoren beeinflusst: Es ist zum einen die eigene Kapitalausstattung und somit die Höhe des Finanzierungsbedarfs und zum anderen die Höhe des Privatnutzens, den der Entrepreneur aus seiner geschäftsführenden Tätigkeit im eigenen Unternehmen erzielt. Wenn der monetäre Effekt einer Kontrollabtretung (Performancesteigerung aufgrund positiver Verhaltensanreize) das nicht-monetäre Ergebnis (Verlust des Privatnutzens) überwiegt, dann steigt die Bereitschaft des Entrepreneurs einer Allokation der Exitrechte zugunsten des Venture Capitalists vertraglich zuzustimmen.

Anhand theoretischer Ansätze wurden die Existenz und die Bedeutung des Privatnutzens des Entrepreneurs herausgestellt. Dieser Privatnutzen kann einerseits die Gestaltung des Finanzierungsvertrags – die Wahl des Finanzierungsinstrumentes sowie die Allokation der Kontrollrechte – beeinflussen. Andererseits wird die Höhe dieses Privatnutzens vom Ausstieg der VCG bzw. von der Wahl des Exitkanals bestimmt. Infolgedessen wird im Kapitel 5 die Rolle des Privatnutzens im Rahmen des Exitentscheidungsprozesses und sein Einfluss auf die Allokation der Exitrechte in den VC-Verträgen analysiert.

4 Leistungsanreize in der VC-Finanzierung: Das Grundmodell

Ziel des Kapitels ist die Ausarbeitung eines einfachen Modells, das zum Verständnis der Leistungsanreize beiträgt, die aus den VC-Beteiligungsverträgen hervorgehen. Das Kapitel untersucht die Wirkungszusammenhänge zwischen den Leistungsprozessen der beiden Vertragspartner und identifiziert die Treibfaktoren der Leistungserbringung.

Sowohl in der theoretischen als auch in der empirischen Literatur zum Venture Capital wurde die technische Interdependenz der Leistungen der Vertragspartner bereits analysiert und als wichtige Erfolgsdeterminante des Wertschöpfungsprozesses herausgestellt. So können Beratungs- und Unterstützungsaktivitäten des Venture Capitalists vorhandene Managementdefizite des Entrepreneurs kompensieren und ergänzend zu dem technischen Wissen und der fachlichen Kompetenz des Entrepreneurs zu einer positiven Unternehmensentwicklung beitragen. Barney et al. (1996) finden anhand einer Stichprobe von 205 Portfoliounternehmen, dass vor allem technologieintensive junge Unternehmen offen für die Managementberatung sowie die operationelle Unterstützung durch die VCG sind.[289]

Die Analyse in diesem Kapitel fokussiert auf die Interdependenz der Leistungen aus einer strategischen Perspektive. Diese blieb bisher in der Literatur unbeachtet und die nachfolgende Analyse dient dazu, eine in der Literatur vorhandene Lücke zu schließen.

Potenzielle Exitkonflikte werden in diesem Abschnitt ausgeblendet, um ausschließlich auf die Leistungsinterdependenzen fokussieren zu können. Demzufolge wird im Grundmodell davon ausgegangen, dass die Vertragspartner sich über den Exitkanal und den Exitzeitpunkt einig sind. An dieser Stelle soll darauf hingewiesen werden, dass die in diesem Kapitel dargestellten Zusammenhänge

---

[289] Vgl. Barney et al. (1996), S. 266f.

auch im erweiterten Modell, also unter Einbeziehung der Exitproblematik, gültig bleiben. Die Entscheidung die gegenseitigen Leistungsabhängigkeiten in einem vereinfachten Modellrahmen zu analysieren, liegt darin begründet, dass diese Effekte grundlegende Bestandteile der VC-Finanzierung sind und bei der Vertragsgestaltung, unabhängig von transaktionsspezifischen Merkmalen, Beachtung finden sollen.

4.1 Leistungserbringung: Theoretische Ansätze

In diesem Abschnitt werden zwei theoretische Ansätze näher betrachtet, die sich mit dem Leistungserbringungsprozess in der Venture Capital Finanzierung beschäftigen und eine große Relevanz für die Diskussion in den Kapiteln 4 und 5 besitzen: Casamatta (2003) bzw. de Bettignies und Brander (2007).

Casamatta (2003) zeigt zum ersten Mal in der theoretischen Literatur die Bedeutung der Bündelung von Finanzierung und Beratung, so wie diese bei einer VC-Finanzierung stattfindet. Da Leistungserbringung vertraglich nicht geregelt werden kann (*a fortiori non contractible*)[290] und auch nicht direkt beobachtbar ist, kann in einem Moral Hazard Kontext nicht sichergestellt werden, dass die Vertragspartner tatsächlich das optimale Leistungsniveau erbringen. Weil der Venture Capitalist aber eigenes Kapital in das Portfoliounternehmen investiert, sollte seine Leistungsbereitschaft während der Beteiligung gegenüber derjenigen eines externen Beraters höher sein und dadurch zu einer besseren Wertentwicklung im Unternehmen beitragen. In diesem Modellrahmen untersucht Casamatta (2003) unter welchen Bedingungen eine VC-Finanzierung wertsteigernd ist.

In Casamattas Modellrahmen gibt es einen Entrepreneur, der ein innovatives Projekt durchführen kann. Für dessen Durchführung ist zum einen ein Investitionsvolumen I und zum anderen ein Arbeitseinsatz in Form eines technischen bzw. technologischen Inputs (e) sowie eines Managementinputs (i) erforderlich.

---

[290] Vgl. Casamatta (2003), S. 2062.

Der Entrepreneur verfügt nicht über entsprechende Managementfähigkeiten und ist somit auf einen externen Managementbeitrag (A) angewiesen. Er kann diese Leistung zusammen mit der Finanzierung beziehen (VC-Finanzierung) oder getrennt in Form einer reinen Finanzierung und einer reinen Beratung. Die Leistungserbringung ruft Kosten hervor: $c_E(e) = \beta\, e^2 / 2$ und $c_A(i) = \gamma\, i^2 / 2$. Der Arbeitseinsatz des Entrepreneurs ist effizienter als der Arbeitseinsatz des externen Beraters/Investors ($\gamma > \beta$). Durch ihren Arbeitseinsatz beeinflussen der Entrepreneur und der Investor bzw. der Berater die Erfolgswahrscheinlichkeit des Projektes: $p_u = \min[e + a; 1]$. Alle Wirtschaftssubjekte sind risikoneutral.[291]

Sollte keine Verhaltensunsicherheit gegeben sein, so ist es für den Entrepreneur irrelevant, ob er eine Managementberatung von einem Venture Capitalist oder von einem externen Berater in Anspruch nimmt. Die Finanzierungsquelle spielt somit keine Rolle, so wie es von Modigliani und Miller (1958) für den Fall vollkommener Märkte bereits gezeigt wurde.

Wenn die Leistungserbringung beider Vertragspartner mit Unsicherheit verbunden ist (*double-sided moral hazard*), zeigt Casamatta (2003), dass die getrennte Beziehung von Beratung und Finanzierung ineffizient ist. Der Entrepreneur muss für die Finanzierungsbereitstellung einen Teil des Projekt-Cashflows und für die Inanspruchnahme der externen Beratung einen weiteren Teil des Cashflows abtreten und erfährt daher folgende negative Konsequenzen: Einerseits reduziert sich dadurch der eigene monetäre Nutzen und andererseits führt der niedrigere monetäre Nutzen dazu, dass der Leistungsanreiz des Entrepreneurs sinkt und damit auch die Erfolgswahrscheinlichkeit des Projektes negativ beeinflusst wird. Dieser letztere Effekt führt dazu, dass auch die mit der Leistungserbringung verbundenen Kosten $c_E(e)$ sinken. Allerdings kann dieser positive Effekt nicht die zwei negativen Effekte kompensieren. Daher ist es für den Entrepreneur ineffizient, eine externe, von der Finanzierung getrennte Beratung in Anspruch zu nehmen. Wenn er den Cashflow für sich behält und dadurch seine Leistungsbereitschaft nicht reduziert wird, kann er einen höheren Nutzen erzie-

---

[291] Vgl. Casamatta (2003), S. 2062f.

len solange sein Arbeitseinsatz effizienter als die Leistungserbringung des Beraters ist. Sollte der Arbeitseinsatz des Beraters dagegen effizienter sein, so ist es für den Entrepreneur sinnvoll, externe Beratung in Anspruch zu nehmen auch wenn der Berater keine Finanzierung bereitstellt. Das kommt bei stark innovativen Projekten vor, bei denen der Entrepreneur einen hervorragenden technischen und technologischen Input leistet, seine Managementfähigkeit dagegen ein hohes Defizit erweist.[292]

Sollte eine Bündelung von Finanzierung und Beratung möglich sein, so ist es für den Entrepreneur immer wirtschaftlich sinnvoll auf diese Alternative (*financial partnership*) zurückzugreifen, um sein Projekt zu finanzieren und dessen Erfolgswahrscheinlichkeit durch den Value Adding Input des Investors zu steigern. Aufgrund der Beteiligung des Venture Capitalists am Projekt muss der Entrepreneur weniger Cashflow-Rechte abtreten um ihn für sein Value Adding zu vergüten.[293] Das hat einerseits auf den monetären Nutzen des Entrepreneurs einen direkten positiven Effekt und andererseits auf die Erfolgswahrscheinlichkeit des Projektes und damit auch auf den Projekt-Cashflow einen indirekten Effekt. Weil der Leistungsanreiz beider Beteiligten von der Höhe des eigenen Cashflow-Anteils abhängt und dieser im direkten Zusammenhang zur eigenen Beteiligung am Investitionsvolumen steht, ergibt sich endogen ein maximales Volumen der externen Finanzierung (I^*), bis zu dem der Entrepreneur zur wertsteigernden Leistung motiviert werden kann. Ab diesem Niveau ist der an den Investor abzutretende Cashflow-Anteil zu hoch und der Leistungsanreiz des Entrepreneurs wird dadurch negativ beeinflusst.[294]

Ein letztes Untersuchungsergebnis von Casamatta (2003) betrifft die Gestaltung eines VC-Finanzierungsvertrags, so dass daraus für beide Vertragspartner optimale Leistungsanreize hervorgehen. Eine niedrige Beteiligung des Venture

---

[292] Vgl. Casamatta (2003), S. 2066f.
[293] Es geht dabei um die explizite Vergütung der Value Adding Aktivität des Venture Capitalists. Der Entrepreneur muss selbstverständlich dem Venture Capitalist für dessen Kapitalbereitstellung einen gewissen Anteil der Cashflow-Rechte abtreten. Er muss aber insgesamt weniger Cashflow-Rechte abtreten als bei getrennter Beziehung der Finanzierungs- und Beratungsleistung.
[294] Vgl. Casamatta (2003), S. 2068f.

Capitalists $(A_{VC} \leq A_{VC}^{*})$ führt dazu, dass sein Cashflow-Anteil zu gering ist und ihn somit nicht genug zum Value Adding motiviert. In diesem Fall sollten Stammaktien für den Venture Capitalist und Vorzugsaktien für den Entrepreneur vertraglich vereinbart werden. Die Vorzugsaktien stellen den Entrepreneur im Falle einer negativen Projektentwicklung besser als den Venture Capitalist. Bei einer positiven Entwicklung sind beide Vertragspartner gleich gut gestellt. Dadurch soll der Venture Capitalist entsprechende Leistungsimpulse bekommen, so dass das Projekt eine positive Entwicklung erfährt. Wenn die Beteiligung des Venture Capitalists dagegen hoch ist $(A_{VC} > A_{VC}^{*})$, dann braucht der Entrepreneur entsprechende Leistungsanreize, da der niedrige Cashflow-Anteil ihn sonst nicht ausreichend zur Leistung motivieren kann. Der optimale Vertrag sieht dann für den Venture Capitalist entweder Vorzugsaktien oder Wandelanleihe und für den Entrepreneur Stammaktien vor. Ein solcher Vertrag bietet dem Venture Capitalist sog. *downside protection* bei einem negativen Projektverlauf und dem Entrepreneur den Anreiz eigenen Arbeitseinsatz zu einer positiven Projektentwicklung durch beizutragen, da nur in diesem Zustand die Stammaktien einen entsprechenden monetären Nutzen erbringen.[295]

Die Erkenntnisse aus Casamatta (2003) stellen den Ausgangspunkt der Überlegungen im Kapitel 4 dar. Da die Leistung beider Vertragspartner eine kritische Bedeutung für den Projekterfolg haben, ist es wichtig zu wissen, welche Leistungsinterdependenzen zwischen den beiden Leistungsprojekten existieren, um diese bei der Gestaltung der Finanzierungsverträge berücksichtigen zu können.

Der modelltheoretische Ansatz von *de Bettignies und Brander (2007)* analysiert die Finanzierungswahl des Entrepreneurs zwischen Bankkredit und Venture Capital vor dem Hintergrund, dass bei einer Bankfinanzierung der Entrepreneur die volle Kontrolle über sein Unternehmen besitzt, indem er bei einer VC-Finanzierung gewisse Kontrollrechte an den Venture Capitalist abtreten muss. Bei einer Bankfinanzierung profitiert der Entrepreneur alleine vom Ergebnis seiner Leistungsanstrengung. Daraus entstehen für ihn starke Leistungsimpulse.

---

[295] Vgl. Casamatta (2003), S. 2070f.

Bei einer VC-Finanzierung profitiert er auch von dessen Value Adding. Dieser unterliegt aber einer gewissen Verhaltensunsicherheit (*double-sided moral hazard*), wie im Ansatz von Casamatta (2003) bereits dargestellt. Aus diesem Tradeoff kristallisiert sich bei de Bettignies und Brander (2007) die Finanzierungsentscheidung des Entrepreneurs heraus. Wenn der Input des Venture Capitalists für das Projekt besonders wertvoll ist, ist daher eine VC-Finanzierung empfehlenswert.

Der Modellrahmen ist folgenderweise konstruiert: Es gibt einen Entrepreneur, der Finanzmittel benötigt, um ein Unternehmen zu gründen. Es gibt für ihn zwei Finanzierungsquellen: einen Bankkredit und eine VC-Beteiligung. Er kann nur eine Finanzierungsalternative in Anspruch nehmen. Das Unternehmen kann sich nach 2 Perioden mit Wahrscheinlichkeit p gut und der Restwahrscheinlichkeit $1-p$ schlecht entwickeln. Im guten Zustand erwirtschaftet es einen Cashflow $R(e,i)=\alpha e+\beta i$ und im schlechten Zustand null. Der erwirtschaftete Cashflow hängt somit von der Leistung des Entrepreneurs (e) bzw. des Investors (i, wobei $i = 0$ wenn der Investor eine Bank ist) und von deren Arbeitsproduktivität ab. Die zeitliche Struktur des Modells sieht wie folgt aus:

Periode 1: Der Entrepreneur trifft die Finanzierungsentscheidung und der Finanzierungsvertrag wird unterschrieben.

Periode 2: Der Entrepreneur bzw. der Venture Capitalist – im Falle einer VC-Finanzierung – wählen jeweils ihr Leistungsniveau (e bzw. i) aus. In Abhängigkeit von externen Faktoren (exogener Projektwahrscheinlichkeit) und von den gewählten Leistungsniveaus ergibt sich am Ende der Periode der Projekt-Cashflow. Die Leistungserbringung ist wie bei Casamatta (2003) mit Kosten verbunden: $c(e)=e^2/2$ und $c(i)=i^2/2$.[296]

Alle beteiligten Parteien sind risikoneutral.

---

[296] Vgl. de Bettignies/Brander (2007), S. 813.

Im Falle einer Bankfinanzierung ist der erwartete Nutzen des Entrepreneurs gegeben durch:

$$E^B = p(\alpha e - \theta/p) - c(e),$$

wobei θ/p die Höhe der Kreditrückzahlung darstellt.

Im Falle einer VC-Finanzierung ist der erwartete Nutzen des Entrepreneurs gegeben durch:

$$E = (1-s)p(\alpha e + \beta i) - c(e).$$

Der Venture Capitalist erhält auch einen Teil des Projekt-Cashflows und sein erwarteter Nutzen ist gegeben durch:

$$V = sp(\alpha e + \beta i) - c(i) - \theta,$$

wobei θ die Höhe der Opportunitätskosten darstellt, die dem Venture Capitalist in der ersten Periode entstehen.

Je nach getroffener Finanzierungsentscheidung variiert das optimale Leistungsniveau des Entrepreneurs. Bei einer Bankfinanzierung ist sein optimales Leistungsniveau gegeben durch $e^B = p\alpha$.[297] Für eine VC-Finanzierung ergeben sich für die Vertragspartner folgende optimale Leistungsniveaus: $e = (1-s)p\alpha$ und $i = sp\beta$. Bei einer VC-Finanzierung leistet der Entrepreneur weniger als bei einer Bankfinanzierung. Dafür muss auch der Venture Capitalist eine gewisse Leistung – insbesondere Managementberatung – erbringen. Die Höhe seiner Leistungsanstrengung hängt zum einen von seiner Produktivität – je produktiver er ist desto weniger wird er leisten – und zum anderen von seinem Cashflow-Anteil – je höher sein Anteil desto höher seine Leistungsmotivation.[298]

De Bettignies und Brander (2007) analysieren zwei Möglichkeiten: die Teilnahmebedingung des Venture Capitalists ($V \geq 0$) ist bindend (*constrained case*) bzw. sie ist nicht bindend für den Entrepreneur, d.h. er kann seinen Nutzen ungeachtet der Teilnahmebedingung des Venture Capitalists (*unconstrained case*)

---

[297] Vgl. de Bettignies/Brander (2007), S. 814.
[298] Vgl. de Bettignies/Brander (2007), S. 815f.

maximieren. Aus dieser Analyse wird für jeden Fall die optimale Cashflow-Allokation ermittelt

unconstrained case: $s_u = (\beta^2 - \alpha^2)/(2\beta^2 - \alpha^2)$

constrained case: $s_c = \left(\alpha^2 p \pm (p^2\alpha^4 - 4\theta\alpha^2 + 2\theta\beta^2)^{1/2}\right)/\left(p(2\alpha^2 - \beta^2)\right)$

und untersucht, wie sich die Leistungserbringung der Vertragspartner dabei entwickelt.[299]

Bzgl. der Finanzierungswahl stellen sich folgende Resultate heraus:[300]

- Wenn die Produktivität des Venture Capitalists über einem gewissen Niveau liegt $(\beta \geq \beta^{**})$, ist es für den Entrepreneur sinnvoller, sein Unternehmen mit Venture Capital zu finanzieren.

- Der Vorteil einer VC-Finanzierung gegenüber einer Bankfinanzierung wird umso größer, je höher die Erfolgswahrscheinlichkeit des Projektes p und die Produktivität des Venture Capitalists β sind. Dieser Vorteil erhöht sich außerdem wenn die Opportunitätskosten θ steigen oder wenn die Produktivität des Entrepreneurs α sinkt.

Der theoretische Ansatz von de Bettignies und Brander (2007) und insbesondere die Analyse der VC-Finanzierung dienen im Abschnitt 4.2 dem Aufbau des eigenen Modellrahmens. So werden mit Hilfe der Erkenntnisse aus dieser Analyse die allgemeinen Rahmenbedingungen der VC-Finanzierung – wie z.B. die Merkmale des Leistungserbringungsprozesses (e, i, α, β) – modelliert. In diesem allgemeinen Modellrahmen werden dann die modellspezifischen Elemente einbezogen (Private Benefits B, die additive Produktionstechnologie p), die zur Untersuchung noch offener Fragestellungen aus der VC-Finanzierung dienen.

---

[299] Es wird an dieser Stelle auf eine ausführliche Darstellung der Analyse und der umfangreichen Ergebnisse verzichtet, da sie der eigenen Analyse im Kapitel 4 weniger dienen. Vgl. hierzu de Bettignies/Brander (2007), S. 818-821.

[300] Vgl. de Bettignies/Brander (2007), S. 822

4.2 Der Modellrahmen

Ein Entrepreneur[301] E hat eine Idee für ein Investitionsprojekt. Er verfügt über eine Anfangskapitalausstattung $A > 0$, die aber nicht ausreicht um den gesamten Investitionsbedarf (V) zu decken. Der Entrepreneur ist somit auf die Kapitalbereitstellung ($K = V - A$) durch einen Investor angewiesen. Er will sein Projekt über Venture Capital finanzieren, um dadurch nicht nur Finanzmittel sondern auch zusätzlichen Input in Form von Mehrwertleistungen zu erhalten. Das vom Venture Capitalist investierte Kapital K übersteigt wesentlich den Kapitalbeitrag des Entrepreneurs, dessen Input hauptsächlich in dem bereitgestellten Humankapital liegt. Im Folgenden fungieren die VCG und die externen Investoren als eine Einheit, der Kapitalgeber. Dieser wird in den weiteren Abschnitten der Arbeit als Venture Capitalist oder Investor (I) bezeichnet.

Kompetitiver VC-Markt: Es wird unterstellt, dass viele Investoren um die Finanzierungsbereitstellung konkurrieren, weil es sich z.B. um ein strategisch interessantes oder um ein renditestarkes Projekt handelt.[302] Der VC-Markt ist kompetitiv.

Informationsverteilung: Es wird angenommen, dass der Investor mit seiner technischen Expertise und seiner Erfahrung anhand der vom Entrepreneur offenbarten Informationen, die Qualität des Projektes korrekt bewerten kann. Somit gibt es keine ex-ante Informationsasymmetrie zwischen den beiden Parteien. Darüber hinaus kann der Venture Capitalist während der Beteiligung den generierten Cashflow ($X_i, i = S, F$) beobachten und verifizieren, ohne dass ihm dadurch zusätzliche Kosten entstehen.

Sowohl der Entrepreneur als auch der Investor sind risikoneutral.

---

[301] Baumol, Schilling und Wolff (2009) beschreiben Entrepreneurs wie folgt: „*they demonstrate initiative, imaginantion and willingness to expend effort in the pursuit of wealth, power and prestige*". Vgl. Baumol/Schilling/Wolff (2009), S. 712.

[302] Es geht dabei um eine in der Literatur recht gängige Annahme, die dazu führt, dass der Entrepreneur die Verhandlungsmacht über die Vertragsgestaltung besitzt. Vgl. dazu Bascha/Walz (2001), Berglöf (1994), de Bettignies (2008). Stefan Gabriel, Präsident der 3M New Ventures, sagte in einem Interview für die WirtschaftsWoche: „*Wirklich gute Startups oder Mittelständler können sich ihren Investor aussuchen*". Vgl. WirtschaftsWoche (2011), S. 108.

4.2.1 Das Projekt und seine Zeitstruktur

Das Projekt ist riskant und endet nach einer Periode. Der Zeitablauf ist in der folgenden Abbildung grafisch dargestellt:

Abbildung 4-1: Die Zeitstruktur im Grundmodell

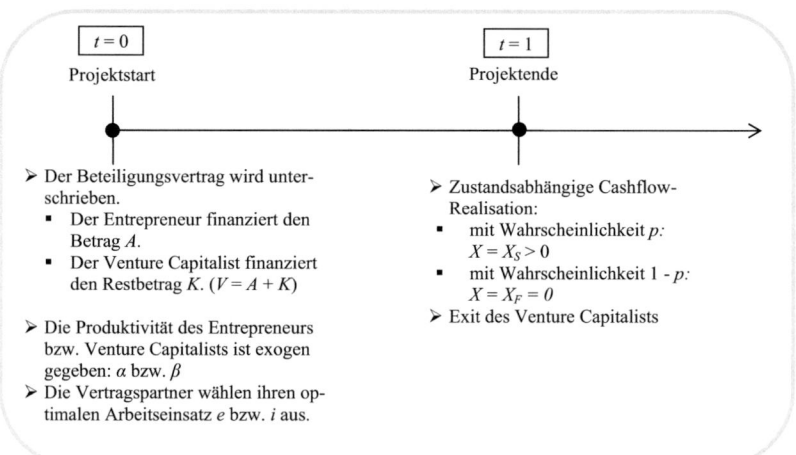

Der Modellrahmen umfasst folgende Zeitpunkte:

$t = 0$: Der Beteiligungsvertrag wird abgeschlossen. Das vom Entrepreneur und Investor insgesamt bereitgestellte Kapital V wird im Projekt investiert. Dieses Investitionsvolumen wird für die folgende Analyse auf 1 GE normiert. Der Entrepreneur sowie auch der Venture Capitalist wählen ihren optimalen Arbeitseinsatz e bzw. i aus.

$t = 1$: Am Ende der Periode generiert das Projekt mit der Wahrscheinlichkeit p einen positiven Cashflow $(X_S > 0)$. Im Falle einer ungünstigen Entwicklung, die mit Wahrscheinlichkeit $1 - p$ eintritt, wird kein Cashflow generiert $(X_F = 0)$ und das Projekt wird liquidiert. Der Liquidationserlös ist

Null.[303] Am Ende der Periode findet der Exit des Venture Capitalists statt. Die beiden Vertragspartner sind sich über die Wahl des Exitkanals einig.

4.2.2 Das Projekt und seine Erfolgswahrscheinlichkeit

Der Erfolg des Projektes hängt nicht nur von dessen exogen gegebenen Qualität ab. Die tatsächliche Erfolgswahrscheinlichkeit des Projektes wird neben der ex-ante Erfolgswahrscheinlichkeit p_0 auch vom Arbeitseinsatz des Entrepreneurs e und des Investors i $(e \geq 0, i \geq 0)$ sowie von deren Produktivität α bzw. β $(1 \geq \alpha > 0,\ 1 \geq \beta \geq 0)$ bestimmt und setzt sich wie folgt zusammen:

$$p = p_0 + \alpha e + \beta i \qquad (4.1)$$

Aufgrund der hier gewählten additiven Verknüpfung der Leistungen, erfordert die Produktionstechnologie also nicht, dass die Arbeitseinsätze aus technischer Sicht komplementär zueinander sind. Für den Erfolg des Projektes ist es demzufolge nicht notwendig, dass beide Vertragspartner eine Leistung erbringen, denn jeder Leistungsprozess trägt individuell zur Steigerung des Projektertrags bei.[304]

Die Arbeitsproduktivität der beiden Vertragspartner lässt sich vertraglich nicht beeinflussen. Diese gilt ex-ante als gegeben und ist im Falle des Entrepreneurs durch seine Berufs- und Branchenerfahrung sowie sein Bildungsniveau bedingt.[305] Die Arbeitsproduktivität des Investors wird durch seine Investitionserfahrung, seine Branchen- und Industrieexpertise sowie seine strategische Ausrichtung bestimmt. Es wird im Folgenden angenommen, dass der Arbeitseinsatz des Entrepreneurs produktiver als die Leistungserbringung des Venture Capitalists ist:

---

[303] Diese Annahme lässt sich dadurch begründen, dass das Vermögen eines Startups in der Frühentwicklungsphase vor allem aus dem Humankapital des Entrepreneurs besteht und der Produktionsprozess nicht so weit fortgeschritten ist. Die Liquidation des Unternehmens generiert folglich nur geringfügige Erlöse.

[304] Vgl. hierzu auch Casamatta (2003), S. 2062. Die oben dargestellte Zusammensetzung der Erfolgswahrscheinlichkeit wurde in Anlehnung an Hellmann (2002) gewählt. Vgl. Hellmann (2002), S. 303.

[305] Die Bedeutung dieser Aspekte für den Erfolg junger Unternehmen wurde bereits im Rahmen empirischer Analysen untersucht. Brüderl et al. (2009) zeigen einen positiven Zusammenhang zwischen der schulischen und beruflichen Bildung des Gründers bzw. seiner Branchenerfahrung und dem Startup Erfolg – gemessen an der Überlebenswahrscheinlichkeit sowie an der Wahrscheinlichkeit eines Beschäftigten- sowie Umsatzzuwachses. Vgl. dazu Brüderl et al. (2009), S. 123 ff.

$$\alpha \geq \beta. \tag{4.2}$$

Diese Annahme ist darin begründet, dass der Beitrag des Humankapitals des Entrepreneurs für das Überleben und den Erfolg des Unternehmens in der Anfangsphase wichtiger als die Managementberatung und -unterstützung des Venture Capitalists ist. Die Annahme steht auch im Einklang mit anderen Arbeiten in diesem Bereich, wie z.B. Casamatta (2003).[306]

Der Arbeitseinsatz des Entrepreneurs bzw. Investors führt aber nicht nur zu einer Wertsteigerung, sondern verursacht auch entsprechende Kosten (*costs of effort*), $c(e)$ bzw. $c(i)$, gegeben durch[307]

$$c(e) = \frac{e^2}{2} \text{ und } c(i) = \frac{i^2}{2}.$$

Auch wenn die Erfolgswahrscheinlichkeit des Projekts durch die Arbeitseinsätze des Entrepreneurs bzw. Venture Capitalists unverändert bleibt ($p = p_0$) ist eine Durchführung des Projektes dennoch wirtschaftlich sinnvoll:

$$E[X] = p_0 X_S \geq V \tag{4.3}$$

4.3 Der optimale Arbeitseinsatz

Wie bereits im Kapitel 2.1.2.2 dargestellt, ist für den Erfolg des jungen Unternehmens von kritischer Bedeutung, einen Arbeitseinsatz auf beiden Seiten (e bzw. i) durch eine anreizkompatible Vertragsgestaltung zu induzieren.

Eine vertragliche Festlegung der Arbeitseinsätze vom Entrepreneur und Investor ist jedoch nicht möglich. Jeder Vertragspartner bestimmt den eigenen Arbeitseinsatz so, dass, bei gegebener Vertragsgestaltung, sein eigener erwarteter Nutzen maximiert wird. Die Entscheidungen über den optimalen Arbeitseinsatz

---

[306] Vgl. Casamatta (2003), S. 2067. Für den Fall, dass die Arbeitsproduktivität des Entrepreneurs gering ist, betrachtet Casamatta (2003) die Möglichkeit einen externen Unternehmensberater heranzuziehen. Diese Möglichkeit ist in der Anfangsphase eines Unternehmens jedoch meistens nicht verfügbar, da die notwendigen finanziellen Mittel für die Vergütung der Beratungsleistung nicht vorhanden sind.

[307] Diese Kostenfunktion lässt sich in der Literatur oft finden. Vgl. hierzu Hellmann (2002), S. 290 oder de Bettignies/Brander (2007), S. 813. Die Kosten steigen mit dem Arbeitseinsatz überproportional. Der Grenznutzen jeder zusätzlichen Arbeitseinheit ist positiv: $dc(x)/dx = x \ (x = i,e)$.

werden von den involvierten Vertragsparteien simultan getroffen. In diesem Kontext spielt die Allokation der Cashflow-Rechte eine tragende Rolle, da diese als Leistungsanreizmechanismus in den Verträgen fungiert. Die vertraglich festgelegten Cashflow-Rechte bestimmen wie viel Leistung jeder Vertragspartner während der Beteiligungslaufzeit erbringt. In der Literatur gibt es bereits empirische Evidenz für diesen Leistungsanreizeffekt. Für den US-amerikanischen VC-Markt stellen Kaplan und Strömberg (2004) einen positiven Zusammenhang zwischen dem Cashflow-Anteil des Venture Capitalists und seinem Value Adding fest. Cumming und Johan (2009) finden anhand eines Datensatzes Europäischer VC-Beteiligungen vergleichbare Ergebnisse: Das Engagement der VCG wird von der Höhe der zugeteilten Cashflow-Rechte positiv beeinflusst. Der Entrepreneur muss folglich genug Cashflow-Rechte abtreten, um einerseits den Venture Capitalist zur Bereitstellung von Kapital zu bewegen und andererseits um ihn zur wertzuführenden und erfolgstreibenden Leistungserbringung zu motivieren.

Der Entrepreneur investiert sein gesamtes Anfangskapital (A) in das Projekt und erzielt daraus den folgenden erwarteten Nutzen:

$$U^E = s(p_0 + \alpha e + \beta i)X_S - \frac{e^2}{2} - A. \qquad (4.4)$$

Der Investor finanziert das Projekt mit und erhält im Gegenzug einen Anteil $1-s$ am generierten Cashflow. Sein erwarteter Nutzen ist gegeben durch

$$U^I = (1-s)(p_0 + \alpha e + \beta i)X_S - \frac{i^2}{2} - K. \qquad (4.5)$$

Wie aus (4.4) und (4.5) zu erkennen ist, hängt der erwartete Nutzen der beiden Parteien einerseits von der Vertragsgestaltung, also von der Beteiligungsvereinbarung (A, K) und andererseits von der Allokation der Cashflow-Rechte $\left(s,(1-s)\right)$ ab.

Sowohl der Entrepreneur als auch der Investor wählen ihren Arbeitseinsatz so, dass ihr eigener Nutzen maximiert wird. Der optimale Arbeitseinsatz des Entrepreneurs bzw. des Investors ist folglich gegeben durch

$$e^{opt} = \alpha s X_S \qquad (4.6)$$

$$\text{bzw. } i^{opt} = \beta(1-s)X_S. \qquad (4.7)$$

[*Die Herleitung befindet sich im Anhang A-1*]

In Übereinstimmung mit existierenden empirischen Ergebnissen[308] hat eine Erhöhung der zugeteilten Cashflow-Anteile $(s,(1-s))$ eine positive Auswirkung auf die jeweils erbrachte Leistung (e^{opt} bzw. i^{opt}):

$$\frac{de^{opt}}{ds} = \alpha X_S \geq 0$$

$$\frac{di^{opt}}{d(1-s)} = \beta X_S \geq 0$$

Es muss daher diejenige Allokation der Cashflow-Rechte bestimmt werden, die die notwendigen Arbeitsanreize für beide Vertragspartner induziert, so dass der Nutzen des Entrepreneurs maximiert und die Teilnahmebedingung des Investors erfüllt wird. Dieses Optimierungsproblem wird im folgenden Abschnitt diskutiert.

4.4 Die optimale Allokation der Cashflow-Rechte

Weil der Entrepreneur – wie angenommen – die Verhandlungsmacht hat, wird der Finanzierungsvertrag so gestaltet sein, dass er seinen erwarteten Nutzen maximieren kann. Das Optimierungsproblem sieht – unter Einbeziehung der durch (4.6) und (4.7) gegebenen optimalen Arbeitseinsätze – wie folgt aus:

$$\max_s s^2\left(\frac{\alpha^2}{2} - \beta^2\right)X_S^2 + s\left(p_0 X_S + X_S^2\beta^2\right) - A$$

Damit der Venture Capitalist einer Beteiligung zustimmt, muss sein aus der VC-Transaktion erwarteter Nutzen nicht-negativ sein (*Participation Constraint*, PC$_I$):

---

[308] Vgl. Cumming/Johan (2007), S. 33 oder Kaplan/Strömberg (2004), S. 2205.

(PC$_I$) $$U^I \geq 0.$$

Zunächst wird das Entscheidungsproblem des Entrepreneurs ohne Berücksichtigung der Teilnahmebedingung (PC$_I$) des Venture Capitalists gelöst (*unconstrained solution*). Wenn die daraus resultierende nutzenmaximierende Cashflow-Allokation auch dem Venture Capitalist das Erzielen eines nichtnegativen Nutzens gewährleistet, dann stellt sie das für beide Vertragspartner optimale Allokationsschema dar. Wird die Teilnahmebedingung des Venture Capitalists dagegen verletzt, so kann bei dieser Cashflow-Allokation kein Vertrag abgeschlossen werden und der Entrepreneur muss mehr Cashflow-Rechte abtreten, um eine Finanzierung zu erhalten. Die Maximierung des erwarteten Nutzens muss der Entrepreneur in diesem Fall unter Berücksichtigung der Teilnahmebedingung des Venture Capitalists (*constrained solution*) vornehmen.

Unconstrained solution

Um das Optimierungsproblem zu lösen, wird die Bedingung erster Ordnung ermittelt:

$$\frac{dU^E}{ds} = p_0 X_S + X_S^2 \left(\beta^2 + s(\alpha^2 - 2\beta^2) \right) \overset{!}{=} 0 \Leftrightarrow s_u^* = -\frac{p_0 + X_S \beta^2}{X_S(\alpha^2 - 2\beta^2)} \quad (4.8)$$

Abhängig davon, ob die Bedingung zweiter Ordnung

$$\frac{d^2 U^E}{ds^2} = X_S^2(\alpha^2 - 2\beta^2)$$

positiv oder negativ ist, handelt es sich bei der Extremstelle s_u^* entweder um ein absolutes Maximum oder ein absolutes Minimum. Dabei spielt das Verhältnis zwischen α und β die entscheidende Rolle:

a.) Wenn $\alpha < \beta\sqrt{2}$, ist die Funktion $U^E(s)$ konkav. Der Nutzen des Entrepreneurs steigt mit der Höhe seines Cashflow-Anteils bis zu einem maximalen Niveau $U^E(s_u^*)$. Der Cashflow-Anteil des Investors sinkt dagegen und reduziert in der Folge dessen Leistungsbereitschaft. Da das Verhältnis der beiden Produktivitäten relativ gering ist ($\alpha/\beta < \sqrt{2}$) führt eine Erhöhung des Cashflow-Anteils des Entrepreneurs über den Wert s_u^* hinaus zu einer Verringerung des erwarteten Cashflows. Zusammen mit der Erhöhung der Effortkosten wird auch eine Senkung des vom Entrepreneur erwarteten Nutzens hervorgerufen. Die analytische Lösung des Optimierungsproblems stellt nur dann den optimalen Cashflow-Anteil des Entrepreneurs dar, wenn sie im Wertbereich [0,1] liegt:[309]

$$0 \le -\frac{p_0 + X_S \beta^2}{X_S(\alpha^2 - 2\beta^2)} \le 1 \Leftrightarrow X_S(\beta^2 - \alpha^2) - p_0 \ge 0 \qquad (4.9)$$

Der vom Entrepreneur zu erwartete Nutzen ist in diesem Fall gegeben durch:

$$U^E_{\max} = -\frac{(p_0 + X_S \beta^2)^2}{2(\alpha^2 - 2\beta^2)} - A$$

Aufgrund der im Modell getroffenen Annahme $\alpha \ge \beta$ ist die Bedingung (4.9) bei den gegebenen Wertebereichen der Parameter verletzt und der optimale Cashflow-Anteil s_u^*, der den erwarteten Nutzen des Entrepreneurs maximiert, überschreitet den zulässigen Wert 1. Infolgedessen wäre der Cashflow-Anteil des Venture Capitalists $1 - s_u^*$ negativ und würde zu einem nicht positiven Nutzen führen.[310]

b.) Für $\alpha > \beta\sqrt{2}$ ist die Funktion $U^E(s)$ konvex und $U^E(s_u^*)$ deren Minimum. Die analytische Lösung des Optimierungsproblems ist $s_u^* = 1$ und der erwartete Nutzen des Entrepreneurs ist gegeben durch

---

[309] Für den Entrepreneur, müsste er die Teilnahmebedingung des Investors nicht beachten, so wäre die Lösung $s_u^* > 1$ optimal. Diese Lösung würde implizieren, dass der Venture Capitalist weiteres Kapital nachschießen sollte, was dazu führen würde, dass sein erwarteter Nutzen negativ wäre. Ist die optimale Lösung dagegen negativ ($s_u^* < 0$), so muss der Entrepreneur weiteres Kapital ins Projekt investieren. Da er schon beim Start des Projektes sein gesamtes Kapital investiert hat, ist eine spätere Kapitalbereitstellung seinerseits nicht möglich. Aus diesen Gründen ist der Cashflow-Anteil des Entrepreneurs auf dem Wertbereich [0,1] definiert.

[310] Auch wenn die Bedingung (4.9) erfüllt ist, d.h. $\alpha < \beta$, kann gezeigt werden, dass das Allokationsschema s_u^* nicht zu einem Vertragsabschluss führt, da es die Teilnahmebedingung des Venture Capitalists nicht erfüllt. Eine detaillierte Diskussion befindet sich im Anhang A-2.

$$U^E_{max} = -A + p_0 X_S + \frac{X^2_S \beta^2}{2}$$

Der Cashflow-Anteil des Venture Capitalists liegt folglich bei null $(1 - s^*_u = 0)$ und sein erwarteter Nutzen ist gegeben durch[311]

$$U^I = -K.$$

Dieses Ergebnis beruht auf folgender ökonomischer Interpretation: Wenn die Produktivität des Entrepreneurs diejenige des Investors im höheren Maße übersteigt, dann ist der Entrepreneur – der über die Verhandlungsmacht verfügt – nicht bereit einen Teil des Cashflows an den Investor abzutreten.

c.) Wenn $\alpha = \beta\sqrt{2}$, dann ist die Nutzenfunktion des Entrepreneurs $U^E(s)$ monoton steigend und erreicht ihr Maximum für $s^*_u = 1$. Für diese Cashflow-Allokation kommt es, wie im vorherigen Fall auch, zu keinem Vertragsabschluss, da der erwartete Nutzen des Investors negativ ist: $U^I = -K$.[312]

Die Resultate der obigen Analyse zeigen, dass ein Vertrag nicht abgeschlossen werden kann, wenn der Entrepreneur seinen Nutzen, unberücksichtigt der Teilnahmebedingung des Venture Capitalists, zu maximieren versucht. In diesem Fall ist der nutzenmaximierende Cashflow-Anteil des Entrepreneurs zu hoch und führt dazu, dass der Venture Capitalist einen negativen Nutzen erzielen würde. Der Entrepreneur muss folglich mehr Cashflow-Rechte als $1 - s^*_u$ an den Venture Capitalist abtreten, damit dieser einer Finanzierung zustimmt. Diese Erhöhung der an den Investor abgetretenen Cashflow-Rechte hat allerdings zwei negative Konsequenzen für den Entrepreneur. Zum einen reduziert sich unmittelbar sein monetärer Rückfluss. Zum anderen wirkt sich dieser monetäre Effekt negativ auf seinen Leistungsanreiz aus. In der Folge reduziert der Entrepreneur seinen Arbeitseinsatz.

---

[311] Eine detaillierte Diskussion dieser Parameterkonstellation befindet sich im Anhang A-2.
[312] Eine detaillierte Diskussion befindet sich ebenfalls im Anhang A-2.

Constrained solution

Die Teilnahmebedingung des Venture Capitalists ist also für das Entscheidungsproblem des Entrepreneurs bindend. Die optimale Cashflow-Allokation soll sicherstellen, dass der Venture Capitalist im Gleichgewicht aus dem Projekt einen nicht negativen Nutzen zieht:

(PC$_I$) $$U^I = 0.$$

Der abgetretene Cashflow erfüllt auch eine Leistungsanreizfunktion. Die Höhe des Cashflows wirkt auf die Leistungsmotivation des Venture Capitalists ein und über das Value Adding wird die Erfolgswahrscheinlichkeit des Projektes beeinflusst. Eine höhere Erfolgswahrscheinlichkeit führt zu einem höheren erwarteten Cashflow.

Ausgehend von der Teilnahmebedingung des Investors und unter Berücksichtigung der optimalen Arbeitseinsätze des Entrepreneurs e^{opt} und des Investors i^{opt}, kann der Cashflow-Anteil des Entrepreneurs (s^*) im Gleichgewicht bestimmt werden. Das optimale Allokationsschema ist gegeben durch den folgenden Cashflow-Anteil des Entrepreneurs:

$$s^* = 1 - \frac{\theta - \sqrt{\theta^2 - 2K(2\alpha^2 - \beta^2)}}{X_S(2\alpha^2 - \beta^2)}$$

mit (4.10)

$$\theta = p_0 + X_S\alpha^2$$

[*Die Herleitung befindet sich im Anhang A-3.*]

Damit diese Lösung gültig ist, müssen folgende Bedingungen erfüllt werden:[313]

$$(p_0 + X_S\alpha^2)^2 - 2K(2\alpha^2 - \beta^2) \geq 0$$

$$(\alpha^2 - \beta^2)\sqrt{\left[p_0 + (G + Bq)\alpha^2\right]^2 - 2(K + \gamma)(2\alpha^2 - \beta^2)} \leq (2\alpha^2 - \beta^2) - \left[p_0 + (G + Bq)\alpha^2\right]\alpha^2$$

Eine Erhöhung des Cashflow-Anteils des Entrepreneurs über die optimale

---

[313] Siehe hierzu Anhang A-3.

Grenze (s^*) hinaus führt dazu, dass die Teilnahmebedingung des Investors nicht mehr erfüllt wird. Der Venture Capitalist stimmt einer Beteiligung nicht zu, wenn sein Anteil niedriger als $1 - s^*$ ist, da er sonst für die Bereitstellung von Finanz- und Humankapital nicht ausreichend entlohnt wird. Wenn der Cashflow-Anteil des Venture Capitalists dagegen das Optimum übersteigt, dann könnte er einen Gewinn aus der Beteiligungsfinanzierung erwirtschaften.

4.5 Leistungsanreizmechanismen

In der Literatur gibt es zahlreiche Untersuchungen über die Erfolgsfaktoren junger Unternehmen. Trotz der unterschiedlichen Definition des unternehmerischen Erfolgs und der Vielzahl von identifizierten Werttreibern zeigen die Ergebnisse einen gemeinsamen Nenner: Das Engagement der Vertragspartner. Die Leistungen der Vertragspartner erfolgen nicht unabhängig voneinander.

4.5.1 Die strategische Interdependenz der Leistungen

Während der Beteiligungslaufzeit kommt es zu Interaktionen unterschiedlicher Intensität und Häufigkeit zwischen den Vertragspartnern. Obwohl die hier gewählte Produktionstechnologie ($p = p_0 + \alpha e^{opt} + \beta i^{opt}$), aufgrund der additiven Zusammensetzung keine Interdependenzen zwischen den Leistungsprozessen erfordert, zeigt der folgende Satz, dass die Eigenschaften der Vertragsparteien (Produktivität, α und β) einen Einfluss auf deren Aktionen (optimales Anstrengungsniveau, e^{opt} und i^{opt}) haben:

Satz 1:

> a.) *Eine höhere Arbeitsproduktivität des Investors β erhöht die vom Entrepreneur erbrachte Leistung e^{opt}.*

> b.) *Eine höhere Arbeitsproduktivität des Entrepreneurs α veranlasst den Investor dazu, seinen Arbeitseinsatz i^{opt} zu verringern.*

Beweis: *Siehe Anhang A-4.* □

Der Leistungserbringungsprozess der Vertragspartner resultiert aus dem Zusammenspiel der vorhandenen Ressourcen – in Form der exogen gegebenen Produktivitäten – und der endogen resultierenden Arbeitseinsätze. Auch wenn technologiemäßig keine Abhängigkeiten zwischen der Produktivität und dem Arbeitseinsatz besteht, kann in diesem Modellrahmen eine strategische Interdependenz der Leistungen und der Ressourcen involvierter Vertragsparteien identifiziert werden: Die eigene Produktivität beeinflusst den Arbeitseinsatz des Vertragspartners. Dieser Effekt ergänzt die bereits in der Literatur festgestellte technische Interdependenz der Leistungsprozesse, die darauf zurückzuführen ist, dass die technische und technologische Kompetenz des Entrepreneurs sich gut durch die Managementerfahrung und die Marktexpertise des Venture Capitalists abrunden lässt.

Die im Satz 1 zusammengefassten Effekte werden in der folgenden Abbildung grafisch dargestellt:

Abbildung 4-2: Strategische Leistungsinterdependenzen

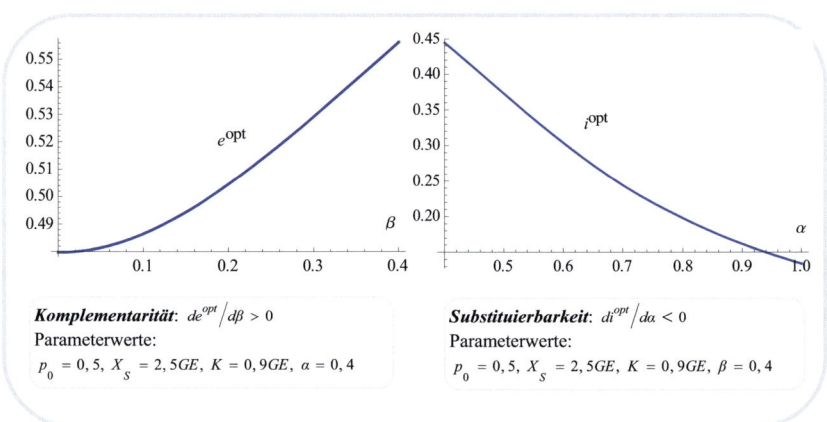

Die oben abgebildeten Effekte kommen nicht direkt über die zugrundeliegende Produktionstechnologie, sondern indirekt, über das optimale Allokationsschema $\left(s^*, (1-s^*)\right)$ zustande und belegen dadurch die Bedeutung der vertraglichen Fixierung von Cashflow-Rechte. Eine höhere exogene Produktivität der wertzu-führenden Aktivitäten des Investors (β) führt im Gleichgewicht dazu, dass der optimale Cashflow-Anteil des Entrepreneurs steigt. Diesem Effekt steht folgen-de ökonomische Intuition zugrunde: Die höhere Arbeitsproduktivität des Inves-tors erhöht die Erfolgswahrscheinlichkeit des Projektes und führt implizit zu einem höheren erwarteten Cashflow. Infolgedessen muss der Entrepreneur we-niger Cashflow-Rechte an den Venture Capitalist abtreten damit dessen Teil-nahmebedingung erfüllt und der Finanzierungsvertrag abgeschlossen werden kann. Der Entrepreneur kann somit einen höheren Cashflow-Anteil für sich be-halten und seine Leistungsmotivation während der Beteiligungslaufzeit steigt dadurch.

Der zweite Teil des Satzes deutet darauf hin, dass der Venture Capitalist die In-tensität seiner Value Adding Aktivitäten an die Leistungseffizienz des Entrep-reneurs anpasst. Eine höhere exogene Produktivität des Entrepreneurs (α) führt im Gleichgewicht dazu, dass der aus dem Projekt erwartete Cashflow steigt. Demzufolge sinkt der Cashflow-Anteil, den er dem Venture Capitalist abtreten muss, mit der Konsequenz, dass der Venture Capitalist sein Value Adding ver-ringert.

4.5.2 Empirische Evidenz

Die Herausforderung bei der Suche nach empirischer Evidenz für die Leistungs-interdependenzen liegt darin, die richtigen unabhängigen Variablen zu finden, die in der Praxis auch messbar sind. Als Proxy für die Leistungsfähigkeit des Entrepreneurs wird oft seine Erfahrung herangezogen, die anhand unterschiedli-cher Dimensionen definiert wird: generelle Berufserfahrung bzw. Erfahrung in der Brache oder Industrie zu der das gegründete Unternehmen gehört, Grün-dungserfahrung oder Ausbildungsniveau.[314] Eine quantitative Erfassung der tat-sächlich vom Entrepreneur erbrachten Leistung ist dagegen viel schwieriger.

---

[314] Baumol, Schilling und Wolff (2009) zeigen, dass die Bedeutung der Ausbildung infolge des technologischen Fortschritts ständig gewachsen ist. Vor allem innovative Entrepreneure verfügen über ein hohes Bildungsni-veau (Master, PhD). Vgl. Baumol/Schilling/Wolff (2009), S. 724.

Das Value Adding des Venture Capitalists kann auch sehr facettenreich sein und von einer finanziellen Unterstützung, über eine operative bis hin zu einer strategischen Unterstützung in Form von Kontaktvermittlung oder Zertifizierung reichen. Infolgedessen stellt sich als schwierig heraus das Value Adding empirisch zu erfassen. Die Intensität der Value Adding Aktivität der VCG wird z.B. anhand der Anzahl jährlicher Besuche bei dem Portfoliounternehmen oder der monatlichen Beratungsstunden gemessen. Die Produktivität der VCG lässt sich mithilfe ihrer bisherigen Investitions- oder Industrieerfahrung erfassen. Aufgrund der vorhandenen Messschwierigkeiten sind die in den empirischen Studien festgestellten Wirkungszusammenhänge nicht eindeutig. So steht die Erfahrung des Entrepreneurs sowohl in einer positiven als auch in einer negativen Beziehung zum Value Adding des Investors. Das liegt einerseits daran, dass in den Studien unterschiedliche Dimensionen der Erfahrung erfasst wurden und andererseits daran, ob Erfahrung als Maß für die Produktivität oder als Maß für das existierende Leistungspotenzial interpretiert wird.

Ein positiver Wirkungszusammenhang zwischen den Leistungsprozessen beider Vertragspartner konnte in einigen empirischen Studien nachgewiesen werden. Kaplan und Strömberg (2004) zeigen anhand einer Stichprobe von 67 US-amerikanischen Portfoliounternehmen, dass je erfahrener der Entrepreneur ist – gemessen daran, ob er vorher ein anderes Unternehmen erfolgreich geführt bzw. an die Börse gebracht hat – desto intensiver ist die Value Adding Aktivität des Venture Capitalists.[315] Cumming und Johan (2007) finden für eine Stichprobe von 121 europäischen VC-Transaktionen ebenfalls ein signifikant positives Verhältnis zwischen der bisherigen Erfahrung[316] des Entrepreneurs und der Intensität der Beratungsleistung des Investors – gemessen z.B. in Beratungsstunden.[317]

---

[315] Vgl. Kaplan/Strömberg (2004), S. 2207.
[316] Die Erfahrung des Entrepreneurs wurde vom Venture Capitalist auf einer Skala von 1 bis 10 bewertet, wobei 10, wobei 10 die höchste Stufe ist. Vgl. Cumming/Johan (2007), S. 13.
[317] Vgl. Cumming/Johan (2007), S. 36.

Eine negative Interdependenz zwischen den Leistungen beider Vertragspartner können Sapienza, Manigart und Vermier (1996) anhand einer Stichprobe von 221 VCG aus vier Ländern (Frankreich, Großbritannien, Niederlande und USA) feststellten. Die Industrieerfahrung des CEO hat für die niederländischen VCG einen negativen Einfluss auf die Value Adding Leistung. Die Gründungserfahrung des CEO ist nur in Europa positiv in den USA dagegen negativ korreliert mit der Value Adding Aktivität der VCG. Die Ergebnisse sind aber nicht signifikant.[318] Barney et al. (1996) kommen zum gleichen Ergebnis, indem sie 205 Portfoliounternehmen untersuchen. Je mehr Industrie- und Branchenerfahrung das Gründerteam hat, desto weniger Managementberatung und operationelle Unterstützung durch die VCG nimmt das Unternehmen in Anspruch.[319]

4.6 Zwischenfazit

In diesem Kapitel wurden die Wirkungszusammenhänge zwischen den Leistungen beider Vertragspartner analysiert. Während die technische Interdependenz der Leistungen, widerspiegelt durch die Komplementarität des Humankapitals der Vertragsparteien, sowohl im Rahmen empirischer als auch theoretischer Studien mehrmals zum Ziel der Untersuchung wurde, fanden die strategische Interdependenz und die daraus resultierenden Leistungsimpulse in der Literatur bisher keine Beachtung.

Dieses Kapitel stellt die Bedeutung der Allokation von Cashflow-Rechten bei der Gestaltung der VC-Finanzierungsverträge heraus. Es geht dabei allerdings nicht um Schaffung von Leistungsanreizen, sondern darum, wie sich die Leistungen der Vertragspartner aufgrund der vertraglich fixierten Cashflow-Rechte gegenseitig beeinflussen. Die exogen gegebenen Ressourcen in Form der Produktivität des Entrepreneurs bzw. des Venture Capitalists beeinflussen den Arbeitseinsatz der jeweiligen Gegenpartei. Während im Gleichgewicht eine höhere Produktivität der wertzuführenden Aktivitäten des Venture Capitalists die vom

---

[318] Vgl. Sapienza/Manigart/Vermier (1996), S. 457.
[319] Vgl. Barney et al. (1996), S. 266f. Die Ergebnisse sind auf dem 1% oder 5% Niveau signifikant.

Entrepreneur erbrachte Leistung erhöht, führt eine höhere Produktivität des Entrepreneurs zu einem niedrigeren Arbeitseinsatz des Venture Capitalists. Beide Effekte kommen nicht direkt über die zugrunde liegende Produktionstechnologie zustande. Die exogen gegebene Produktivität des Entrepreneurs bzw. des Investors bestimmt im Gleichgewicht die Cashflow-Allokation und über den Anreizmechanismus der Cashflow-Rechte das endogene Anstrengungsniveau der jeweiligen Gegenpartei. Dieses Resultat stellt den inhärenten Leistungseffekt der Cashflow-Rechte heraus und zeigt welche Verhaltensimpulse aus dem Zusammenspiel exogener Merkmale der Leistungsprozesse und der Allokation von Cashflow-Rechten entstehen können und folglich Beachtung bei der Gestaltung der VC-Verträge finden sollen.

5 Finanzierungsvertrag mit Exitrechten: Das erweiterte Modell

Der Finanzierungsvertrag zwischen Venture Capitalist und Entrepreneur regelt die Allokation der Cashflow-, Kontroll- und Exitrechte. Während der Allokation von Cashflow- und Kontrollrechten, sowohl in der theoretischen als auch in der empirischen Literatur bereits viel Aufmerksamkeit geschenkt wurde, hat man sich der vertraglichen Regelung von Exitrechten wenig zugewandt.

In diesem Kapitel wird in einem modelltheoretischen Rahmen die Rolle der Private Benefits des Entrepreneurs für die Exitentscheidung und die Allokation von Exitrechten analysiert. Wenn der Ausstieg der VCG aus dem Portfoliounternehmen dem Entrepreneur die implizite oder explizite Kontrollübernahme ermöglicht, dann zieht er aus der daraus resultierenden Möglichkeit der Selbstbestimmung einen nicht-monetären Nutzen (*private benefits of control*). Die Existenz dieser Private Benefits wurde von Hellmann (1998) im Zusammenhang mit dem Recht des Venture Capitalists thematisiert, den Entrepreneur von der Geschäftsführung des Portfoliounternehmens abzulösen (CEO replacement right).[320] Wenn der Venture Capitalist dieses Recht ausübt, verliert der Entrepreneur seine Private Benefits. Die vorliegende Arbeit betrachtet die Existenz dieser Private Benefits in einem neuen Kontext: der Exitgestaltung. In diesem Fall hängt es von der Wahl des Exitkanals ab, ob der Entrepreneur diese Private Benefits nach dem Ausstieg der VCG aus dem Portfoliounternehmen erzielt oder nicht.

Die Analyse in diesem Kapitel verfolgt zwei Ziele. Einerseits soll untersucht werden, welche Leistungsanreizeffekte die vertragliche Fixierung von Exitrechten in den VC-Verträgen auslösen. Den Ausgangspunkt bildet die empirische Evidenz von Cumming (2008) sowie Cumming und Johan (2008b). Diese zeigen, dass die Allokation der Exitrechte die Wahrscheinlichkeit, mit der ein ge-

---

[320] Siehe dazu die ausführliche Darstellung dieses theoretischen Ansatzes im Kapitel 3.3.1.

wisser Exitkanal zu erwarten ist, signifikant beeinflusst. Anknüpfend an diese Erkenntnis wird in der vorliegenden Arbeit untersucht, wie die Wahl des Exitkanals, die aufgrund der vertraglich vereinbarten Exitrechte zu erwarten ist, den Arbeitseinsatz der Vertragspartner beeinflusst. Andererseits wird in diesem Kapitel untersucht, inwieweit die Private Benefits des Entrepreneurs seine Exitwahlentscheidung beeinflussen und ob seine daraus resultierende Exitentscheidung aus der gesamtwirtschaftlichen Perspektive sinnvoll ist. Daraus werden anschließend Handlungsempfehlungen für die optimale Allokation der Exitrechte in den VC-Verträgen abgeleitet.

5.1 Der Modellrahmen

Wie auch im Grundmodell gibt es in der betrachteten Ökonomie einen Entrepreneur E, der ein Projekt durchführen will. Da er zum benötigten Gesamtinvestitionsvolumen (V) nur einen Teil A beitragen kann, sucht er für den Differenzbetrag ($K = V - A$) die Beteiligung eines Venture Capitalists (Investor, I), damit er auch vom Value Adding durch den Investor profitieren kann. Die im Grundmodell getroffenen Annahmen bzgl. des VC-Marktes, der Informationsverteilung und der Risikoeinstellung der beteiligten Parteien gelten auch hier.[321]

5.1.1 Das Projekt und seine Zeitstruktur

Das Projekt ist riskant und kann über zwei Perioden laufen oder schon nach der ersten Periode beendet werden. Die Projektdauer hängt sowohl von der Cashflow-Entwicklung (X) als auch von den Exitinteressen des vertraglich designierten Entscheidungsträgers ab. Der Zeitablauf des Projektes ist in der Abbildung 5-1 grafisch dargestellt.

Die einzelnen Schritte sehen wie folgt aus:

$t = 0$: Der Beteiligungsvertrag wird abgeschlossen. Der Entrepreneur sowie auch der Venture Capitalist wählen ihren optimalen Arbeitseinsatz e bzw. i aus.

$t = 1$: Am Ende der ersten Periode generiert das Projekt mit Wahrscheinlichkeit p einen Cashflow X_S. Im Falle einer ungünstigen Entwicklung, d.h. mit Wahrscheinlichkeit $1 - p$, wird kein Cashflow generiert und das Projekt wird liquidiert. Der Liquidationserlös ist, wie im Grundmodell, Null.

Wenn das Projekt am Ende der ersten Periode erfolgreich ist ($X = X_S$), erhalten Entrepreneur und Venture Capitalist von einem strategischen Investor ein *take-it-or-leave-it* Übernahmeangebot. Bzgl. der Entscheidung über die Annahme oder Ablehnung des Übernahmeangebots spielen die Exitrechte eine zentrale Rolle. Bei Ablehnung des Angebots wird der realisierte Cashflow für eine weitere Periode reinvestiert.

$t = 2$: Wird das Übernahmeangebot abgelehnt, dann findet der Exit des Venture Capitalists am Ende der zweiten Periode statt. Abhängig von der Cashflow-Entwicklung gibt es zu diesem Zeitpunkt entweder ein IPO oder eine Liquidation. Wenn der Projekt-Cashflow in der zweiten Periode einem Wachstum g ($g > 1$) unterliegt, dann ist in $t = 2$ ein IPO möglich. Im Falle eines Börsengangs erzielt der Entrepreneur einen Privatnutzen B.[322] Dieser Zustand tritt mit Wahrscheinlichkeit q ein. Mit Wahrscheinlichkeit $1 - q$ liegt die Wachstumsrate bei null ($q = 0$). In diesem Fall findet eine Liquidation statt und der Liquidationserlös ist Null.

---

[322] Auf diesen Begriff und dessen Bedeutung für den vorliegenden Modellrahmen wird im Kapitel 5.1.2 detailliert eingegangen.

Abbildung 5-1: Die Zeitstruktur im erweiterten Modell

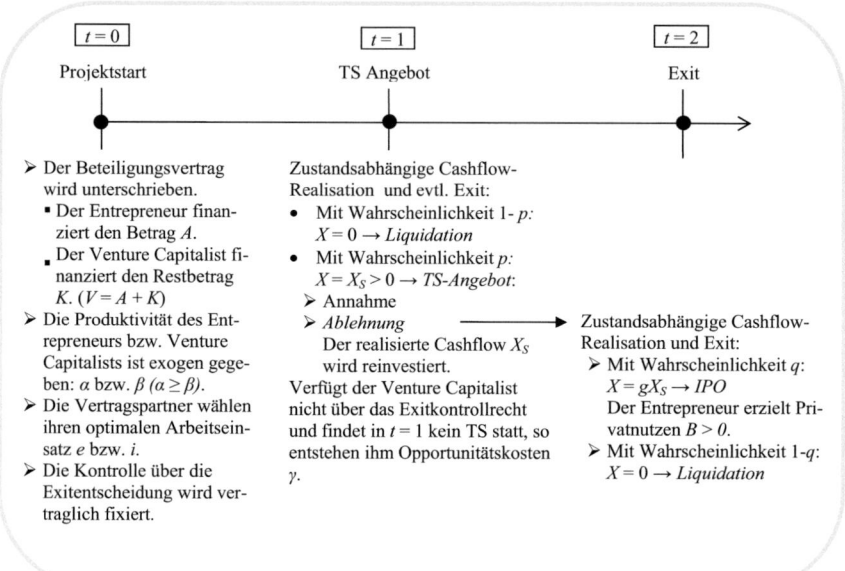

Es wird im Folgenden angenommen, dass unabhängig von der Durchführungs-variante – eine Periode mit Exit via Trade Sale oder zwei Perioden mit Exit via IPO – das Projekt ex-ante wirtschaftlich sinnvoll ist:

$$\text{TS:} \quad p_0 X_S \geq 1$$
$$\text{IPO:} \quad p_0 q g X_S \geq 1 \tag{5.1}$$

Der Erfolg des Projektes hängt – wie im Grundmodell – nicht nur von dessen ex-ante Qualität ab. Die Erfolgswahrscheinlichkeit setzt sich wie folgt zusammen:

$$p = p_0 + \alpha e + \beta i \text{ mit } e \geq 0, i \geq 0, 1 \geq \alpha > 0, 1 \geq \beta \geq 0.$$

Die Arbeitseinsätze vom Entrepreneur bzw. Investor verursachen – wie im Grundmodell – Kosten, gegeben durch:

$$c(e) = \frac{e^2}{2} \text{ bzw. } c(i) = \frac{i^2}{2}.$$

Es wird angenommen, dass das Trade Sale Angebot des strategischen Investors unter den beiden Exitvarianten – Trade Sale und IPO – die wirtschaftlich optimale Alternative darstellt. Beim gleichen Input – Arbeit und Produktivität – maximiert ein Trade Sale den gesamten monetären Rückfluss aus dem Projekt:

$$(p_0 + \alpha e + \beta i)qgX_S \leq (p_0 + \alpha e + \beta i)X_S$$
$$\Leftrightarrow \qquad\qquad (5.2)$$
$$g \leq \frac{1}{q} \text{ mit } q \in [0,1].$$

Es wird dabei angenommen, dass der strategische Investor einen fairen Preis für das Unternehmen zahlt und dass weder der Entrepreneur noch der Venture Capitalist eine Übernahmeprämie erzielen.[323] Der faire Preis entspricht dem Cashflow X_S, der zum Zeitpunkt $t = 1$ mit Wahrscheinlichkeit p erzielt werden kann.

5.1.2 Private Benefits und Opportunitätskosten

Wenn in $t = 2$ das junge Unternehmen an die Börse geht, erzielt der Entrepreneur einen nicht-monetären Privatnutzen (*Private Benefits*) daraus, dass er implizit die Kontrolle über das Unternehmen wiedererlangt.[324] Das monetäre Äquivalent dieser Private Benefits ist B.

Der Begriff *Private Benefits of Control* ist sehr umfassend. Die Private Benefits setzen sich grundsätzlich aus einer materiellen und einer immateriellen (psychologischen) Komponente zusammen. Die *materielle Komponente* ergibt sich aus der Inanspruchnahme von Unternehmensressourcen, wodurch lediglich der Privatnutzen der kontrollierenden Partei gesteigert wird, aber keine

---

[323] So wie im Kapitel 2.3.1.2 dargestellt wurde, ist die Frage nach der Profitabilität des Trade Sales als Ausstiegskanal in der Literatur nicht eindeutig beantwortet worden. Je nach Situation können die Verhandlungsmacht der involvierten Parteien sowie die wirtschaftliche Lage einen höheren oder einen niedrigeren Veräußerungspreis im Vergleich zu einer fairen Bewertung hervorrufen. Die obige Annahme dient nur einer einfachen Handhabung des Modells und einer Fokussierung auf dessen wichtigsten Elemente. Die Berücksichtigung einer Übernahmeprämie würde allerdings die Modellaussagen nicht ändern.

[324] Siehe hierzu die Diskussion im Kapitel 2.3.1.1 zu den Implikationen eines Börsengangs für den Entrepreneur.

Erhöhung des Unternehmenswertes entsteht.[325] Es kann sich dabei z.B. um eine großzügige Büroausstattung, um aufwendige Dienstreisen oder einen teuren Dienstwagen handeln. Die *immaterielle Komponente* der Private Benefits ist das Resultat des psychologischen Wertes, der die kontrollierende Partei ihrer Position im Unternehmen beimisst. So kann z.B. für den Entrepreneur seine Position als Gründer und Geschäftsführer seines Unternehmens einen hohen Stellenwert haben.[326] Das kann der Ausdruck gesellschaftlichen Ansehens sowie der Möglichkeit zur Selbstverwirklichung und Selbstbestimmung sein.

Die Existenz von Private Benefits ist nicht unbedingt ineffizient, nur weil sie unmittelbar zu einer weniger effizienten Mittelverwendung infolge der Abzweigung unternehmerischer Ressourcen für Prestigezwecke eventuell führen kann. Die Private Benefits können mittelbar Verhaltensanreizen hervorrufen, die sich in einer gesteigerten Leistungsbereitschaft niederschlagen.[327] Der vorliegende theoretische Ansatz fokussiert auf die immaterielle Komponente der Private Benefits, insbesondere auf den psychologischen Wert der Kontrolle, der sich aus der Chance zur Selbstverwirklichung und Selbstbestimmung ergibt, und analysiert die aus der Erzielung von Private Benefits resultierenden Leistungsanreize. Die Existenz von Private Benefits führt im vorliegenden Modellrahmen zu einer Leistungssteigerung, die sich positiv auf die Cashflow-Entwicklung auswirkt.

Im Hinblick auf die Private Benefits wird es im vorliegenden Modellrahmen angenommen, dass weder der Venture Capitalist noch der strategische Investor den Entrepreneur für die entgangenen Private Benefits B monetär entschädigen kann, sollte der Exit in $t = 1$ über einen Trade Sale stattfinden und der

---

[325] In der angelsächsischen Literatur wird diese materielle Komponente mit dem Begriff „*perquisites*" aufgefasst. Dieser geht auf Jensen und Meckling (1976) zurück, die in ihrer Arbeit den Einfluss einer Trennung von Eigentum und Kontrolle untersucht und feststellt, dass der Eigentümer-Manager nach einer Veräußerung von Unternehmensanteilen seinen Perk-Konsum (*on-the-job-consumption*) erhöht. Das führt zu einem Interessenkonflikt zwischen dem alten und den neuen Eigentümern (Minderheitsaktionäre), der zu einem zusätzlichen Monitoringaufwand führt. Vgl. Jensen/Meckling (1976), S. 313. Private Benefits in Form von *perquisites* können z.B. Mehrheitsaktionäre aus einem Unternehmen ziehen, indem sie Entscheidungen zu ihrem Gunsten bewegen oder auch Manager, die bei Entscheidungen über Mittelverwendung eigene Wünsche und Bedürfnisse berücksichtigen können (z.B. teure Büroausstattung).

[326] Vgl. Aghion/Bolton (1992), S. 476 und Hellmann (1998), S. 61.

[327] Vgl. Dyck/Zingales (2004), S. 541.

Entrepreneur dadurch zur Abtretung der Kontrolle über sein Unternehmen gezwungen werden.

Wenn der Investor nicht alleine über den Exitkanal und den Exitzeitpunkt entscheiden kann, entstehen ihm *Opportunitätskosten* (*γ*). Diese sind zum einen auf einen sog. liquidity premium für die Eventualität eines exogenen Liquiditätsschocks – wie von Aghion, Bolton und Tirole (2004) thematisiert – und zum anderen auf eine verpasste Investitionsgelegenheit infolge einer nicht möglichen Freisetzung von Finanz- und Humankapital zurückzuführen.[328] Wenn der Venture Capitalist dagegen frei über seinen Beteiligungsausstieg entscheiden kann, dann kann er jederzeit eine Desinvestition vornehmen um Investitionschancen wahrzunehmen oder einen unerwarteten Liquiditätsbedarf zu decken.

5.1.3 Die Exitkontrolle: E-Control versus I-Control

Um die Effekte der Allokation von Exitrechten untersuchen zu können, werden in der folgenden Analyse zwei Allokationsmöglichkeiten näher betrachtet. Die erste Situation entspricht einer Allokation von Exitrechten zugunsten des Entrepreneurs (*E-Control*). Die zweite Situation ist dadurch gekennzeichnet, dass der Investor die Kontrolle über die Exitentscheidung hat (*I-Control*).[329]

Die Kontrolle der Exitentscheidung wird einer Vertragspartei entweder über die Allokation allgemeiner Kontroll- und Mitspracherechte oder über die Allokation expliziter Exitrechte, so wie diese im Kapitel 3.2 dargestellt wurden, ermöglicht.

---

[328] Auch empirische Studien belegen die Bedeutung des Liquiditätskriteriums bei der Auswahlentscheidung von Portfoliounternehmen. MacMillan, Siegel und Narasimha (1985) zeigen anhand der Befragung von 102 US-amerikanischen VCG, dass der Liquiditätsaspekt, neben Leistungspotenzial, Branchenerfahrung und Führungsqualifikation des Entrepreneurs, eins der meist genannten Auswahlkriterien ist: 44% der befragten VCG nannten *„investment can be made liquid"* als wichtigen Entscheidungsgrund. Vgl. MacMillan/Siegel/Narasimha (1985), S. 123.

[329] Der Allokationszustand *Joint-Control* wird in der vorliegenden Arbeit nicht explizit betrachtet, da dieser zu gleichen Ergebnissen führen würde wie *E-Control*. Das liegt daran, dass bei *Joint-Control* der Venture Capitalist unabhängig vom Exitkanal keinen Gewinn erwirtschaftet und nur den Entrepreneur seinen Nutzen durch die Exitentscheidung maximieren kann.

E-Control

Wenn der Entrepreneur die Exitentscheidung kontrolliert, kann er die Chance eines Börsengangs und somit der (Wieder)Erlangung unternehmerischer Selbständigkeit dadurch materialisieren, dass er das TS-Angebot ablehnt. Sein Ziel besteht darin, seinen Gesamtnutzen ($U_{E,IPO}^E$), bestehend aus einer monetären und einer nicht-monetären Komponente, zu maximieren. Dabei lenkt er die Höhe (e_E) und die Produktivität (α) seines Arbeitseinsatzes so wie es für seine Zielsetzung optimal ist. Das Projekt läuft in diesem Fall, bei einer guten Entwicklung in $t = 1$, zwei Perioden und der Exit des Venture Capitalists erfolgt in $t = 2$ – je nach Cashflow-Entwicklung – via IPO oder Liquidation.

Unter *E-Control* besteht allerdings auch die Möglichkeit, dass der Entrepreneur, trotz der möglichen Erzielung von Private Benefits infolge eines Börsengangs, sich für einen Ausstieg via Trade Sale in $t = 1$ entscheidet.

I-Control

Eine alternative Vertragsgestaltung besteht darin, dass der Venture Capitalist über die Kontrolle der Exitentscheidung verfügt. Auch wenn er mit seiner Beteiligung keinen Gewinn erzielt,[330] führt diese Kontrollallokation dazu, dass er für den Exit einen Trade Sale in $t = 1$ wählt, da dieser Exitweg gesamtwirtschftlich die sinnvollere Variante darstellt.

Da der Venture Capitalist über den Exitkanal und -zeipunkt selbst entscheiden kann, entstehen ihm keine Opportunitätskosten γ. Darüber hinaus kann auch der Entrepreneur keine Private Benefits aus der Projektdurchführung ziehen, da er am Ende der ersten Periode aufgrund des Verkaufs an den strategischen Investor die Kontrolle über das von ihm initiierte Projekt verliert.

---

[330] Vgl. hierzu Kapitel 0.

5.2 Die Wahl des Exitkanals: Börsengang oder Trade Sale

In diesem Abschnitt soll gezeigt werden, welche Faktoren die Wahl des Exitkanals in Abhängigkeit von der vertraglich fixierten Kontrollallokation beeinflussen und welche Ergebnisse der Entscheidungsprozess gegebenenfalls liefert. Der Entscheidungsprozess wird zunächst aus der Perspektive des Entrepreneurs und anschließend aus der Perspektive des Investors betrachtet.

E-Control

Mit der Exitentscheidung zielt der Entrepreneur auf die Maximierung seines monetären und nicht-monetären Nutzens ab. Sein monetärer Nutzen hängt von der Höhe seines Cashflow-Anteils (s_E) ab. Sein nicht-monetärer Nutzen wird vom realisierten Exit bestimmt. Findet der Exit des Venture Capitalist am Ende der zweiten Periode via IPO, so erzielt der Entrepreneur aus der impliziten Kontrollübernahme Private Benefits. Andernfalls ist die nicht-monetäre Nutzenkomponente Null.

Der erwartete Nutzen des Entrepreneurs im Falle eines ***Börsengangs*** am Ende der zweiten Periode lässt sich wie folgt ermitteln:

$$U^E_{E,IPO} = s_E(p_0 + \alpha e + \beta i)qgX_S + (p_0 + \alpha e + \beta i)qB - c(e) - A \quad (5.3)$$

Die Kontrolle über die Exitentscheidung veranlasst den Entrepreneur allerdings nicht unmittelbar dazu einen Börsengang anzustreben. Er kann gegebenenfalls auch das Übernahmeangebot des strategischen Investors annehmen.

Im Falle eines ***Trade Sale*** in $t = 1$ erzielt der Entrepreneur keine Private Benefits und sein erwarteter Nutzen ist gegeben durch

$$U^E_{E,TS} = s_E(p_0 + \alpha e + \beta i)X_S - c(e) - A \quad (5.4)$$

Die Wahlentscheidung des Entrepreneurs wird von der Höhe seiner Private Benefits bei einem potenziellen Börsengang beeinflusst.

Lemma 1: *Ein Börsengang ist für den Entrepreneur nur dann optimal, wenn seine Private Benefits hoch genug sind*:

$$B > s_E \left(\frac{1}{q} - g \right) X_S \equiv \underline{B}. \qquad (5.5)$$

Beweis: *Siehe Anhang B-1.*   □

Für $B < \underline{B}$ wird der Entrepreneur das Übernahmeangebot des strategischen Investors annehmen und auf die Möglichkeit eines Börsengangs in der zweiten Periode verzichten. Die Private Benefits aus einem IPO sind demzufolge zu gering um den monetären Nutzenverlust zu kompensieren. In diesem Fall existieren keine Interessenkonflikte zwischen den Parteien und der Trade Sale stellt für beide die optimale Strategie dar. Die Allokation der Exitrechte ist somit für die Vertragsgestaltung unbedeutend.

Sobald die aus einem IPO erzielbaren Private Benefits den Grenzwert $\underline{B}$ überschritten haben, wird der Entrepreneur bei einer vertraglichen Allokation der Exitrechte zu seinem Gunsten das TS-Angebot ablehnen und auf eine positive Entwicklung mit einem IPO in der zweiten Periode spekulieren. Inwieweit die Entscheidung des Entrepreneurs aus gesamtwirtschaftlicher Sicht sinnvoll ist, wird im Kapitel 5.5 genauer analysiert.

Eine nähere Betrachtung der Ungleichung (5.5) zeigt, dass eine höhere Wahrscheinlichkeit des Börsengangs in der zweiten Periode (q) bzw. eine höhere Wachstumsrate (g) den Grenzwert $\underline{B}$ reduzieren. Wenn die Realisierungschancen eines IPO also höher sind, dann ist der Entrepreneur schon bei einem geringeren nicht-monetären Nutzen bereit, auf das monetär vorteilhafte TS-Angebot zu verzichten, um die Chancen eines Börsengangs mit dem daraus resultierenden impliziten Kontrolltransfer wahrzunehmen.

I-Control

Wenn der Venture Capitalist die Wahl des Exitkanals kontrolliert, dann wird er sich immer für den Trade Sale in $t = 1$ entscheiden. Dieser Ausstiegsweg maximiert den erwarteten Projekt-Cashflow, so wie es in der Annahme (5.2) beschrieben wurde. Diese Exitentscheidung steht im Einklang mit der empirischen Evidenz von Cumming (2008), dass stärkere Kontrollrechte des Venture Capitalists die Wahrscheinlichkeit eines Exits via Trade Sale signifikant erhöhen.[331] In diesem Fall besteht sowohl der erwartete Nutzen des Venture Capitalists als auch der erwartete Nutzen des Entrepreneurs nur aus einer monetären Komponente. Die Nutzenfunktionen der Vertragspartner sind gegeben durch

$$U_I^E = s_I(p_0 + \alpha e + \beta i)X_S - c(e) - A \qquad (5.6)$$

und $\qquad U_I^I = (1 - s_I)(p_0 + \alpha e + \beta i)X_S - c(i) - K. \qquad (5.7)$

Die oben dargestellten Nutzenfunktionen entsprechen den im Kapitel 4.2 – Gleichung (4.4) und (4.5) – beschriebenen Funktionen. Die Analyse dieses Kontrollzustandes erfolgt analog zur Vorgehensweise im Kapitel 4 und erzielt gleiche Ergebnisse. Aus diesem Grund wird für diese Kontrollallokation auf die im Kapitel 4 bereits ausgearbeiteten Ergebnisse zugegriffen ohne eine erneute explizite Analyse durchzuführen.

---

[331] Vgl. Cumming (2008), S. 1948.

5.3 Der Arbeitseinsatz der Vertragspartner und die optimale Cashflow-Allokation

Wie im Grundmodell auch, wird auch hier im erweiterten Modell zunächst der optimale Arbeitseinsatz der Vertragspartner ermittelt, um dann anschließend diejenige anreizkompatible Vertragsgestaltung zu bestimmen, welche diese Leistungsniveaus induzieren kann.[332]

Die nachfolgende Analyse kann – wie bereits angemerkt – auf den Zustand *E-Control* begrenzt werden, weil *I-Control* dem im Kapitel 4 bereits untersuchten Modellrahmen entspricht. Im Rahmen der Analyse wird im Folgenden davon ausgegangen, dass die Private Benefits des Entrepreneurs über dem vorher bestimmten Grenzwert $\underline{B}$ liegen $(B \geq \underline{B})$ und der Entrepreneur somit seine Exitrechte dazu nutzt, um einen Börsengang am Ende der zweiten Periode realisieren zu können. Sein erwarteter Nutzen ist gegeben durch die Gleichung (5.3).

Der Investor finanziert das Projekt und erhält im Gegenzug einen Anteil $1 - s_E$ am generierten Cashflow. Der erwartete Nutzen des Investors $(U^I_{E,IPO})$ wird ermittelt durch

$$U^I_{E,IPO} = (1 - s_E)(p_0 + \alpha e + \beta i)qgX_S - c(i) - \gamma - K. \qquad (5.8)$$

Sowohl der Entrepreneur als auch der Investor wählen ihren Arbeitseinsatz so, dass ihr Nutzen maximiert wird. Der optimale Arbeitseinsatz des Entrepreneurs bzw. des Investors ist gegeben durch

$$e^{opt}_E = \alpha(B + s_E gX_S)q \qquad (5.9)$$

$$\text{bzw. } i^{opt}_E = \beta(1 - s_E)qgX_S. \qquad (5.10)$$

[Die Herleitung befindet sich im Anhang B-2.]

Ausgehend von den optimalen Leistungsniveaus $(e^{opt}_E$ und $i^{opt}_E)$ wird im nächsten Schritt die anreizkompatible Cashflow-Allokation $\left(s^*_E, (1 - s^*_E)\right)$ ermittelt. Der Entrepreneur verfügt über die Verhandlungsmacht und will den Finanzie-

---

rungsvertrag so gestalten, dass sein Nutzen maximiert wird. Dabei muss er an den Venture Capitalist so viel Cashflow-Rechte abtreten, dass dieser seine Finanzierungs- und Arbeitskosten decken kann:[333]

(PC$_I$) $\qquad\qquad\qquad U^I_{E,IPO} = 0.$

Daraus ergibt sich im Gleichgewicht der optimale Cashflow-Anteil des Entrepreneurs. Dieser ist gegeben durch

$$s^*_E = 1 - \frac{\delta - \sqrt{\delta^2 - 2(2\alpha^2 - \beta^2)(K + \gamma)}}{G(2\alpha^2 - \beta^2)} \qquad (5.11)$$

mit

$$\delta = p_0 + (G + Bq)\alpha^2$$

$$G = qgX_s$$

[*Die Herleitung befindet sich im Anhang B-3.*]

Damit diese Lösung gültig ist (s^*_E reelle Zahl und $s^*_E \geq 0$), müssen folgende Bedingungen erfüllt werden:[334]

$$\left[p_0 + (G + Bq)\alpha^2 \right]^2 - 2(K + \gamma)(2\alpha^2 - \beta^2) \geq 0$$

$$G(2\alpha^2 - \beta^2) - \left[p_0 + (G + Bq)\alpha^2 \right] + \sqrt{\left[p_0 + (G + Bq)\alpha^2 \right]^2 - 2(K + \gamma)(2\alpha^2 - \beta^2)} \geq 0$$

Diese Bedingungen werden insbesondere dann nicht eingehalten, wenn z.B. die Parameter K und γ große Werte annehmen. In diesem Fall gibt es keinen zulässigen Wert für s_E, d.h. der Allokationszustand *E-Control* ist gar nicht realisierbar. Die dahin stehende ökonomische Erklärung beruht darauf, dass der Venture Capitalist eine Kontrolle der Exitentscheidung durch den Entrepreneur gar nicht akzeptieren wird, wenn er einen hohen Beitrag zur Projektfinanzierung leistet

---

[333] Für das Entscheidungsproblem des Entrepreneurs ist die Teilnahmebedingung des Investors bindend. Eine Gestaltung des Vertrags derart, dass der Nutzen des Entrepreneurs, unbeachtet der Teilnahmebedingung des Investors, maximiert wird, führt nicht zu einem Vertragsabschluss, da der Nutzen des Investors in diesem Fall negativ wäre. Für eine ausführliche Diskussion siehe Kapitel 4.3.
[334] Siehe hierzu Anhang B-3.

$(K \to 1)$ oder wenn er hohe Opportunitätskosten hat $(\gamma \gg 0)$, da er womöglich schneller aus der Beteiligung aussteigen muss.

Der Venture Capitalist erhält als Ausgleich für seine Kapitalbereitstellung einen Cashflow-Anteil $(1 - s_E^*)$. Basierend auf der Höhe dieses Cashflow-Anteils bestimmt er das Niveau seiner Value Adding Aktivität.

5.4 Leistungsanreizeffekte der Exitrechte

Die Höhe der Private Benefits beeinflusst sowohl die Höhe des optimalen Cashflow-Anteils des Entrepreneurs als auch seine Leistungserbringung. Ein höheres ex-ante Niveau der Private Benefits (B) erhöht im Gleichgewicht den Cashflow-Anteil des Entrepreneurs und dadurch auch seinen Arbeitseinsatz, wie es sich aus den folgenden Ableitungen zu erkennen ist:

$$\frac{ds_E^*}{dB} = \frac{\alpha^2 \left(\dfrac{p_0 + (G + Bq)\alpha^2}{\sqrt{\left(p_0 + (G + Bq)\alpha^2 \right)^2 - 2(2\alpha^2 - \beta^2)(K + \gamma)}} - 1 \right)}{gX_S(2\alpha^2 - \beta^2)} > 0$$

$$\frac{de_E^*}{dB} = \alpha q \left(1 + gX_S \frac{ds_E^*}{dB} \right) > 0$$

Beide Ableitungen sind für die im Modell definierten Wertebereiche der Parameter $p_0, q, g, B, G, K, \gamma$ und $\forall \alpha \geq \beta$ positiv.

Wird das Exitentscheidungsrecht dem Entrepreneur vertraglich zugestanden, so wird er am Ende der Beteiligungslaufzeit für den Ausstieg des Venture Capitalists einen IPO wählen, der ihm eine implizite Kontrollübernahme und somit die Realisierung seiner Private Benefits (B) ermöglicht, solange dieser Exitkanal zur Maximierung seines Gesamtnutzens führt. Dieser *preplanned*

IPO[335] steigert somit im Gleichgewicht die Leistungsmotivation des Entrepreneurs während der Beteiligungslaufzeit.

Eine Allokation der Exitrechte zugunsten des Venture Capitalists führt unmittelbar zu einem Exit via Trade Sale, da dieser Ausstiegsweg einen höheren monetären Zufluss sicherstellt.[336] Wenn der Venture Capitalist über die Kontrolle der Exitentscheidung verfügt ($B = 0$) und er somit in $t = 1$ das TS-Angebot annimmt, dann sinkt ceteris paribus den Leistungsanreiz des Entrepreneurs. Ein *preplanned* Trade Sale setzt also keine positiven Leistungsanreize für den Entrepreneur und verringert im Gleichgewicht seinen Arbeitseinsatz.

Der nicht-monetäre Nutzen hat folglich einen leistungsfördernden Charakter. Die Allokation von Exitrechten vermeidet zwar Interessenkonflikte, kann aber auch Leistungsanreizeffekte hervorrufen, die sich auf die Entwicklung des Portfoliounternehmens negativ auswirken.

5.5 Die Private Benefits als Determinante der optimalen Allokation von Exitrechten

Wie Bienz und Walz (2010) in ihrer Arbeit herausstellen, sind Exitrechte ein Mechanismus, der die Präferenz der Vertragspartner von den Cashflow-Rechten hin zum persönlichen Nutzen verlagert.[337] Aus einem Börsengang und dem damit verbundenen impliziten Kontrolltransfer im Sinne von Black und Gilson (1998) erzielt der Entrepreneur einen persönlichen Nutzen. Je höher diese erzielbaren Private Benefits (Prestige, Reputation, soziale Anerkennung) sind, desto höher seine Motivation die Kontrolle über die Exitentscheidung für sich zu behalten und somit von der Chance eines IPO zu profitieren.

Im Kapitel 5.2 wurde der Grenzwert $\underline{B}$ ermittelt, ab dem der Entrepreneur, falls er über den Exitkanal entscheidet, das TS-Angebot ablehnt um die Chance eines

---

[335] Der Begriff *preplanned Exit* geht auf Cumming (2008) zurück und beschreibt die aufgrund der vertraglich vereinbarten Exitklauseln zu erwartete Exitwahl. Siehe hierzu Kapitel 3.3.2.
[336] Siehe hierzu die im Kapitel 5.1.2, Ungleichung (5.2) beschriebene Annahme.
[337] Vgl. Bienz/Walz (2010), S. 1081.

Börsengangs am Ende der zweiten Periode zu ergreifen. Im Folgenden soll die Frage analysiert werden, ob seine Entscheidung aus Sicht der Gesamtwohlfahrt sinnvoll ist. Dabei wird eine Situation betrachtet, in der ein *sozialer Planer* die wohlfahrtsmaximierende Allokation der Cashflow-Rechte und der Exitrechte vornimmt. Die Arbeitseinsätze des Entrepreneurs bzw. des Investors sind nicht beobachtbar oder verifizierbar und somit kann deren wohlfahrtsmaximierendes Niveau vertraglich nicht implementiert (*not contractible*) werden. Daher geht der soziale Planer von den jeweils nutzenmaximierenden Leistungsniveaus des Entrepreneurs bzw. des Investors aus und bestimmt darauf basierend die wohl-fahrtsmaximierende Cashflow-Allokation. Diese Optimierungsaufgabe führt er sowohl für den Fall eines strategischen Verkaufs als auch für den Fall eines IPO durch. Anschließend wird das Niveau der Private Benefits bestimmt, bei dem gesamtwirtschaftlich ein Trade Sale und ein IPO den gleichen Gesamtnutzen stiften.

Der Gesamtnutzen (*total surplus*) im Falle eines ***Börsengangs*** ist gegeben durch

$$T^{IPO}(s) = U^E_{E,IPO} + U^I_{E,IPO}$$

$$= \left[p_0 + \alpha e(s) + \beta i(s) \right] qgX_S + \left[p_0 + \alpha e(s) + \beta i(s) \right] qB -$$

$$-\gamma - \frac{e^2}{2} - \frac{i^2}{2} - V.$$

Da ein Börsengang nur unter *E-Control* zustande kommen kann, ist der indivi-duelle, nutzenmaximierende Arbeitseinsatz der beiden Vertragspartner gegeben durch e^{opt}_E bzw. i^{opt}_E. Unter Berücksichtigung der in (5.10) und (5.11) angegebe-nen Leistungsniveaus, kann der Gesamtnutzen als Funktion der Cashflow-Rechte des Entrepreneurs (*s*) wie folgt dargestellt werden:

$$T^{IPO}(s) = -\frac{1}{2}s^2(\alpha^2 + \beta^2)G^2 + s(G\alpha^2 - Bq\beta^2)G +$$

$$+ p_0(G + Bq) + BGq(\alpha^2 + \beta^2) + \frac{1}{2}(G^2\beta^2 + B^2q^2\alpha^2) - \gamma - V \quad (5.12)$$

mit $G = qgX_S$

Ausgehend von dieser Funktion kann der soziale Planer die wohlfahrtsmaximierende Cashflow-Allokation $\left(s_{IPO}^*, (1 - s_{IPO}^*)\right)$ bestimmen. Der optimale Cashflow-Anteil des Entrepreneurs ist im Gleichgewicht gegeben durch

$$s_{IPO}^* = 1 - \frac{(G - Bq)\beta^2}{G(\alpha^2 + \beta^2)}. \quad (5.13)$$

[*Die Herleitung befindet sich im Anhang B-4.*]

Damit diese Lösung gültig ist, müssen folgende Bedingungen erfüllt werden:[338]

$$0 \le s_{IPO}^* \le 1 \Leftrightarrow G\alpha^2 - Bq\beta^2 \ge 0$$

$$0 \le p_0 + \alpha e(s_{IPO}^*) + \beta i(s_{IPO}^*) \le 1 \Leftrightarrow (1 - p_0)(\alpha^2 + \beta^2) \ge (G + Bq)(\alpha^4 + \beta^4)$$

Weil davon auszugehen ist, dass der Projekt-Cashflow in $t = 2$ bei guter Entwicklung $(X = gX_S)$ die Höhe der Private Benefits B übersteigt[339] und weil $\alpha \ge \beta$, ist die erste Bedingung bei den gegebenen Rahmenbedingungen und den Definitionsbereichen der Parameter erfüllt. Die zweite Bedingung ist bei den im Modellrahmen definierten Wertebereichen der Paramater ebenfalls erfüllt. Laut Annahme (4.2) gilt $1 \ge \alpha \ge \beta \ge 0$ und somit $\alpha^2 + \beta^2 > \alpha^4 + \beta^4$. Obwohl $1 - p_0 \le 1$ muss der Term $G + Bq$ bzw. die Private Benefits B oder die Cashflow-Entwicklung in der zweiten Periode (gX_S) unrealistisch hoch im Vergleich zum Investitionsvolumen sein.

---

[338] Siehe hierzu Anhang B-4.
[339] Eine andere Relation dieser beiden Werte würde dazu führen, dass die Teilnahmebedingung des Venture Capitalists (PC$_I$) nicht erfüllt wäre.

Der soziale Planer betrachtet auch das **Trade Sale** als mögliche Exitalternative. Der Gesamtnutzen aus dem Projekt im Falle eines strategischen Verkaufs ist gegeben durch

$$T^{TS}(s) = \left[p_0 + \alpha e(s) + \beta i(s) \right] X_S - \frac{e^2(s)}{2} - \frac{i^2(s)}{2} - V$$

$$= -\frac{1}{2} s^2 (\alpha^2 + \beta^2) X_S^2 + s X_S^2 \alpha^2 + \frac{1}{2}(2p + X_S \beta^2) X_S - V \qquad (5.14)$$

Analog zur vorherigen Vorgehensweise ermittelt der soziale Planer auch in diesem Fall, unter Berücksichtigung der individuellen, nutzenmaximierenden Arbeitseinsätze (e_I^{opt} und i_I^{opt}),[340] den optimalen Cashflow-Anteil des Entrepreneurs:

$$s_{TS}^* = \frac{\alpha^2}{\alpha^2 + \beta^2} \qquad (5.15)$$

[Die Herleitung befindet sich im Anhang B-5.]

Damit diese Lösung gültig ist, muss folgende Bedingung erfüllt werden:[341]

$$(1 - p_0)(\alpha^2 + \beta^2) \geq X_S(\alpha^4 + \beta^4)$$

Diese Bedingung ist bei den im Modellrahmen definierten Wertebereichen der Paramater erfüllt. Die Argumentation folgt dergleichen Logik wie bei der vergleichbaren Bedingung für s_{IPO}^*.

Setzt man die jeweils wohlfahrtsmaximierenden Cashflow-Allokationen (s_{IPO}^* und s_{TS}^*) in (5.12) bzw. (5.14) ein, so können die beiden Exitvarianten miteinander verglichen und der kritische Wert der Private Benefits bestimmt werden. Das Resultat dieses Vergleichs ist im folgenden Lemma zusammengefasst.

---

[340] Diese Arbeitseinsätze entsprechen den im Kapitel 4.2 – Gleichung (4.6) und (4.7) – ermittelten Leistungsniveaus.
[341] Siehe hierzu Anhang B-5.

Lemma 2: *Ein Börsengang ist nur dann wohlfahrtsmaximierend, wenn die Private Benefits des Entrepreneurs den Grenzwert B^{min} übersteigen:*

$$B > \frac{-[p_0(\alpha^2 + \beta^2) + gqX_S\omega] + \sqrt{[p_0(\alpha^2 + \beta^2) + X_S\omega]^2 + 2(\alpha^2 + \beta^2)\omega\gamma}}{q\omega} \equiv B^{min}$$

mit $\omega = \alpha^4 + \alpha^2\beta^2 + \beta^4$

Beweis: *Siehe Anhang B-6.*   □

Das Resultat aus dem Lemma 2 ist in der folgenden Abbildung grafisch dargestellt:

Abbildung 5-2: Wohlfahrtsoptimale Grenze der Private Benefits

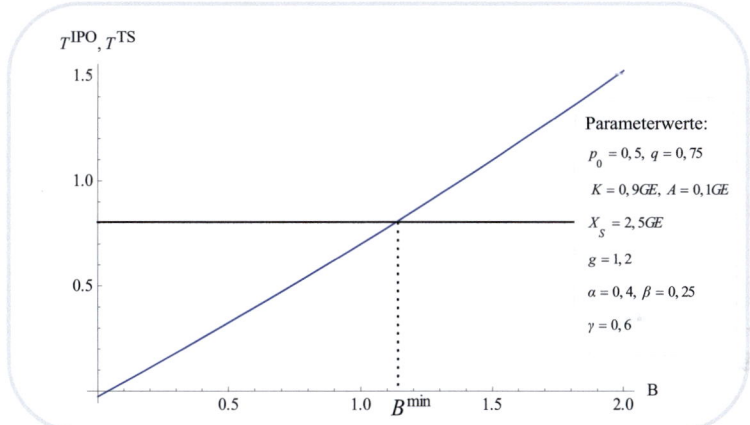

Obwohl der Entrepreneur die Vertragskonditionen so aushandelt, dass sein Nutzen maximiert wird und der Investor seine Finanzierungs- und Arbeitskosten gerade decken kann ($U^I = 0$), führt seine Entscheidung nicht immer zu einer Wohlstandssteigerung. Diese Tatsache lässt sich auf die Existenz sowie die Höhe der Private Benefits B und auf die daraus resultierende Wahl des Exitkanals zurückführen. Wenn die Allokation der Exitrechte vertraglich dergestalt fixiert wurde, dass der Entrepreneur über den Exitkanal und den Exitzeitpunkt entscheidet, dann wird er das TS-Angebot ablehnen und auf einen Börsengang in $t = 2$ spekulieren, solange seine Private Benefits den im Lemma 1 dargestellten Wert $\underline{B}$ überschreiten. Da aber $B^{min} > \underline{B}$ ist[342], gibt es in diesem Bereich $\left(B \in (\underline{B}, B^{min}) \right)$ eine „graue Zone" in der die Entscheidung des Entrepreneurs, das Unternehmen an die Börse zu bringen, wohlfahrtsreduzierend wirkt, wie es sich aus der folgenden Abbildung erkennen lässt:

Abbildung 5-3: Der Einfluss der Private Benefits auf die Exitentscheidung

$$\underline{B} \qquad\qquad B^{min}$$

Aus der obigen Diskussion lässt sich bezüglich der Allokation von Exitrechten folgende Schlussfolgerung ziehen:

Satz 2: *Bei der Gestaltung des VC-Finanzierungsvertrags soll die Allokation der Exitrechte, in Abhängigkeit von der Höhe der Private Benefits des Entrepreneurs, wie folgt gestaltet werden:*

a) $B \leq \underline{B}$: *Die vertragliche Allokation von Exitrechten kann vernachlässigt werden, da ein Trade Sale die einzig wirtschaftlich sinnvolle Exitvariante, sowohl für den Entrepreneur, als auch für den Venture Capitalist und die Wohlfahrt ist.*

b) $\underline{B} < B < B^{min}$: *I-Control, da die Exitentscheidung des Entrepreneurs für die Wohlfahrt ineffizient ist.*

c) $B^{min} \leq B$: *E-Control, die Exitentscheidung sowohl für den Entrepreneur als auch für die Wohlfahrt optimal ist.*

Beweis: *Siehe Anhang B-7.* □

Wenn die Private Benefits niedrig ($B \leq \underline{B}$) bzw. hoch ($B \geq B^{min}$) sind, gibt es keine Interessenkonflikte bzgl. der Wahl des Exitkanals. Der Entrepreneur ma-

---

[342] Die Beweisführung befindet sich im Anhang B-7.

ximiert seinen erwarteten Nutzen, der Investor deckt seine Finanzierungs- und Arbeitskosten und die gewählte Exitvariante führt zu einer Wohlfahrtssteigerung. Wenn die Private Benefits innerhalb der „grauen Zone" ($\underline{B} < B < B^{\min}$) liegen, dann ist die Exitentscheidung des Entrepreneurs suboptimal, da sie Wohlfahrtsverluste induziert. Somit soll die Exitentscheidung vom Venture Capitalist getroffen werden.

Das oben skizzierte Ergebnis spiegelt das in der Literatur als *entrepreneurial optimism* bezeichnete Phänomen wider.[343] Der Entrepreneur überschätzt allerdings nicht die Erfolgschancen des eigenen Start-ups – wie bereits in einigen Studien gezeigt wurde[344] – sondern die Höhe der eigenen Private Benefits. Er misst der Selbstbestimmung und der Selbstverwirklichung durch eine selbständige Beschäftigung einen zu hohen Nutzen im Vergleich zum monetären Nutzen bei. Moskowitz und Vissing-Jorgensen (2002) untersuchen in ihrer Studie die Bedeutung von Private Benefits für das Unternehmertum. Ihrer Schätzung nach liegt die Höhe dieses nicht-monetären Nutzens bei ca. 143% des durchschnittlichen Jahreseinkommens eines Entrepreneurs.[345] Eine im Jahr 1992 in den USA durchgeführte Umfrage – Economic Census Characteristics of Business Owners – zeigte, dass für 21% der beteiligten Unternehmer das Streben nach Selbständigkeit („*being the own boss*") die Hauptmotivation für die Gründung war.[346] Zu einem vergleichbaren Ergebnis kommt im Jahr 2004 auch eine Umfrage des KfW-Gründungsmonitors zu den Gründungsmotiven. Die am häufigsten genannten Motive waren „*der eigene Chef sein*" (59%) und „*die eigenen Ideen verwirklichen*" (66%).[347] Nicht-pekuniäre Faktoren, wie Selbstverwirkli-

---

[343] Weinstein (1980) bezeichnet es auch als „unrealistic optimism". Vgl. Weinstein (1980), S. 806. Für eine gute Übersicht zu den psychologischen Hintergründen dieses Optimismus siehe Coelho und de Meza (2004), S. 395-399.

[344] Cooper, Woo und Dunkelberg (1988) zeigen, dass 95% der insgesamt 2.994 befragten Unternehmer, die eigenen Erfolgschancen als besonders hoch einschätzten. Vgl. Cooper/Woo/Dunkelberg (1988), S. 103. Cassar (2010) hat 386 Entrepreneure zu ihren ex-ante Erwartungen bzgl. der Verkaufs- und Personalentwicklung in dem ersten Jahr nach der Gründung gefragt und dann diese Angaben mit den nach einem Jahr berichteten Daten verglichen. Die Ergebnisse zeigen, dass die ex-ante Erfolgserwartungen der Entrepreneure von einem deutlichen Optimismus geprägt sind. Vgl. Cassar (2010), S. 830.

[345] Vgl. Moskowitz/Vissing-Jorgensen (2002), S. 773.

[346] Vgl. Economic Census (1992), S. 18.

[347] Vgl. KfW-Research (2005), S. 23.

chung und Selbstbestimmung, stellen sich folglich als wesentliche Aspekte des Unternehmertums heraus. Wie hoch der daraus resultierende Privatnutzen ist, hängt entscheidend von den persönlichen Merkmalen, Einstellungen und Präferenzen des Entrepreneurs ab. Eine weitere Umfrage des KfW-Gründungsmonitors aus dem Jahr 2008 unterstützt das im Satz 2 beschriebene Resultat: Aus einer Nichtgründer-Perspektive – die auch als ex-ante Perspektive eines Gründers interpretiert werden kann – wird die wichtigste Komponente dieser Private Benefits, das Unternehmerprestige, überbewertet. Das Ansehen eines Unternehmers in der Gesellschaft wird von Nichtgründern leicht höher bewertet (56 Punkte aus 100) als von Gründern (53 Punkte).[348]

Die Ergebnisse aus diesem Modell sowie die empirische Evidenz können mit der Feststellung von Landier und Thesmar (2008) zusammengefasst werden: „private benefits take the form of optimistic expectations".[349]

Der Satz 2 zeigt, dass die optimistischen ex-ante Erwartungen des Entrepreneurs bzgl. seines nicht-monetären Nutzens die Exitentscheidung bestimmen und somit in die Vertragsgestaltung einfließen müssen.

---

[348] Vgl. Gründungsmonitor (2008), S. 71f.
[349] Landier/Thesmar (2008), S. 2.

6 Die Auswirkung staatlicher Förderungsmaßnahmen auf die Exitentscheidung

Anknüpfend an das Resultat im Kapitel 5 wird im Folgenden analysiert inwieweit staatliche Förderinstrumente aus dem Bereich der Beteiligungsfinanzierung dazu geeignet sind, um die mit der Exitentscheidung des Entrepreneurs einhergehenden Wohlfahrtsverluste zu reduzieren. Zur Analyse werden zwei Förderprogramme der Kreditanstalt für Wiederaufbau (KfW) aus dem ERP-Sondervermögen[350] des Bundes herangezogen: das ERP-Beteiligungsprogramm und der ERP-Startfonds. Das Ziel dieser Programme besteht in der Stärkung der Eigenkapitalbasis deutscher Unternehmen und in der Unterstützung unternehmerischer Aktivität um die Wettbewerbs- und Leistungsfähigkeit des Standorts Deutschland nachhaltig sicherzustellen. Die Wahl dieser beiden Fördermaßnahmen liegt darin begründet, dass diese die Förderprinzipien der deutschen Politik widerspiegeln und den Kerngedanken der staatlichen Förderung hier ansässiger Unternehmen auf Bundesebene umsetzen. Ausgehend von diesen Förderprinzipien wurden auf Landesebene unterschiedliche Programme gestaltet, die in ihrer Struktur mit diesen beiden, hier betrachteten Förderinstrumenten vergleichbar sind.

6.1 Das ERP-Beteiligungsprogramm

Es gibt in Deutschland unterschiedliche Fördermaßnahmen die darauf abzielen, die Finanzierung junger Unternehmen zu unterstützen und deren Eigenkapitalbasis zu erweitern. Eine solche Form staatlicher Förderung ist das ERP-Beteiligungsprogramm, das von der KfW finanziert wird. Im Rahmen dieses Beteiligungsprogramms für kleine oder mittlere Unternehmen der gewerblichen

---

[350] Die European Recovery Programme (ERP) sind 1948 aus dem Marshallplan für den Wiederaufbau der deutschen Wirtschaft hervorgegangen. Daraus ist später das ERP-Sondervermögen des Bundes entstanden. Vgl. KfW-ERP (2011a).

Wirtschaft kann eine Venture Capital Gesellschaft von der KfW einen langfristigen Refinanzierungskredit zu günstigen Zinskonditionen erhalten. Der Refinanzierungskredit beträgt in den alten Bundesländern bis zu 10 Jahren, in den neuen Bundesländern und Berlin bis zu 15 Jahren. Refinanziert werden bis zu 100% der Beteiligungssumme. Die ERP-Beteiligungsförderung kann für diverse Finanzierungszwecke herangezogen werden: Innovationsprojekte, Umstellungen bei Strukturwandel, Errichtung, Erweiterung, Rationierung oder Umstellung von Betrieben sowie Existenzgründungen oder Ausscheiden von Gesellschaftern. Die ERP-Mittel sind zweckgebunden. Der Antrag muss somit auch eine genaue Beschreibung des Investitionsvorhabens enthalten.[351]

Um diesen zinsgünstigen Refinanzierungskredit zu erhalten, muss die VCG, schon vor Abschluss des Beteiligungsvertrags einen Antrag auf Refinanzierung bei der Hausbank des Portfoliounternehmens stellen und die Garantie einer Bürgschaftsbank vorlegen. Der durch die Kreditauszahlung entstehende Liquiditätszufluss ermöglicht der VCG unmittelbar die Wahrnehmung neuer Investitionschancen. Außerdem ist die VCG dadurch auch im Falle eines exogenen Liquiditätsschocks besser aufgestellt. Da der Förderantrag vor dem Abschluss des Beteiligungsvertrags gestellt und entschieden wird, trägt diese Form der staatlichen Förderung zur Senkung der ex-ante Opportunitätskosten des Venture Capitalists bei. Diese niedrigen Opportunitätskosten fließen in die Vertragskonditionen ein und beeinflussen somit die vertragliche Allokation der Exitrechte sowie die Exitentscheidung. Im Abschnitt 6.3 findet eine genauere Analyse der mit diesem Förderinstrument einhergehenden Einflüsse statt.

---

[351] Vgl. KfW-ERP (2011a).

6.2 Der ERP-Startfonds

Eine andere Form staatlicher Beteiligungsförderung stellt in Deutschland der ERP-Startfonds dar. Im Gegensatz zum ERP-Beteiligungsprogramm beteiligt sich die KfW in diesem Fall direkt am Portfoliounternehmen zu denselben Vertragskonditionen wie der Lead-Investor. Mit dem ERP-Startfonds werden vor allem innovative Vorhaben gefördert, wie z.b. die Entwicklung bzw. die Markteinführung neuer oder wesentlich verbesserter Produkte, Verfahren oder Dienstleistungen. Es handelt sich grundsätzlich um junge Technologieunternehmen mit Sitz in Deutschland und einem Jahresumsatz oder einer Bilanzsumme von bis zu 10 Mio. Euro. Außerdem darf die Belegschaft des Unternehmens nicht mehr als 50 Beschäftigte umfassen und das Unternehmen zum Zeitpunkt der ersten KfW-Beteiligung nicht älter als 10 Jahre sein. Als Lead-Investoren kommen VCG, Business Angels oder Unternehmen (als strategische Investoren) in Frage. Der Lead-Investor muss bei der KfW akkreditiert sein.[352]

Beide Investoren – die KfW und der Lead-Investor – beteiligen sich i.d.R. zu 50%. Die KfW strebt einen gleichzeitigen Exit mit dem Leadinvestor an. Für die Betreuung und Beratung des Portfoliounternehmens in allen wirtschaftlichen und finanziellen Fragen ist alleine der Lead-Investor zuständig.

Eine Co-Finanzierung durch die KfW führt zu einer Verwässerung der Cashflow-Anteile der VCG. Aufgrund des niedrigeren Cashflow-Anteils sinkt der Leistungsanreiz der VCG. Die sinkende Leistungsbereitschaft reduziert den erwarteten Projekt-Cashflow und insgesamt auch den Gesamtnutzen. Vor dem Hintergrund dieses negativen Effektes ist eine solche Co-Finanzierung nur dann sinnvoll, wenn der Venture Capitalist das Finanzierungsvolumen K nicht alleine bereitstellen kann und die KfW das noch notwendige Beteiligungskapital beisteuern soll.

Wie im Kapitel 5.5 lässt sich auch für diese VC-Transaktion der Gesamtnutzen eines Börsengangs sowie eines strategischen Verkaufs ermitteln und daraus den

---

[352] Vgl. KfW-ERP (2011b).

kritischen Grenzwert der Private Benefits des Entrepreneurs ableiten, der die Effizienz der Exitentscheidung aus Wohlfahrtssicht bestimmt.

Der neuer kritische Wert der Private Benefits $\hat{B}^{min}$, der die Existenz und die Ausprägung der „grauen Zone" beeinflusst, ist in diesem Fall gegeben durch

$$\hat{B}^{min} = \frac{-[p_0(4\alpha^2 + \beta^2) + gqX_S\sigma] + \sqrt{[p_0(4\alpha^2 + \beta^2) + X_S\sigma]^2 + 2(4\alpha^2 + \beta^2)\sigma\gamma}}{q\sigma}$$

mit $\sigma = 4\alpha^4 + \alpha^2\beta^2 + \beta^4$.

$$(6.1)$$

[*Die Herleitung befindet sich im Anhang B-8.*]

Anhängig von diesem Grenzwert sieht die optimale Exitentscheidung aus Wohlfahrtssicht wie folgt aus:

$$\begin{cases} \text{Für } B > \hat{B}^{min} : T_{KfW}^{IPO} > T_{KfW}^{TS} \Rightarrow \text{ Aus Wohlfahrtssicht ist ein } IPO \text{ optimal.} \\ \text{Für } B < \hat{B}^{min} : T_{KfW}^{IPO} < T_{KfW}^{TS} \Rightarrow \text{ Aus Wohlfahrtssicht ist ein } Trade\ Sale \text{ optimal.} \end{cases}$$

Diese Erkenntnisse werden im folgenden Abschnitt dazu genutzt, um aus Wohlfahrtssicht den Einfluss der beiden Fördermaßnahmen auf die Exitentscheidung zu analysieren und gegenüber zu stellen.

6.3 Wohlfahrtseinflüsse der Beteiligungsprogramme der Kreditanstalt für Wiederaufbau (KfW)

Beide von der KfW angebotene Beteiligungsprogramme zielen darauf ab, den deutschen Unternehmen die Beschaffung von Eigenkapital zu erleichtern. Sowohl die zinsgünstige Refinanzierung als auch die Co-Finanzierung führen bei der VCG zu einer Senkung der Opportunitätskosten (γ): Das Kapital, das entweder durch den Refinanzierungskredit der VCG zufließt oder das im Portfoliounternehmen nicht investiert wurde, verbessert die Liquiditätslage der VCG und steht ihr für andere Investitionszwecke zur Verfügung.

Korollar: *Eine relative Betrachtung der beiden Fördermaßnahmen zeigt, dass das ERP-Beteiligungsprogramm gegenüber dem ERP-Startfonds einen vergleichsweise positiven Einfluss auf die Effizienz der Exitentscheidung hat:*

a) *Eine Senkung der Opportunitätskosten des Investors (γ) durch das ERP-Beteiligungsprogramm, führt zu einem niedrigeren wohlfahrtsoptimalen Grenzwert der Private Benefits B^{min}.*

b) *Eine staatliche Beteiligung, wie der ERP-Startfonds, führt zu einem höheren wohlfahrtsoptimalen Grenzwert der Private Benefits ($\hat{B}^{min} > B^{min}$).*

Beweis: *Siehe Anhang B-9.* □

Über die Verringerung der Opportunitätskosten haben beide Fördermaßnahmen eine vergleichbare Auswirkung auf die untere Grenze des Ineffizienzbereichs ($\underline{B} = \underline{B}^{neu}$).[353] Die Programme unterscheiden sich in ihrer Auswirkung auf die obere Grenze des Ineffizienzbereichs B^{min}. Während das ERP-Beteiligungsprogramm zu einer Senkung dieser Grenze führt, bewirkt der ERP-Startfonds eine Erhöhung dieser Grenze, so wie es in der Abbildung 6-1 veranschaulicht wird.

Abbildung 6-1: Der Einfluss der ERP-Förderprogramme auf die Exitentscheidung

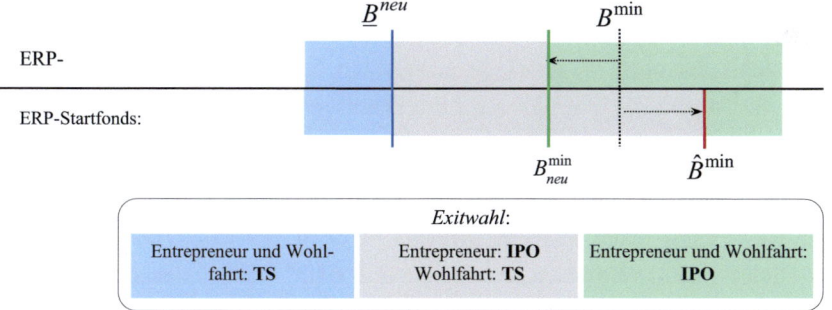

---

[353] Für den hier durchgeführten Vergleich wird angenommen, dass, wie im Falle des ERP-Startfonds, das ERP-Beteiligungsprogramm mit dem Refinanzierungskredit 50% des Beteiligungsvolumens deckt, so dass der Effekt für die Opportunitätskosten der VCG für beide Förderprogramme gleich bleibt.

Der positive Effekt des *ERP-Beteiligungsprogramms* ist darauf zurückzuführen, dass der Investor, aufgrund der niedrigeren Opportunitätskosten, einen niedrigeren Cashflow-Anteil benötigt, um seinen Break-even-Punkt zu erreichen. Infolgedessen steigt der Cashflow-Anteil des Entrepreneurs und damit auch sein erwarteter monetärer Nutzen, mit der Konsequenz, dass die relative Überbewertung der Private Benefits zurück geht. Demzufolge führt die Entscheidung des Entrepreneurs zugunsten eines Börsengangs als Desinvestitionsalternative für die Venture Capital Gesellschaft seltener zu Wohlfahrtsverlusten. Diese Effizienzsteigerung führt dazu, dass Entrepreneure häufiger die Kontrolle über die Exitentscheidung einbehalten können. Wie bereits im Abschnitt 5.4 erörtert hat dieser Allokationszustand (*E-Control*) eine positive Auswirkung auf die Leistungsbereitschaft des Entrepreneurs. Das höhere Engagement des Entrepreneurs führt zu einer Erhöhung des erwarteten Projekt-Cashflows und trägt somit zur positiven Entwicklung des Portfoliounternehmens bei.[354]

Der oben dargestellte Effekt des *ERP-Startfonds* kommt dadurch zustande, dass der vom Entrepreneur erwartete monetäre Nutzen, infolge des verringerten Arbeitseinsatzes der VCG, sinkt. Dadurch fällt sein monetärer Nutzen weniger stark ins Gewicht und die relative Überbewertung seiner Private Benefits steigt. Demzufolge führt die Entscheidung des Entrepreneurs für einen Börsengang als Exitvariante für die Venture Capital Gesellschaft öfter zu Wohlfahrtsverlusten.

Angesichts der oben dargestellten gemischten Effekte zeigt sich, dass dieses Förderinstrument die Verfügbarkeit des Beteiligungskapitals für deutsche Unternehmen zwar erhöht, die Exitwahlentscheidung aber weniger effizient gestalten lässt, als im Falle des ERP-Beteiligungsprogramms.

Die KfW kann einen aus der Exitentscheidung potenziell hervorgehenden Wohlfahrtsverlust vermeiden, indem sie für $B \in (\underline{B}^{neu}, B^{min})$ den Abschluss des

---

[354] Der positive Effekt staatlicher VC-Förderung auf die Entwicklung des Portfoliounternehmens wurde zunächst von Lerner (1999) festgestellt. Eine aktuelle Studie von Brander, Du und Hellmann (2010) bestätigt diesen Effekt. Sie zeigt im internationalen Kontext, dass sowohl staatliche VCG als auch staatlich geförderte VCG einen positiven Einfluss auf die Exitperformance – gemessen an einem Exit via IPO oder Trade Sale – haben. Dieser Einfluss fällt besonders hoch aus, wenn die Beteiligung der staatlichen oder staatlich geförderten VCG nicht besonders hoch ist. Vgl. Brander/Du/Hellmann (2010), S. 6 und 11f.

Co-Finanzierungsvertrags durch die vertragliche Fixierung der Exitrechte zugunsten des Lead-Investors (*I-Control*) bedingt.

6.4 Zwischenfazit

Dieses Kapitel zeigt am Beispiel der beiden von der Kreditanstalt für Wiederaufbau angebotenen Fördermaßnahmen aus dem Bereich der Beteiligungsfinanzierung – dem ERP-Beteiligungsprogramm und dem ERP-Startfonds – welche Einflussmöglichkeiten die staatliche Förderung hat, um einerseits den Interessenkonflikt zum Exitzeitpunkt zu mildern und andererseits die durch die Exitentscheidung hervorgerufenen Wohlfahrtsverluste zu reduzieren. Obwohl beide Maßnahmen zu einer Senkung der Opportunitätskosten der Venture Capital Gesellschaft beitragen, haben sie unterschiedliche Einflüsse auf die Value Adding Leistung des Investors und beeinflussen somit unterschiedlich die Unternehmensentwicklung und dadurch auch den angestrebten Exitkanal.

7 Fazit und Ausblick

Die Bedeutung des Beteiligungskapitals für die Finanzierung junger und innovativer, aber auch etablierter mittelständischer Unternehmen, wurde sowohl in der Wissenschaft als auch in der Praxis und der Politik längst erkannt. Die Finanzierungsform Venture Capital stellt nicht nur ein alternatives Instrument zur Kapitalbeschaffung dar, sondern bietet gerade jungen Unternehmen eine Lösung, um vorhandene Management- und Marketingdefizite durch zielgerichtete Beratung und Unterstützung der Venture Capital Gesellschaft zu decken. Das junge Unternehmen erhält neben Finanzkapital auch Zugang zu dem Humankapital und dem Netzwerk der Venture Capital Gesellschaft. Die wiederholten Interaktionen der Vertragspartner während der Beteiligungslaufzeit schlagen sich einerseits in wertschöpfenden Prozessen nieder, können jedoch andererseits, aufgrund eventuell divergierender Zielsetzungen des Entrepreneurs und der Venture Capital Gesellschaft, auch Interessenkonflikte generieren.

Einen wichtigen Bestandteil einer VC-Transaktion stellt der Ausstieg der Venture Capital Gesellschaft und eventuell auch des Entrepreneurs aus dem Unternehmen dar. Aus der Veräußerung der Unternehmensanteile durch die Venture Capital Gesellschaft entstehen ein monetärer und ein nicht-monetärer Nutzen. Die Wahl des Exitkanals und des Exitzeitpunktes kann zu unterschiedlichen Ausprägungen dieser beiden Nutzenkomponenten führen. Demzufolge kann die Gestaltung der Exitstrategie Interessenkonflikte hervorrufen. Diese Exitkonflikte können durch eine vertragliche Allokation von Exitrechten vermieden bzw. reduziert werden, jedoch kann eine solche vertragliche Exitplanung negative Leistungsimpulse auslösen.

Fazit

Vor diesem Hintergrund hat die vorliegende Arbeit folgende drei relevante, noch offene *Forschungsfragestellungen* modelltheoretisch abgebildet:

1. Die Leistungsinterdependenzen zwischen den beiden Vertragspartnern sind ein zentraler Bestandteil der VC-Transaktionen. Die bisherigen empirischen sowie theoretischen Arbeiten analysieren die existierenden Leistungsabhängigkeiten nur aus einer technischen Perspektive und heben die Bedeutung der fachlichen Komplementarität des Humankapitals der Vertragspartner hervor. Dieser Blickwinkel wird in der vorliegenden Arbeit erweitert. Es wird dabei untersucht, ob auch strategische Leistungsinterdependenzen vorhanden sind, so dass sich die Vertragspartner gegenseitig in ihrem Leistungsverhalten beeinflussen.

2. Cumming (2008) sowie Cumming und Johan (2008b) zeigen, dass die Allokation der Exitrechte die Wahrscheinlichkeit, mit der ein gewisser Exitkanal zu erwarten ist, signifikant beeinflusst. Ausgehend von dieser empirischen Evidenz wird in der vorliegenden Arbeit untersucht, wie die Exitwahl, die aufgrund der vertraglich vereinbarten Exitrechte zu erwarten ist (preplanned exit), das Leistungsverhalten der Vertragspartner beeinflusst.

3. Wenn der Exit der Venture Capital Gesellschaft derart gestaltet wird, dass der Entrepreneur nach dem Ausstieg der Venture Capital Gesellschaft implizit (z.B. durch einen Buy Back) oder explizit (z.B. via IPO) die Kontrolle über sein Unternehmen behält, dann zieht er aus der daraus resultierenden Möglichkeit der Selbstbestimmung und Selbstverwirklichung („being the own boss") einen nicht-monetären Nutzen (*private benefits of control*). Die Existenz dieser Private Benefits wurde von Hellmann (1998) im Zusammenhang mit dem Recht des Venture Capitalists diskutiert, die Geschäftsführung des Portfoliounternehmens zu ersetzen. Wenn der Venture Capitalist von diesem Recht Gebrauch macht, verliert der Entrepreneur seine Private Benefits. Die vorliegende Arbeit betrachtet die Existenz dieser Private Benefits in einem neuen Kontext: der Exitgestaltung. In diesem Fall entscheidet die Wahl des Exitkanals, ob der Entrepreneur diese Private Bene-

fits nach dem Ausstieg der Venture Capital Gesellschaft weiterhin zieht oder nicht. Dabei wird die Wahl des Exitkanals signifikant von der vertraglichen Allokation der Exitrechte bestimmt. Diese dritte Teilanalyse im Rahmen der vorliegenden Arbeit prüft, ob die Exitentscheidung des Entrepreneurs, getrieben von der Höhe seiner Private Benefits, aus der Wohlfahrtsperspektive sinnvoll ist und leitet daraus Handlungsempfehlungen für die optimale Allokation der Exitrechte in den VC-Verträgen ab.

4. Ausgehend von den Ergebnissen der vorherigen Wohlfahrtsanalyse untersucht der letzte Teil der vorliegenden Arbeit, ob existierende Förderinstrumente aus dem Bereich der Beteiligungsfinanzierung einen Einfluss auf die Exitentscheidung ausüben.

Die hier durchgeführten Analysen sowie die daraus erzielten Resultate leisten einen Beitrag zum Erkenntnisgewinn durch theoretische Forschung im Rahmen der Gestaltung von VC-Verträgen im Hinblick auf die vorhandenen Leistungsinterdependenzen und die zu treffenden Exitentscheidungen. Die *Forschungsergebnisse* der vorliegenden Arbeit lassen sich wie folgt zusammenfassen:

1. Neben der bereits in der Literatur dargestellten technischen Abhängigkeit der Leistungen beider Vertragspartner, wurde im Rahmen der vorliegenden Arbeit auch eine strategische Interdependenz der Leistungsprozesse identifiziert. Die exogen gegebenen Ressourcen in Form der Produktivität des Entrepreneurs bzw. des Venture Capitalists beeinflussen den Arbeitseinsatz der jeweiligen Gegenpartei. Während im Gleichgewicht eine höhere Produktivität der wertzuführenden Aktivitäten des Venture Capitalists die vom Entrepreneur erbrachte Leistung erhöht, führt eine höhere Produktivität des Entrepreneurs zu einem niedrigeren Arbeitseinsatz des Venture Capitalists. Beide Effekte kommen nicht direkt über die gewählte Produktionstechnologie zustande. Der Träger der dargestellten Leistungsimpulse ist die vertraglich vereinbarte Cashflow-Allokation. Dieses Resultat stellt den inhärenten Leistungseffekt der Cashflow-Rechte heraus und zeigt welche Verhaltensimpulse aus dem Zusammenspiel exogener Merkmale der Leistungsprozes-

se und der Allokation von Cashflow-Rechten entstehen können und folglich Beachtung bei der Gestaltung der VC-Verträge finden sollen.

2. Das zweite Ergebnis der Analyse knüpft an der empirischen Evidenz über den impliziten Informationsgehalt der vertraglich festgelegten Exitrechte bzgl. der Exitwahlentscheidung des Rechtsinhabers an und ergänzt die bestehenden Erkenntnisse aus der Literatur über die Funktion von Exitrechten in den VC-Verträgen um eine weitere Funktion: den Leistungsanreizeffekt. Die Existenz von Exitrechten in den VC-Kontrakten setzt aufgrund ihres immanenten Informationsgehalts Leistungsimpulse für die Vertragspartner frei. Die Aussicht eines Börsengangs am Ende der Beteiligungslaufzeit sowie die daraus potenziell resultierenden Private Benefits erhöhen im Gleichgewicht den Arbeitseinsatz des Entrepreneurs.

3. Der dritte Teil der Untersuchung geht von zwei möglichen Allokationszuständen der Exitrechte – *E-Control* und *I-Control* – aus und untersucht, ob die daraus resultierende Exitentscheidung gesamtwirtschaftlich optimal ist. Anhand der durchgeführten Analyse, gelingt es die existierende Literatur zu den Private Benefits zu erweitern, indem die Rolle der Private Benefits für den Exitentscheidungsprozess identifiziert wird. Die Wohlfahrtsanalyse zeigt, dass der Entrepreneur zu häufig einen Ausstieg via IPO wählt. Der Treibfaktor seiner Exitentscheidung liegt in der eigenen Überbewertung der Private Benefits relativ zum monetären Nutzen dieses Exitkanals. Die u.a. von Cooper, Woo und Dunkelberg (1988), Thesmar und Landier (2008) und Cassar (2010) thematisierte optimistische Haltung des Entrepreneurs bzgl. des Erfolgs seines Unternehmens (*entrepreneurial optimism*) trifft auch auf seine Private Benefits zu, die er mit der aus einer Kontrollübernahme resultierenden Möglichkeit der Selbstbestimmung verbindet. Um diese Ineffizienz bei der Wahl des Exitkanals zu beseitigen, ist es in manchen Fällen sinnvoll, dem Venture Capitalist die Wahl des Exitkanals zu überlassen, auch wenn dadurch die Leistungsmotivation des Entrepreneurs gesenkt wird. Diese Fälle sind dadurch gekennzeichnet, dass die Private Benefits des Entrepreneurs weder zu niedrig noch zu hoch sind und daher ein gewisser

Spielraum für die relative Überbewertung des erwarteten nicht-monetären Nutzens im Vergleich zu dem erwarteten monetären Nutzen entsteht.

4. Anknüpfend an das dritte Ergebnis dieser Arbeit, zeigt der letzte Teil der Untersuchung, welche Auswirkungen zwei repräsentative Förderprogramme der Kreditanstalt für Wiederaufbau (KfW) aus dem Bereich der Beteiligungsfinanzierung auf die Exitentscheidung des Entrepreneurs haben. Zur Analyse wurden das ERP-Beteiligungsprogramm und der ERP-Startfonds herangezogen.

Das ERP-Beteiligungsprogramm ist eine indirekte Fördermaßnahme der Beteiligungsfinanzierung in Deutschland. Die Venture Capital Gesellschaft erhält von der KfW für die dem Portfoliounternehmen bereitgestellte Beteiligungsfinanzierung einen langfristigen Refinanzierungskredit zu günstigen Konditionen. Dieser Mittelzufluss, der bereits vor dem Abschluss des VC-Vertrags bekannt ist, führt zu einer ex-ante Senkung der Opportunitätskosten der Venture Capital Gesellschaft mit der Folge, dass zur Erreichung des Break-even-Punktes ein niedrigerer Cashflow-Anteil erforderlich ist. Dadurch steigt der Cashflow-Anteil des Entrepreneurs, sein monetärer Nutzen fällt stärker ins Gewicht und die relative Überbewertung der Private Benefits geht zurück. Infolgedessen führt die Entscheidung des Entrepreneurs für einen Börsengang als Exitweg der Venture Capital Gesellschaft seltener zu Wohlfahrtsverlusten. Die Konsequenzen dieser Effizienzsteigerung liegen darin, dass Entrepreneure häufiger die Kontrolle über die Exitentscheidung für sich behalten können und dadurch positive Impulse für ihre Leistungsmotivation erhalten.

Der ERP-Startfonds stellt dagegen eine indirekte Form der Förderung von Beteiligungsfinanzierungen in Deutschland dar. Die KfW beteiligt sich am Portfoliounternehmen zu denselben Vertragskonditionen wie der Lead-Investor und strebt einen gleichzeitigen Exit wie dieser an. Eine solche Co-Finanzierung der KfW führt nicht zu einer Verbesserung des Exitentscheidungsprozesses. Auch wenn diese Fördermaßnahme durchaus einen positiven Effekt auf die Opportunitätskosten des Lead-Investors hat, weil das Kapital, das nicht im Portfoliounternehmen investiert wurde, der Venture Capital Gesellschaft weiterhin zur Verfügung steht, haben die Konditionen dieses Förderprogramms eine negative Auswirkung auf das Value Adding des Lead-Investors. Die KfW-Beteiligung führt zu einer Verwässerung der Cashflow-Anteile der Venture Capital Gesellschaft und verringert somit ihren Anreiz zum Value Adding. Da die KfW ein passiver Investor ist, reduziert der niedrigere Arbeitseinsatz des Lead-Investors den monetären Nutzen des Entrepreneurs. Über die Verringerung der Opportunitätskosten haben beide Fördermaßnahmen eine vergleichbare Auswirkung auf die untere Grenze des Ineffizienzbereichs.[355] Die Programme unterscheiden sich in ihrer Auswirkung auf die obere Grenze des Ineffizienzbereichs. Indem das ERP-Beteiligungsprogramm zu einer Senkung dieser Grenze führt, bewirkt der ERP-Startfonds eine Erhöhung dieser Grenze. In Anbetracht dieser gemischten Effekte zeigt sich, dass der ERP-Startfonds die Kapitalverfügbarkeit für deutsche Unternehmen erhöht, die Exitwahlentscheidung aber weniger effizient als das ERP-Beteiligungsprogramm gestalten lässt.

Ausblick

Die Untersuchungen in der vorliegenden Arbeit haben in einem modelltheoretischen Rahmen die Rolle der Private Benefits des Entrepreneurs für den Exitentscheidungsprozess und die vertragliche Allokation der Exitrechte herausgestellt. Es bleibt dabei die Frage offen, wie diese Private Benefits konkret gemessen werden können und welche Entrepreneurtypen eher zu einer solchen Überbewertung tendieren und somit eine – gesamtwirtschaftlich betrachtet – ineffiziente Exitentscheidung treffen.

Dass die Private Benefits of Control ein vielschichtiges und schwierig zu quantifizierendes Konstrukt sind, wurde mehrfach in der Literatur erörtert. In der vorliegenden Arbeit wird nur eine ihrer Dimensionen betrachtet: der nichtmonetäre Nutzen, den der Entrepreneur aus der Möglichkeit zur Selbstbestim-

---

[355] Siehe die in der Fußnote 353 dargestellte Annahme.

mung durch Kontrollbeibehaltung oder -übernahme infolge des Beteiligungsausstiegs der Venture Capital Gesellschaft erzielt. Die Entwicklung geeigneter
Mechanismen zur Messung dieser Private Benefits sowie zur Identifizierung der
entsprechenden Entrepreneurtypen sollte daher an der persönlichen Einschät-
zung des Entrepreneurs bzgl. dieses Aspektes ansetzen. Die im Rahmen des
Gründungsmonitors jährlich von der KfW durchgeführte Umfrage kann Unterstützung bei der Typenidentifizierung liefern. Rund 50.000 in Deutschland ansässige Gründer werden nicht nur über eigene Charakteristika (Ausbildung, Berufserfahrung, Staatsangehörigkeit u.a.), sowie über die Merkmale ihres Grün-
dungsvorhaben (z.B. Branche, Form und Größe, Innovationsgrad), sondern auch
über ihr Gründungsmotiv befragt. Mithilfe einer empirischen Analyse könnten
daher die Merkmale derjenigen Entrepreneure festgestellt werden, die „Selbstverwirklichung" als Hauptmotiv betrachten. Diese Erkenntnisse können in einer
weiterführenden Analyse mit den in dieser Arbeit definierten Grenzwerten der
Private Benefits gebracht werden, um daraus ein praxistaugliches Instrument
der Vertragsgestaltung zu entwickeln.

Einen weiteren Anhaltspunkt für künftige Forschung in diesem Bereich liefert
die differenzierte Betrachtung der Exitrechte. Während die vorliegende Arbeit
zwischen zwei Allokationszuständen – *E-Control* und *I-Control* – unterscheidet,
könnte eine gezielte Analyse einzelner Exitrechte zeigen, welche vertragliche
Exitklauseln bzw. Kombination dieser Klauseln eher dafür geeignet sind, um
die Problematik der relativen Überbewertung der Private Benefits des Entrepreneurs im Rahmen der Exitentscheidung adäquat zu lösen.

Anknüpfend an die durchgeführte Wohlfahrtsanalyse und deren Ergebnis bzgl.
der suboptimalen IPO-Wahl des Entrepreneurs könnten künftige Arbeiten die
gesamtwirtschaftlichen Vor- und Nachteile eines Exitkanals berücksichtigen
und dadurch die wohlfahrtstheoretische Diskussion in dieser Arbeit erweitern.
Ein möglicher Aspekt betrifft den Branchenwettbewerb. Während ein strategischer Verkauf die Akquisition eines potenziellen Konkurrenten bedeutet, ermöglicht ein Börsengang die Fortführung des Unternehmens und somit eine In-
tensivierung des Wettbewerbs in einer Branche.

A Ergänzende Herleitungen und Beweisführungen zum Kapitel 4

A-1. Herleitung der Gleichungen (4.6) und (4.7)

Beide Funktionen – $U^E(e)$ und $U^I(i)$ – sind konkav und erreichen ihr jeweiliges Maximum für $e = e^{opt}$ bzw. $i = i^{opt}$.

$$\frac{dU^E}{de} = \alpha s X_S - e \overset{!}{=} 0 \Leftrightarrow e^* = \alpha s X_S$$

$$\frac{dU^I}{di} = \beta(1-s)X_S - i \overset{!}{=} 0 \Leftrightarrow i^* = \beta(1-s)X_S$$

A-2. Allokation der Cashflow-Rechte: unconstrained solution

a.) Für $\alpha < \beta\sqrt{2}$ hat die Nutzenfunktion $U^E(s)$ ein Maximum, das sie für $s = s_u^*$ erreicht. Die analytische Lösung ist allerdings nur dann gültig, wenn die Bedingung (4.9) erfüllt ist. Diese Bedingung kann jedoch unter der im Modell getroffenen Annahme $\alpha \geq \beta$ nicht erfüllt werden. Es wird im Folgenden gezeigt, dass auch bei Inexistenz dieser Annahme, ein Finanzierungsvertrag zwischen Entrepreneur und Venture Capitalist nicht zustande kommen kann, weil die optimale Lösung s_u^* die Teilnahmebedingung des Investors verletzt.

Setzt man das Resultat aus (4.8) in die Funktion (4.5) ein, so ergibt sich nach einfachen Umformungen der folgende Ausdruck:

$$U^I = -K + \underbrace{\frac{\beta^2 \left[X_S(\beta^2 - \alpha^2) - p_0 \right]\left[3p_0 + X_S(\alpha^2 + \beta^2) \right]}{2(\alpha^2 - 2\beta^2)^2}}_{\text{positiv aufgrund der Bedingung (4.9)}} \qquad (A.2)$$

$$= -K + \frac{\beta^2}{2(\alpha^2 - 2\beta^2)^2}\left[\left(p_0 + X_S\beta^2\right)^2 - \left(2p_0 + X_S\alpha^2\right)^2 \right]$$

Bei den gegebenen Wertebereichen der Parameter, ist der erwartete Nutzen des Investors nur dann positiv, wenn das Kapitalbeteiligungsvolumen K sehr niedrig ist. Diese Situation trifft nicht auf den vorliegenden Modellrahmen zu. Bei der Finanzierung junger Unternehmen mit Venture Capital investiert der Entrepreneur i.d.R. sein gesamtes Kapital im Unternehmen. Sein Beitrag zum Investitionsvolumen ist jedoch gering im Vergleich zum substanziellen Kapitalbeitrag des Venture Capitalists. Daher kann der Parameter K nicht vernachlässigbar klein sein, wie es für die Erfüllung der Bedingung $U^I \geq 0$ notwendig wäre.

b.) Für $\alpha > \beta\sqrt{2}$ ist die Funktion $U^E(s)$ konvex und $s = s_u^*$ ist eine Minimumstelle. Für alle Parameterwerte aus den jeweiligen Definitionsbereichen gilt $s_u^* < 0$. Demzufolge ist die Funktion $U^E(s)$ im Wertebereich $[0,1]$ monoton steigend in s und der Nutzen des Entrepreneurs erreicht das Maximum für $s_u^* = 1$: $U_{max}^E = U^E(1)$. Unter Berücksichtigung der Wirtschaftlichkeitsbedingung (4.3) stellt sich dieser Nutzenwert als positiv heraus.

c.) Für $\alpha = \beta\sqrt{2}$ ist die Nutzenfunktion gegeben durch:

$$U^E = sX_S(p_0 + X_S\beta^2) - A$$

Die Funktion ist monoton steigend in s. Der Entrepreneur maximiert seinen Nutzen für $s_u^* = 1$.

A-3. Allokation der Cashflow-Rechte: constrained solution (Herleitung der Formel 4.10)

Wenn die *Participation Constraint* (PC$_1$) des Investors für den Entrepreneur bindend ist, ergibt sich unter Berücksichtigung der individuellen optimalen Arbeitseinsätze e^{opt} und i^{opt} folgende Gleichung:

$$(1-s)X_S\left[p_0 + sX_S\alpha^2 + (1-s)X_S\beta^2\right] - \frac{1}{2}(1-s)^2 X_S^2\beta^2 - K = 0 \quad \text{(A.3)}$$

Diese Gleichung hat zwei analytische Lösungen:

$$s_1 = 1 - \frac{p_0 + X_S \alpha^2 + \sqrt{(p_0 + X_S \alpha^2)^2 - 2K(2\alpha^2 - \beta^2)}}{X_S(2\alpha^2 - \beta^2)} \qquad (A.4)$$

bzw.

$$s_2 = 1 - \frac{p_0 + X_S \alpha^2 - \sqrt{(p_0 + X_S \alpha^2)^2 - 2K(2\alpha^2 - \beta^2)}}{X_S(2\alpha^2 - \beta^2)} \qquad (A.5)$$

Damit eine reelle Lösung existiert, muss gelten:

$$(p_0 + X_S \alpha^2)^2 - 2K(2\alpha^2 - \beta^2) \geq 0 \qquad (A.6)$$

Darüber hinaus sind beide Lösungen nur dann zulässig, wenn sie neben der Bedingung (A.6) noch folgende Bedingungen erfüllen:

$$0 \leq s_1 \leq 1 \text{ bzw. } 0 \leq s_2 \leq 1 \qquad (A.7)$$

und

$$0 \leq p_0 + \alpha e(s) + \beta i(s) \leq 1. \qquad (A.8)$$

Im ersten Schritt wird überprüft, ob die beiden analytischen Lösungen im zulässigen Wertebereich für den Cashflow-Anteil [0,1] liegen.

Da $\alpha \geq \beta$ und $\alpha > 0$ gilt $p_0 + X_S \alpha^2 \geq \sqrt{(p_0 + X_S \alpha^2)^2 - 2K(2\alpha^2 - \beta^2)}$ und damit auch $s_{1,2} \leq 1$.

Im Folgenden wird überprüft, ob die oben angegebenen Lösungen positiv oder negativ sind. Zu diesem Zweck wird der Zusammenhang zwischen $s_{1,2}$ und p_0 näher untersucht, indem alle anderen Parameter außer p_0 konstant gehalten werden.

$$\frac{ds_1(p_0)}{dp_0} = - \frac{1 + \dfrac{p_0 + X_S \alpha^2}{\sqrt{(p_0 + X_S \alpha^2)^2 - 2K(2\alpha^2 - \beta^2)}}}{X_S(2\alpha^2 - \beta^2)} < 0 \qquad (A.9)$$

Die Funktion $s_1(p_0)$ ist stetig und monoton fallend in p_0, wobei $p_0 \in [0,1]$. Daraus ergibt sich der Wertebereich der Funktion: $s_1(1) \leq s_1(p_0) \leq s_1(0)$. Wenn $s_1(0)$ negativ ist, dann ist die Lösung s_1 nicht zulässig.

159

$$\lim_{p_0 \to 0} s_1 = \frac{X_S(\alpha^2 - \beta^2) - \sqrt{X_S^2 \alpha^4 - 2K(2\alpha^2 - \beta^2)}}{X_S(2\alpha^2 - \beta^2)}$$

$$= \frac{(\alpha^2 - \beta^2) - \sqrt{\alpha^4 - \frac{2K(2\alpha^2 - \beta^2)}{X_S^2}}}{2\alpha^2 - \beta^2}$$

Unter Berücksichtigung der Wirtschaftlichkeitsbedingung (4.3) – $p_0 X_S \geq 1$ – gilt für den Grenzwert der Funktion folgendes

$$\lim_{p_0 \to 0} s_1(p_0) = \lim_{X_S \to \infty} s_1(p_0) = \frac{(\alpha^2 - \beta^2) - \sqrt{\alpha^4}}{(2\alpha^2 - \beta^2)} = \frac{-\beta^2}{(2\alpha^2 - \beta^2)} \leq 0$$

Es folgt, dass s_1 negativ und somit keine zulässige Lösung ist.

Im Folgenden wird untersucht, ob s_2 eine zulässige Lösung ist. Hierzu wird zunächst der Verlauf der Funktion $s_2(p_0)$ für den Definitionsbereich [0,1] analysiert. Da die Ableitung der Funktion

$$\frac{ds_2(p_0)}{dp_0} = \frac{-1 + \dfrac{p_0 + X_S \alpha^2}{\sqrt{(p_0 + X_S \alpha^2)^2 - 2K(2\alpha^2 - \beta^2)}}}{X_S(2\alpha^2 - \beta^2)} \qquad \text{(A.10)}$$

positiv[356] ist, ist die Funktion $s_2(p_0)$ stetig und monoton steigend in p_0 mit $p_0 \in [0,1]$. Daraus ergibt sich der Wertebereich der Funktion: $s_2(0) \leq s_2(p_0) \leq s_2(1)$. Wenn $s_2(0)$ positiv ist, dann ist die Lösung s_2 zulässig:

$$s_2(0) = \frac{X_S(\alpha^2 - \beta^2) + \sqrt{X_S^2 \alpha^4 - 2K(2\alpha^2 - \beta^2)}}{X_S(2\alpha^2 - \beta^2)} \geq 0$$

da $\alpha \geq \beta$

Somit ist gezeigt worden, dass von den zwei ermittelten analytischen Lösungen nur s_2 die Bedingung (A.7) erfüllt: $s_2 = s^*$.

Die zulässige Lösung s_2 muss allerdings die Nebenbedingung (A.8) erfüllen:

---

[356] Die Ableitung der Funktion $s_2(p_0)$ hat keine Nullstellen

$$0 \leq \frac{\left[p_0 + (G + Bq)\alpha^2\right]\alpha^2 + (\alpha^2 - \beta^2)\sqrt{\left[p_0 + (G + Bq)\alpha^2\right]^2 - 2(K + \gamma)(2\alpha^2 - \beta^2)}}{2\alpha^2 - \beta^2} \leq 1 \tag{A.11}$$

$$\Leftrightarrow$$

$$(\alpha^2 - \beta^2)\sqrt{\left[p_0 + (G + Bq)\alpha^2\right]^2 - 2(K + \gamma)(2\alpha^2 - \beta^2)} \leq (2\alpha^2 - \beta^2) - \left[p_0 + (G + Bq)\alpha^2\right]\alpha^2$$

Sind die Bedingungen (A.6) und (A.11) erfüllt, so ist die optimale Cashflow-Allokation $\left(s^*, (1 - s^*)\right)$. □

A-4. Beweis von Satz 1:

a)
$$\frac{de^{opt}}{d\beta} = \alpha X_S \frac{ds^*(\beta)}{d\beta} \tag{A.12}$$

Die Parameter α und X_S sind gemäß der Definition im Abschnitt 4.1 positiv. Es wird im Folgenden die Funktion $ds^*(\beta)/d\beta$ näher untersucht. Ausgehend vom optimalen Cashflow-Anteil des Entrepreneurs – gegeben in der Formel (4.8) – impliziert die Bedingung erster Ordnung

$$\frac{ds^*(\beta)}{d\beta} = \frac{2\beta\left[\theta^2 - K(2\alpha^2 - \beta^2) - \theta\sqrt{\theta^2 - 2K(2\alpha^2 - \beta^2)}\right]}{X_S(2\alpha^2 - \beta^2)^2\sqrt{\theta^2 - 2K(2\alpha^2 - \beta^2)}} \overset{!}{=} 0 \tag{A.13}$$

dass β Null sein muss. Um festzustellen, ob sich dabei um eine Maximum- oder eine Minimumstelle handelt, wird der Wert der zweiten Ableitung für $\beta = 0$ ermittelt:

$$\frac{d^2 s^*}{d\beta^2}(\beta = 0) = \frac{\theta^2 - 2K\alpha^2 - \theta\sqrt{\theta^2 - 4K\alpha^2}}{2X_S\alpha^4\sqrt{\theta^2 - 4K\alpha^2}} \tag{A.14}$$

Bei den gegebenen Wertebereichen der Parameter ist der Nenner positiv.

Sollte der Zähler positiv sein, dann sollte folgendes gelten:

$$\theta^2 - 2K\alpha^2 \geq \theta\sqrt{\theta^2 - 4K\alpha^2} \,.$$

Da sowohl der linke als auch der rechte Teil der Ungleichung positiv ist, werden beide Terme quadriert. Dadurch erhält man folgende Ungleichung:

$$\theta^4 - 4K\theta^2\alpha^2 + 4K^2\alpha^4 \geq \theta^2(\theta^2 - 4K\alpha^2)$$

$$\Leftrightarrow 4K^2\alpha^4 \geq 0$$

Der Zähler ist wie angenommen positiv und somit ist der Punkt $\beta = 0$ eine Minimumstelle. Es gilt:

$$\frac{ds^*(\beta)}{d\beta} \geq 0 \text{ für } \beta \in [0,1] \qquad (A.15)$$

Die Funktion $s^*(\beta)$ ist steigend in β. Da $ds/d\beta$ positiv ist und die anderen Parameter auch, ist $de^{opt}/d\beta$ ebenfalls positiv. $\qquad \square$

b.)   Die Beweisführung erfolgt analog zu Punkt a).

$$\frac{di^{opt}}{d\alpha} = -\beta X_S \frac{ds^*(\alpha)}{d\alpha} \qquad (A.16)$$

Die Parameter β und X_S sind gemäß der Definition im Abschnitt 4.1 positiv. Es wird im Folgenden den Verlauf der Funktion $ds^*(\beta)/d\beta$ näher untersucht. Ausgehend vom optimalen Cashflow-Anteil des Entrepreneurs, ergibt sich

$$\frac{ds^*(\alpha)}{d\alpha} = \frac{2\alpha\left[2K(2\alpha^2 - \beta^2) - (2p_0 + X\beta^2)(\theta - \sqrt{\theta^2 - 2K(2\alpha^2 - \beta^2)})\right]}{X_S(2\alpha^2 - \beta^2)^2\sqrt{\theta^2 - 2K(2\alpha^2 - \beta^2)}} \qquad (A.17)$$

Die einzige Nullstelle dieser Ableitung ist $\alpha = 0$. Der Wert gehört allerdings nicht zum Definitionsbereich des Parameters.

Die Umformung des optimalen Anteils s^* zeigt folgendes:

$$s^* = 1 - \frac{p_0 + X_S\alpha^2 + \sqrt{\theta^2 - 2K(2\alpha^2 - \beta^2)}}{X_S(2\alpha^2 - \beta^2)}$$

$$= \frac{-(2p_0 + X_S\beta^2) + \theta + \sqrt{\theta^2 - 2K(2\alpha^2 - \beta^2)}}{X_S(2\alpha^2 - \beta^2)} \geq 0$$

Daraus folgt:

$$\theta + \sqrt{\theta^2 - 2K(2\alpha^2 - \beta^2)} \geq 2p + X\beta^2 > 0 \qquad (A.18)$$

Wenn man die Ungleichung (A.18) in den Ausdruck (A.17) einsetzt, so ergibt sich folgende Ungleichung:

$$\frac{ds^*(\alpha)}{d\alpha} \geq \frac{2\alpha\left[2K(2\alpha^2 - \beta^2) - (\theta + \sqrt{\theta^2 - 2K(2\alpha^2 - \beta^2)})(\theta - \sqrt{\theta^2 - 2K(2\alpha^2 - \beta^2)})\right]}{X_S(2\alpha^2 - \beta^2)^2\sqrt{\theta^2 - 2K(2\alpha^2 - \beta^2)}}$$

Der rechte Term der Ungleichung kann umgeformt werden:

$$\frac{2\alpha\left[2K(2\alpha^2 - \beta^2) - (\theta + \sqrt{\theta^2 + 2K(-2\alpha^2 + \beta^2)})(\theta - \sqrt{\theta^2 - 2K(2\alpha^2 - \beta^2)})\right]}{X_S(2\alpha^2 - \beta^2)^2\sqrt{\theta^2 - 2K(2\alpha^2 - \beta^2)}}$$

$$= \frac{2\alpha\left[2K(2\alpha^2 - \beta^2) - \left(\theta^2 - (\theta^2 - 2K(2\alpha^2 - \beta^2))\right)\right]}{X_S(2\alpha^2 - \beta^2)^2\sqrt{\theta^2 - 2K(2\alpha^2 - \beta^2)}} = 0$$

Es gilt:

$$\frac{ds^*(\alpha)}{d\alpha} \geq 0, \text{ mit } \alpha \in (0,1]. \tag{A.19}$$

Die Funktion $s^*(\alpha)$ ist steigend in α. Da $ds/d\alpha$ positiv ist und die anderen Parameter auch, ist der obige Ausdruck negativ. ◻

B Ergänzende Herleitungen und Beweisführungen zum Kapitel 5

B-1. Beweis von Lemma 1:

Der für den Entrepreneur treibende Faktor einer Exitentscheidung zugunsten des wirtschaftlich ineffizienten IPOs, ist der daraus resultierende implizite Kontrolltransfer, aus dem der Entrepreneur seinen privaten Nutzen zieht. Diese Private Benefits müssen den monetären Verlust übersteigen.

$$U_{E,IPO}^{E} > U_{E,TS}^{E}$$

$$\Leftrightarrow$$

$$B > s_{E} X_{S} \left(\frac{1}{q} - g \right) \equiv \underline{B}$$

Da der maximal mögliche Cashflow-Anteil des Entrepreneurs eins ist $(s_{E} \leq 1)$, ergibt sich aus der obigen Ungleichung:

$$\underline{B} < \left(\frac{1}{q} - g \right) X_{S} \qquad (B.1)$$

B-2. Herleitung der Gleichungen (5.7) und (5.8)

Beide Funktionen $U_{E,IPO}^{E}(e)$ und $U_{E,IPO}^{I}(i)$ sind konkav und erreichen ihr Maximum für $e = e_{E}^{opt}$ bzw. $i = i_{E}^{opt}$.

$$\frac{dU_{E,IPO}^{E}}{de} = \alpha(B + s_{E} g X_{S})q - e \overset{!}{=} 0 \Leftrightarrow e_{E}^{opt} = \alpha(B + s_{E} g X_{S})q$$

$$\frac{dU_{E,IPO}^{I}}{di} = \beta(1 - s_{E})qg X_{S} - i \overset{!}{=} 0 \Leftrightarrow i_{E}^{opt} = \beta(1 - s_{E})qg X_{S}$$

B-3. Bestimmung des optimalen Cashflow-Anteils des Entrepreneurs – Formel (5.10)

Die *Participation Constraint* (PC$_1$) des Investors unter Berücksichtigung der individuellen optimalen Arbeitseinsätze e^{opt} und i^{opt} ergibt folgende Gleichung:

$$(1-s_E)G\left[p_0 + (Bq+Gs_E)\alpha^2 + (1-s_E)G\beta^2\right] - \frac{1}{2}(1-s_E)^2 G^2\beta^2 - \gamma - K = 0 \quad (B.2)$$

Diese Gleichung hat zwei analytische Lösungen:

$$s_E^1 = 1 - \frac{p_0 + (G+Bq)\alpha^2 + \sqrt{\left[p_0 + (G+Bq)\alpha^2\right]^2 - 2(K+\gamma)(2\alpha^2 - \beta^2)}}{G(2\alpha^2 - \beta^2)} \quad (B.3)$$

bzw.

$$s_E^2 = 1 - \frac{p_0 + (G+Bq)\alpha^2 - \sqrt{\left[p_0 + (G+Bq)\alpha^2\right]^2 - 2(K+\gamma)(2\alpha^2 - \beta^2)}}{G(2\alpha^2 - \beta^2)} \quad (B.4)$$

Eine reelle Lösung existiert nur dann, wenn

$$\left[p_0 + (G+Bq)\alpha^2\right]^2 - 2(K+\gamma)(2\alpha^2 - \beta^2) \geq 0 \quad (B.5)$$

Die beiden oben angegebenen Lösungen sind nur dann zulässig, wenn sie neben der Bedingung (B.5) noch folgende Bedingungen erfüllen:

$$0 \leq s_E^1 \leq 1 \text{ bzw. } 0 \leq s_E^2 \leq 1$$

und

$$0 \leq p_0 + \alpha e(s) + \beta i(s) \leq 1.$$

Zunächst wird überprüft, ob die beiden analytischen Lösungen im zulässigen Wertebereich $[0,1]$ für den Cashflow-Anteil liegen.

Da $\alpha \geq \beta$ und $\alpha > 0$ gilt

$$p_0 + (G+Bq)\alpha^2 \geq \sqrt{\left[p_0 + (G+Bq)\alpha^2\right]^2 - 2(K+\gamma)(2\alpha^2 - \beta^2)} \quad (B.6)$$

und damit auch $s_E^{1,2} \leq 1$.

Im Folgenden wird überprüft, ob die zwei analytischen Lösungen positiv sind. Zu diesem Zweck wird – wie auch in Anhang A-2 – auf den Zusammenhang zwischen $s_E^{1,2}$ und p_0 näher eingegangen.

$$\frac{ds_E^1(p_0)}{dp_0} = \frac{-1 - \dfrac{p_0 + (G+Bq)\alpha^2}{\sqrt{\left[p_0 + (G+Bq)\alpha^2\right]^2 - 2(K+\gamma)(2\alpha^2 - \beta^2)}}}{G(2\alpha^2 - \beta^2)} < 0 \quad \text{(B.7)}$$

Die Funktion $s_E^1(p_0)$ ist stetig und monoton fallend in p_0, wobei $p_0 \in [0,1]$. Der Wertebereich der Funktion ist somit gegeben durch: $s_E^1(1) \le s_E^1(p_0) \le s_E^1(0)$. Wenn $s_E^1(0)$ negativ ist, dann ist die analytische Lösung s_E^1 nicht zulässig.

$$\lim_{p_0 \to 0} s_E^1 = \frac{G(\alpha^2 - \beta^2) - Bq\alpha^2 - \sqrt{(G+Bq)^2 \alpha^4 - 2(2\alpha^2 - \beta^2)(K+\gamma)}}{G(2\alpha^2 - \beta^2)}$$

$$= \frac{(\alpha^2 - \beta^2) - \sqrt{\left(1 + \dfrac{Bq}{G}\right)\alpha^4 - \dfrac{2(K+\gamma)(2\alpha^2 - \beta^2)}{G^2}}}{2\alpha^2 - \beta^2}$$

Unter Berücksichtigung der Wirtschaftlichkeitsbedingung (5.1)

$$p_0 \underbrace{qgX_S}_{G} \ge 1$$

gilt für den Grenzwert der Funktion Folgendes

$$\lim_{p_0 \to 0} s_E^1(p_0) = \lim_{G \to \infty} s_E^1(p_0) = \frac{(\alpha^2 - \beta^2) - \sqrt{\alpha^4}}{(2\alpha^2 - \beta^2)} = \frac{-\beta^2}{(2\alpha^2 - \beta^2)} \le 0$$

Es folgt, dass s_E^1 negativ und somit keine zulässige Lösung ist.

Im Folgenden wird untersucht, ob s_E^2 eine zulässige Lösung ist. Dabei wird zunächst der Verlauf der Funktion $s_E^2(p_0)$ für den Definitionsbereich $[0,1]$ analysiert. Da die Ableitung der Funktion

$$\frac{ds_E^2(p_0)}{dp_0} = \frac{-1 + \dfrac{p_0 + (G + Bq)\alpha^2}{\sqrt{\left[p_0 + (G + Bq)\alpha^2\right]^2 - 2(K + \gamma)(2\alpha^2 - \beta^2)}}}{G(2\alpha^2 - \beta^2)} \tag{B.8}$$

positiv[357] ist, ist die Funktion $s_E^2(p_0)$ stetig und monoton steigend in p_0 mit $p_0 \in [0,1]$. Daraus resultiert der Wertebereich der Funktion: $s_E^2(0) \le s_E^2(p_0) \le s_E^2(1)$. Allerdings ist $s_E^2(0)$ nicht immer positiv, wie der unter stehende Ausdruck zeigt:

$$s_E^2(0) = \frac{G(\alpha^2 - \beta^2) - Bq\alpha^2 + \sqrt{(G + Bq)^2\alpha^4 - 2(K + \gamma)(2\alpha^2 - \beta^2)}}{G(2\alpha^2 - \beta^2)}$$

Damit s_E^2 eine zulässige Lösung ist, muss folglich gelten:

$$s_E^2 \ge 0$$
$$\Leftrightarrow \tag{B.9}$$
$$G(2\alpha^2 - \beta^2) - \left[p_0 + (G + Bq)\alpha^2\right] + \sqrt{\left[p_0 + (G + Bq)\alpha^2\right]^2 - 2(K + \gamma)(2\alpha^2 - \beta^2)} \ge 0$$

B-4. Herleitung der Formel (5.12)

Die Funktion $T^{IPO}(s)$ ist konkav, da die zweite Ableitung konstant und negativ ist

$$\frac{d^2 T^{IPO}(s)}{ds^2} = -G^2(\alpha^2 + \beta^2) \le 0$$

und erreicht ihr Maximum für s_{IPO}^*:

$$\frac{dT^{IPO}(s)}{ds} = -sG^2(\alpha^2 + \beta^2) + G(G\alpha^2 - Bq\beta^2) \overset{!}{=} 0 \Leftrightarrow s_{IPO}^* = \frac{G\alpha^2 - Bq\beta^2}{G(\alpha^2 + \beta^2)}$$

s_{IPO}^* ist nur dann eine zulässige Lösung, wenn folgende Bedingungen erfüllt sind:

---

[357] Die Ableitung der Funktion $s_E^2(p_0)$ hat keine Nullstellen.

$$0 \le \overset{*}{s}_{IPO} \le 1 \Leftrightarrow G\alpha^2 - Bq\beta^2 \ge 0$$

$$0 \le p_0 + \alpha e(\overset{*}{s}_{IPO}) + \beta i(\overset{*}{s}_{IPO}) \le 1$$

$$\Leftrightarrow$$

und
$$0 \le \frac{p_0(\alpha^2 + \beta^2) + (G + Bq)(\alpha^4 + \beta^4)}{\alpha^2 + \beta^2} \le 1$$

$$\Leftrightarrow$$

$$(1 - p_0)(\alpha^2 + \beta^2) \ge (G + Bq)(\alpha^4 + \beta^4)$$

B-5. Herleitung der Formel (5.14)

Die Herleitung erfolgt analog zu B-4. Die Funktion $T^{TS}(s)$ ist konkav, da die zweite Ableitung konstant und negativ ist

$$\frac{d^2 T^{TS}(s)}{ds^2} = -X_S^2(\alpha^2 + \beta^2)$$

und erreicht ihr Maximum für $\overset{*}{s}_{TS}$:

$$\frac{dT^{TS}(s)}{ds} = X_S^2 \alpha^2 - sX_S^2(\alpha^2 + \beta^2) \overset{!}{=} 0 \Leftrightarrow \overset{*}{s}_{TS} = \frac{\alpha^2}{\alpha^2 + \beta^2}$$

Auch in diesem Fall müssen folgende Bedingungen erfüllt werden damit $\overset{*}{s}_{TS}$ eine zulässige Lösung ist:

$$0 \le \overset{*}{s}_{TS} \le 1 \qquad\qquad\qquad (B.10)$$

und
$$0 \le p_0 + \alpha e(\overset{*}{s}_{TS}) + \beta i(\overset{*}{s}_{TS}) \le 1 \qquad\qquad (B.11)$$

Die Bedingung (B.10) ist bei den gegebenen Definitionsbereichen der Parameter α und β mit $\alpha \ge \beta$ immer erfüllt.

Die Bedingung (B.11) lässt sich nach dem Einsetzen von $e(\overset{*}{s}_{TS})$ und $i(\overset{*}{s}_{TS})$ aus (5.8), bzw. (5.9) wie folgt darstellen:

$$0 \le \frac{p_0(\alpha^2 + \beta^2) + X_S(\alpha^4 + \beta^4)}{\alpha^2 + \beta^2} \le 1 \Leftrightarrow (1 - p_0)(\alpha^2 + \beta^2) \ge X_S(\alpha^4 + \beta^4)$$

B-6. Beweis von Lemma 2:

Ein IPO maximiert nur dann den sozialen Wert des Projektes wenn $T^{IPO} - T^{TS} > 0$. Diese Differenz ist eine konvexe Funktion von B, $\Delta(B)$, da die zweite Ableitung konstant und positiv ist

$$\frac{d^2\Delta}{dB^2} = \frac{q^2(\alpha^4 + \alpha^2\beta^2 + \beta^4)}{\alpha^2 + \beta^2} \geq 0$$

und hat zwei Nullstellen:

$$B_1 = -\frac{p_0(\alpha^2 + \beta^2) + gqX_S\omega + \sqrt{\left(p_0(\alpha^2 + \beta^2) + X_S\omega\right)^2 + 2(\alpha^2 + \beta^2)\omega\gamma}}{q\omega}$$

$$B_2 = \frac{-\left[p_0(\alpha^2 + \beta^2) + gqX_S\omega\right] + \sqrt{\left(p_0(\alpha^2 + \beta^2) + X_S\omega\right)^2 + 2(\alpha^2 + \beta^2)\omega\gamma}}{q\omega}$$

mit $\omega = \alpha^4 + \alpha^2\beta^2 + \beta^4$

Die erste Nullstelle ist bei den gegebenen Definitionsbereichen der Parameter immer negativ und somit außerhalb des Wertebereichs des Parameters. Nur die zweite Nullstelle ist positiv, wie aus (B.12) zu erkennen ist: $B_2 = B^{min}$

$$\left. \begin{array}{c} \sqrt{\left(p_0(\alpha^2 + \beta^2) + X_S\omega\right)^2 + 2(\alpha^2 + \beta^2)\omega\gamma} \geq p_0(\alpha^2 + \beta^2) + X_S\omega \\ qg \leq 1 \end{array} \right\} \Rightarrow$$

$$\Rightarrow \sqrt{\left(p_0(\alpha^2 + \beta^2) + X_S\omega\right)^2 + 2(\alpha^2 + \beta^2)\omega\gamma} \geq p_0(\alpha^2 + \beta^2) + qgX_S\omega \quad \text{(B.12)}$$

Da die Funktion $\Delta(B)$ für $B \geq 0$ monoton steigend ist[358], gilt Folgendes:

$$\begin{cases} B > B^{min} : T^{IPO} > T^{TS} \\ B = B^{min} : T^{IPO} = T^{TS} \\ B < B^{min} : T^{IPO} < T^{TS} \end{cases}$$

---

[358] Die Funktion erreicht ihr Minimum für $B = -gX_S - p_0(\alpha^2 + \beta^2)/q\omega \leq 0$ erreicht.

B-7. Beweis vom Satz 2:

Zunächst wird die Existenz der „grauen Zone" bewiesen, die dadurch entsteht, dass der im Lemma 1 identifizierte Grenzwert $\underline{B}$ unter dem im Lemma 2 festgestellten Grenzwert $B^{\min}$ liegt. Unter Berücksichtigung der Ungleichung (B.1) ergibt sich Folgendes:

$$\left.\begin{array}{c} \underline{B} < B^{\min} \\[2mm] \underline{B} < \dfrac{1-qg}{q} X_S \end{array}\right\} \Rightarrow \frac{1-qg}{q} X_S < \frac{-\left[p_0(\alpha^2 + \beta^2) + gqX_S\omega\right] + \sqrt{\left(p_0(\alpha^2 + \beta^2) + X_S\omega\right)^2 + 2(\alpha^2 + \beta^2)\omega\gamma}}{q\omega}$$

$$\Leftrightarrow$$

$$(1-qg)X_S\omega < -\left[p_0(\alpha^2 + \beta^2) + gqX_S\omega\right] + \sqrt{\left(p_0(\alpha^2 + \beta^2) + X_S\omega\right)^2 + 2(\alpha^2 + \beta^2)\omega\gamma}$$

$$\Leftrightarrow$$

$$p_0(\alpha^2 + \beta^2) + X_S\omega < \sqrt{\left(p_0(\alpha^2 + \beta^2) + X_S\omega\right)^2 + 2(\alpha^2 + \beta^2)\omega\gamma}$$

Bei den gegebenen Definitionsbereichen der Parameter ist die obige Ungleichung immer erfüllt.

Aufgrund des hier beobachteten Verhältnisses zwischen den beiden Grenzwerten und der daraus resultierenden Ineffizienz bzgl. der Exitentscheidung, muss die Kontrolle über die Exitentscheidung vertraglich so fixiert werden, dass im Ineffizienzbereich $(\underline{B}, B^{\min})$ der Venture Capitalist über die Wahl des Exitkanals und Exitzeitpunktes entscheidet.   □

B-8. Ermittlung des Grenzwertes $\hat{B}^{\min}$

Die Nutzenfunktionen des Entrepreneurs und des Venture Capitalist lassen sich im Falle einer Co-Finanzierung durch die KfW mit einem Exit via **Börsengang** wie folgt beschreiben:

$$U_{IPO}^E = s(p_0 + \alpha e + \beta i)qgX_S + (p_0 + \alpha e + \beta i)qB - c(e) - A$$

$$U_{IPO}^I = \frac{1}{2}(1-s)(p_0 + \alpha e + \beta i)qgX_S - c(i) - \gamma - \frac{K}{2}$$

Die jeweiligen Arbeitseinsätze, die den Nutzen des Entrepreneurs bzw. des Venture Capitalists maximieren,[359] sind gegeben durch:

$$e_E^{opt} = \alpha(B + sgX_S)q$$

und

$$i_E^{opt} = \frac{1}{2}\beta(1-s)qgX_S$$

Im Falle eines Börsengangs kann der Gesamtnutzen des Projektes, unter Berücksichtigung der jeweiligen Arbeitseinsätze des Entrepreneurs bzw. des Investors, als Funktion der Cashflow-Rechte des Entrepreneurs (s), wie folgt dargestellt werden:

$$T_{KfW}^{IPO}(s) = \left[p_0 + \alpha e(s) + \beta i(s)\right]qgX_S + \left[p_0 + \alpha e(s) + \beta i(s)\right]qB - \gamma - \frac{e^2}{2} - \frac{i^2}{2} - V$$

$$= -\frac{1}{8}s^2(4\alpha^2 + \beta^2)G^2 + \frac{1}{4}s(4G\alpha^2 - G\beta^2 - 2Bq\beta^2)G + p(G + Bq) +$$

$$+ BGq\alpha^2 + \frac{3}{8}G^2\beta^2 + \frac{Bq}{2}(Bq\alpha^2 + G\beta^2) - \gamma - V$$

mit $G = qgX_S$

Der soziale Planer bestimmt den wohlfahrtsmaximierenden Cashflow-Anteil des Entrepreneurs. Die Funktion $T_{KfW}^{IPO}(s)$ ist konkav[360] und erreicht ihr Maximum für

$$s_{IPO,KfW}^* = 1 - \frac{2(G + Bq)\beta^2}{G(4\alpha^2 + \beta^2)}. \tag{B.13}$$

$s_{IPO,KfW}^*$ ist nur dann eine zulässige Lösung, wenn folgende Bedingungen erfüllt sind:

---

[359] Beide Funktionen sind konkav und erreichen ihr Maximum für $e = e_E^{opt}$ und $i = i_E^{opt}$.

[360] Die zweite Ableitung ist konstant und negativ: $d^2 T_{KfW}^{IPO}/ds^2 = -(4\alpha^2 + \beta^2)G^2/4$

$$0 \leq s^*_{IPO,KfW} \leq 1 \Leftrightarrow (4\alpha^2 - \beta^2)G \geq 2Bq\beta^2$$

und

$$0 \leq p_0 + \alpha e(s^*_{IPO,KfW}) + \beta i(s^*_{IPO,KfW}) \leq 1$$
$$\Leftrightarrow$$
$$0 \leq \frac{p_0(4\alpha^2 + \beta^2) + (G + Bq)(4\alpha^4 - \alpha^2\beta^2 + \beta^4)}{4\alpha^2 + \beta^2} \leq 1$$
$$\Leftrightarrow$$
$$(4\alpha^2 + \beta^2)[1 - p_0 - (G + Bq)\alpha^2] + (2\alpha^2 - \beta^2)\beta^2 \geq 0$$

Analog zu der obigen Vorgehensweise ermittelt der soziale Planer auch im Falle eines *strategischen Verkaufs*, unter Berücksichtigung der individuellen, nutzenmaximierenden Arbeitseinsätze (e_I^{opt} und i_I^{opt}), den Gesamtnutzen aus dem Projekt. Die Nutzenfunktionen des Entrepreneurs und des Venture Capitalist lassen sich wie folgt darstellen:

$$U_{IPO}^E = s(p_0 + \alpha e + \beta i)X_S - c(e) - A$$
$$U_{IPO}^I = \frac{1}{2}(1 - s)(p_0 + \alpha e + \beta i)X_S - c(i) - \frac{K}{2}$$

Da beide Funktionen in e konkav sind, sind die jeweiligen nutzenmaximierenden Arbeitseinsätze gegeben durch:

$$e_I^{opt} = \alpha s X_S \text{ und } i_I^{opt} = \frac{1}{2}\beta(1 - s)X_S$$

Der Gesamtnutzen, der aus dem Projekt erzielt wird, lässt sich wie folgt ermitteln:

$$T_{KfW}^{TS}(s) = \left[p_0 + \alpha e(s) + \beta i(s) \right] X_S - \frac{e^2(s)}{2} - \frac{i^2(s)}{2} - V$$
$$= -\frac{1}{8}s^2(4\alpha^2 + \beta^2)X^2 + \frac{1}{4}s(4\alpha^2 - \beta^2)X^2 + \frac{1}{8}(8p + 3X\beta^2)X - V$$

Im Gleichgewicht ist der wohlfahrtsmaximierende Cashflow-Anteil des Entrepreneurs gegeben durch[361]:

$$s_{TS,KfW}^* = 1 - \frac{2\beta^2}{4\alpha^2 + \beta^2} \qquad (B.14)$$

Bei den gegebenen Definitionsbereichen der Parameter gilt für diese Lösung immer: $0 \le s_{TS,KfW}^* \le 1$. Außerdem muss die Lösung noch folgende Bedingung erfüllen:

$$0 \le p_0 + \alpha e(s_{TS,KfW}^*) + \beta i(s_{TS,KfW}^*) \le 1$$
$$\Leftrightarrow$$
$$0 \le \frac{p_0(4\alpha^2 + \beta^2) + X_S(4\alpha^4 - \alpha^2\beta^2 + \beta^4)}{4\alpha^2 + \beta^2} \le 1$$
$$\Leftrightarrow$$
$$(4\alpha^2 + \beta^2)[1 - p_0 - X_S\alpha^2] + (2\alpha^2 - \beta^2)\beta^2 \ge 0$$

Ein IPO maximiert nur dann den sozialen Wert des Projektes, wenn $T_{KfW}^{IPO} - T_{KfW}^{TS} > 0$. Diese Differenz ist eine konvexe Funktion von $B\left(\Delta_{KfW}(B)\right)$, da die zweite Ableitung konstant und positiv ist

$$\frac{d^2\Delta_{KfW}}{dB^2} = \frac{q[p_0(4\alpha^2 + \beta^2) + (Bq + G)(4\alpha^4 + \alpha^2\beta^2 + \beta^4)]}{4\alpha^2 + \beta^2} \ge 0$$

und hat zwei Nullstellen:

$$\hat{B}_1 = -\frac{p_0(4\alpha^2 + \beta^2) + gqX\sigma + \sqrt{\left(p_0(4\alpha^2 + \beta^2) + X_S\sigma\right)^2 + 2(\alpha^2 + \beta^2)\sigma\gamma}}{q\sigma}$$

$$\hat{B}_2 = \frac{-\left[p_0(4\alpha^2 + \beta^2) + gqX\sigma\right] + \sqrt{\left(p_0(4\alpha^2 + \beta^2) + X_S\sigma\right)^2 + 2(\alpha^2 + \beta^2)\sigma\gamma}}{q\sigma}$$

mit $\sigma = 4\alpha^4 + \alpha^2\beta^2 + \beta^4$

---

[361] Die zweite Ableitung ist konstant und negativ: $d^2 T_{KfW}^{TS}/ds^2 = -(4\alpha^2 + \beta^2)X^2/4$. Folglich ist die Funktion konkav und erreicht ihr Maximum für $s = s_{TS,KfW}^*$.

Die erste Nullstelle ist bei den gegebenen Definitionsbereichen der Parameter immer negativ und somit außerhalb des Wertebereichs dieses Parameters. Nur die zweite Nullstelle ist positiv, wie aus (B.15) zu erkennen ist.

$$\left. \begin{array}{c} \sqrt{\left(p_0(4\alpha^2+\beta^2)+X_S\omega\right)^2+2(\alpha^2+\beta^2)\sigma\gamma} \geq p_0(4\alpha^2+\beta^2)+X_S\sigma \\ qg \leq 1 \end{array} \right\} \Rightarrow$$

$$\Rightarrow \sqrt{\left(p_0(4\alpha^2+\beta^2)+X_S\omega\right)^2+2(\alpha^2+\beta^2)\sigma\gamma} \geq p_0(4\alpha^2+\beta^2)+qgX_S\sigma \quad \text{(B.15)}$$

Somit gilt: $B_2 \equiv \hat{B}^{\min}$.

B-9. Beweis vom Korollar:

a.) Die niedrigen ex-ante Opportunitätskosten des Investors gehen mit einem niedrigeren wohlfahrtsoptimalen Grenzwert der Private Benefits $B^{\min}$ einher:

$$\frac{dB^{\min}}{d\gamma} = \frac{\alpha^2+\beta^2}{q\sqrt{2(\alpha^2+\beta^2)\gamma\omega+\left[p_0(\alpha^2+\beta^2)+X_S\omega\right]^2}} > 0$$

Bei den gegebenen Definitionsbereichen der Parameter ist die Ableitung $dB^{\min}/d\gamma$ immer strikt positiv $(\alpha > 0)$. □

b.) Es wird im Folgenden gezeigt, dass eine direkte staatliche Förderung, wenn das Investitionsvolumen V vom Entrepreneur und Venture Capitalist alleine nicht bereitgestellt werden kann, zu Effizienzverlusten in der Ökonomie bzgl. der Exitentschiedung führt, weil $\hat{B}^{\min} > B^{\min}$.

Wie im Abschnitt B-9 bereits gezeigt wurde, ist die Funktion konvex und erreicht ihr Minimum für $B = -gX_S - p_0(4\alpha^2+\beta^2)/q\sigma \leq 0$. Die Funktion $\Delta_{KfW}(B)$ ist folglich für $B \geq 0$ monoton steigend:

$$0 < B^{\min} < \hat{B}^{\min} \Leftrightarrow \Delta_{KfW}(B^{\min}) < \Delta_{KfW}(\hat{B}^{\min}) = 0.$$

$$\Delta_{KfW}(B^{min}) = \frac{-3\alpha^2\beta^4}{(4\alpha^2+\beta^2)\omega^2}\left[p_0^2(\alpha^2+\beta^2)+(p_0X_S+\gamma)\omega - \right.$$
$$\left. -p_0\sqrt{\left(p_0(\alpha^2+\beta^2)+X_S\omega\right)^2+2(\alpha^2+\beta^2)\omega\gamma} \right] \qquad (B.16)$$

Es gilt:

$$p_0^2(\alpha^2+\beta^2)+(p_0X_S+\gamma)\omega \geq p_0\sqrt{p_0^2(\alpha^2+\beta^2)^2+2(\alpha^2+\beta^2)(p_0X_S+\gamma)\omega+X_S^2\omega^2}$$

$$\Leftrightarrow$$

$$p_0\left[p_0(\alpha^2+\beta^2)+X_S\omega\right]+\gamma\omega \geq p_0\sqrt{\left(p_0(\alpha^2+\beta^2)+X_S\omega\right)^2+2(\alpha^2+\beta^2)\omega\gamma}$$

Durch quadrieren erhält man:

$$2p_0\left[p_0(\alpha^2+\beta^2)+X_S\omega\right]+\gamma\omega \geq 2p_0^2(\alpha^2+\beta^2).$$

$$\Leftrightarrow \qquad\qquad (B.17)$$

$$2p_0X_S+\gamma \geq 0 \quad \text{q.e.d}$$

Aus (B.16) und (B.17) resultiert, dass $\Delta_{KfW}(B^{min}) \leq 0$, mit der Konsequenz, dass $B^{min} \leq \hat{B}^{min}$. $\qquad\qquad\qquad\qquad\qquad\qquad\qquad\qquad\qquad$ □

C Literaturverzeichnis

ACHLEITNER, ANN-KRISTIN/BRAUN, REINER/KOHN, KARSTEN (2011): *New Venture Financing in Germany: Effects of Firm and Owner Characteristics*. In: Zeitschrift für Betriebswirtschaft, 81, S.263-294, 2011.

AGHION, PHILIPPE/BOLTON, PATRICK/TIROLE, JEAN (2004): *Exit Options in Corporate Finance: Liquidity versus Incentives*. In: Review of Finance, 8, S.327-353, 2004.

AGHION, PHILLIPPE/BOLTON, PATRICK (1992): *An Incomplete Contracts Approach to Financial Contracting*. In: Review of Economic Studies, 59, S.473-494, 1992.

BARNEY, JAY ET AL. (1996): *New Venture Teams' Assessment of Learning Assistance from Venture Capital Firms*. In: Journal of Business Venturing, 11(4), S.257-272, 1996.

BASCHA, ANDREAS/WALZ, UWE (2001): *Convertible Securities and Optimal Exit Decisions in Venture Capital Finance*. In: Journal of Corporate Finance, 7, S.285-306, 2001.

BASCHA, ANDREAS (2001): *Hybride Beteiligungsformen bei Venture-Capital: Finanzierung und Corporate Governance in Jungen Unternehmen*. 1. Aufl., Wiesbaden, DUV, 2001.

BASCHA, ANDREAS/WALZ, UWE (2002): *Financing Practices in the German Venture Capital Industry: An Empirical Assessment*. CFS Working Paper No. 2002/08, Johann Wolfgang Goethe-Universität 2002.

BAUMGÄRTNER, CARSTEN (2005): *Portfoliosteuerung von Venture-Capital-Gesellschaften*. 1. Aufl., Wiesbaden, DUV, 2005.

BAUMOL, WILLIAM/SCHILLING, MELISSA/WOLFF, EDUARD (2009): *The Superstar Investors and Entrepreneurs: How Were They Educated?* In: Journal of Economics & Management Strategy, 18(3), S.711-728, 2009.

BAYAR, ONUR/CHEMMANUR, THOMAS (2011): *IPOs versus Acquisitions and Valuation Premium Puzzle: A Theory of Exit Choice by Entrepreneurs and*

Venture Capitalists. In: Journal of Financial and Quantitative Analysis, Verfügbar online: doi:10.1017/S0022109011000408, 2011.

BERGLÖF, ERIK (1994): *A Control Theory of Venture Capital Finance.* In: Journal of Law, Economics & Organization, 10(2), S.247-267, 1994.

BESSLER, WOLFGANG/KURTH, ANDREAS (2007): *Agency Problems and the Performance of Venture-backed IPOs in Germany: Exit Strategies, Lock-up Periods, and Bank Ownership.* In: European Journal of Finance, 13(1), S.29-63, 2007.

BIENZ, CARSTEN/WALZ, UWE (2010): *Evolution of Decision and Control Rights in Venture Capital Contracts: An Empirical Analysis.* In: Journal of Economics & Management Strategy, 19(5), S.1071-1116, 2010.

BLACK, BERNARD/GILSON, RONALD (1998): *Venture Capital and the Structure of Capital Markets: Banks versus Stock Markets.* In: Journal of Financial Economics, 47, S.243-277, 1998.

BÖRNER, CHRISTOPH/GRICHNIK, DIETMAR (Hrsg.) (2005): *Entrepreneurial Finance – Kompendium der Gründungs- und Wachstumsfinanzierung.* 1. Aufl., Heidelberg, Springer, 2005.

BOTTAZZI, LAURA/DA RIN, MARCO/HELLMANN, THOMAS (2008): *Who are the Active Investors? Evidence from Venture Capital.* In: Journal of Financial Economics, 89, S.488-512, 2008.

BOUE, ANDREAS (2008): *Wie komme ich zu Venture Capital? Praxisratgeber mit Insidertipps für die erfolgreiche Kapitalakquise.* 1. Aufl., Wien, Linde Verlag, 2008.

BRACHTENDORF, GERMAN (2004): *Gestaffelte Finanzierung junger Unternehmen. Eine empirische Untersuchung in Deutschland.* 1. Aufl., Wiesbaden, DUV, 2004.

BRANDER, JAMES/DU, QIANQIAN/HELLMANN, THOMAS (2010): *The Effects of Government-Sponsored Venture Capital: International Evidence.* NBER Working Paper 16521, Verfügbar online: http://www.nber.org/papers/w16521, 2010.

BRAV, ALON/GOMPERS, PAUL (2003): *The Role of Lockups in Initial Public Offerings*. In: Review of Financial Studies, 16(1), S.1-29, 2003.

BRETTEL, MALTE ET AL. (2008): *Private Equity-Investoren: Eine Einführung.* Stuttgart, Kohlhammer, 2008.

BRÜDERL, JOSEF/PREISENDÖRFER, PETER/ZIEGLER, ROLF (2009): *Der Erfolg neugegründeter Betreibe – Eine empirische Studie zu den Chancen und Risiken von Unternehmensgründungen.* 3. erw. Aufl., Berlin, Duncker & Humblot, 2009.

BVK (2001): *BVK Statistik – Das Jahr 2001 in Zahlen.* Bundesverband Deutscher Kapitalbeteiligungsgesellschaften e.V., Berlin, 2001.

BVK (2002): *BVK Statistik – Das Jahr 2002 in Zahlen.* Bundesverband Deutscher Kapitalbeteiligungsgesellschaften e.V., Berlin, 2002.

BVK (2003): *BVK Statistik – Das Jahr 2003 in Zahlen.* Bundesverband Deutscher Kapitalbeteiligungsgesellschaften e.V., Berlin, 2003.

BVK (2004): *BVK Statistik – Das Jahr 2004 in Zahlen.* Bundesverband Deutscher Kapitalbeteiligungsgesellschaften e.V., Berlin, 2004.

BVK (2005): *BVK Statistik – Das Jahr 2005 in Zahlen.* Bundesverband Deutscher Kapitalbeteiligungsgesellschaften e.V., Berlin, 2005.

BVK (2006): *BVK Statistik – Das Jahr 2006 in Zahlen.* Bundesverband Deutscher Kapitalbeteiligungsgesellschaften e.V., Berlin, 2006.

BVK (2007): *BVK Statistik – Das Jahr 2007 in Zahlen.* Bundesverband Deutscher Kapitalbeteiligungsgesellschaften e.V., Berlin, 2007.

BVK (2008): *BVK Statistik – Das Jahr 2008 in Zahlen.* Bundesverband Deutscher Kapitalbeteiligungsgesellschaften e.V., Berlin 2008.

BVK (2009): *BVK Statistik – Das Jahr 2009 in Zahlen.* Bundesverband Deutscher Kapitalbeteiligungsgesellschaften e.V., Berlin, 2009.

BVK (2010): *BVK Statistik – Das Jahr 2010 in Zahlen.* Bundesverband Deutscher Kapitalbeteiligungsgesellschaften e.V., Berlin, 2010.

BVK (2011a): *BVK Statistik – Das Jahr 2010 in Zahlen.* Bundesverband Deutscher Kapitalbeteiligungsgesellschaften e.V., Berlin, 2011.

BVK (2011b): *EXIT ausserhalb IPO.* http://www.bvkap.de/privateequity.php/cat/91/aid/84/title/EXIT_ausserhal b_IPO, Abruf: 20.10.2011 2011.

CASAMATTA, CATHERINE (2003): *Financing and Advising: Optimal Financial Contracts with Venture Capitalists.* In: Journal of Finance, 58(5), S.2059-2085, 2003.

CASSAR, GAVIN (2010): *Are Individuals Entering Self-Employment Overly-Optimistic? An Empirical Test of Plans and Projections on Nascent Entrepreneur Expectations.* In: Strategic Management Journal, 31(8), S.822-840, 2010.

CHEMLA, GILLES/HABIB, MICHEL/LJUNGQVIST, ALEXANDER (2007): *An Analysis of Shareholder Agreements.* In: Journal of European Economic Association, 5(1), S.93-121, 2007.

COCHRANE, JOHN (2005): *The Risk and Return of Venture Capital.* In: Journal of Financial Economics, 75, S.3-52, 2005.

COELHO, MARTA/DE MEZA, DAVID/REYNIERS, DIANE (2004): *Irrational Exuberance, Entrepreneurial Finance and Public Policy.* In: International Tax and Public Finance, 11, S.391-417, 2004.

COOPER, ARNOLD/WOO, CAROYN/DUNKELBERG, WILLIAM C. (1988): *Entrepreneurs' Perceived Changes for Success.* In: Journal of Business Venturing, 3, S.97-108, 1988.

CUMMING, DOUGLAS (2008): *Contracts and Exits in Venture Capital Finance.* In: Review of Financial Studies, 21(5), S.1948-1982, 2008.

CUMMING, DOUGLAS/FLEMING, GRANT/SUCHARD, JO-ANN (2005): *Venture Capitalist Value-added Activities, Fundraising and Drawdowns.* In: Journal of Banking and Finance, 29(2), S.295-331, 2005.

CUMMING, DOUGLAS/JOHAN, SOFIA ATIQUAH (2007): *Advice and Monitoring in Venture Finance.* In: Financial Markets and Portfolio Management, 21, S.3-43, 2007.

CUMMING, DOUGLAS/JOHAN, SOFIA (2008a): *Information Asymmetries, Agency Costs and Venture Capital Exit Outcomes*. In: Venture Capital, 10(3), S.197-231, 2008.

CUMMING, DOUGLAS/JOHAN, SOFIA ATIQAH BINTI (2008b): *Preplanned Exit Strategies in Venture Capital*. In: European Economic Review, 52, S.1209-1241, 2008.

CUMMING, DOUGLAS/JOHAN, SOFIA (2010): *Venture Capital Investment Duration*. In: Journal of Small Business Management, 48(2), S.228-257, 2010.

CUMMING, DOUGLAS/MACINTOSH, JEFFREY (2001): *Venture Capital Investment Duration in Canada and the United States*. In: Journal of Multinational Financial Management, 11, S.445-463, 2001.

CUMMING, DOUGLAS/MACINTOSH, JEFFREY (2003a): *A Cross-Country Comparison of Full and Partial Venture Capital Exits*. In: Journal of Banking & Finance, 27, S.511-548, 2003.

CUMMING, DOUGLAS/MACINTOSH, JEFFREY (2003b): *Venture Capital Exits in Canada and the United States*. University of Toronto Law Journal, 53, S.101-200, 2003.

CUMMING, DOUGLAS/SCHMIDT, DANIEL/WALZ, UWE (2010): *Legality and Venture Capital Governance around the World*. In: Journal of Business Venturing, 25(1), S.54-72, 2010.

DA RIN, MARCO/HELLMANN, THOMAS/PURI, MANJU (2011): *A Survey of Venture Capital Research*. TILEC Discussion Paper No. 2011-044, Verfügbar online: http://ssrn.com/abstract=1942821, 2011.

DE BETTIGNIES, JEAN-ETIENNE (2008): *Financing the Entrepreneurial Venture*. In: Management Science, 54(1), S.151-166, 2008.

DE BETTIGNIES, JEAN-ETIENNE/BRANDER, JAMES (2007): *Financing Entrepreneurship: Bank Finance versus Venture Capital*. In: Journal of Business Venturing, 22 S.808-832, 2007.

DENIS, DAVID (2004): *Entrepreneurial Finance: an Overview of the Issues and Evidence*. In: Journal of Corporate Finance, 10, S.301-326, 2004.

DETIENNE, DAWN (2010): *Entrepreneurial Exit as a Critical Component of the Entrepreunerial Process: Theoretical Development*. In: Journal of Business Venturing, 25(2), S.203-215, 2010.

DUSHNITSKY, GARY/SHAPIRA, ZUR (2010): *Entrepreneurial Finance Meets Organizational Reality: Comparing Investment Practices and Performance of Corporate and Independent Venture Capitalists*. In: Strategic Management Journal, 31(9), S.990-1017, 2010.

DYCK, ALEXANDER/ZINGALES, LUIGI (2004): *Private Benefits of Control: An International Comparison*. In: Journal of Finance, 59(2), 2004.

ECKERMANN, MATTHIAS (2006): *Venture Capitalists' Exit Strategies under Information Asymmetry: Evidence from the US Venture Capital Market*. 1. Aufl., Wiesbaden, DUV, 2006.

ECONOMIC CENSUS (1992): *Characteristics of Business Owners*. U.S. Department of Commerce, Economics and Statistics Administration, 1992.

EUROPEAN COMMISSION (1998): *Fostering Entrepreneurship in Europe: Priorities for the future*. Communication from the Commission, 1998.

EVCA (2011): http://www.evca.eu/knowledgecenter/statisticsdetail.aspx? id=416, Abruf: 27.04.2011.

FRANZKE, STEFANIE/THEISSEN, ERIK (2005): *IPO als Exit der Venture-Capital-Finanzierung*. In: Börner, C./Grichnik, D. (Hrsg.): Entrepreneurial Finance – Kompendium der Gründungs- und Wachstumsfinanzierung, 1. Aufl., Heidelberg, Springer, S.391-406, 2005.

FULGHIERI, PAOLO/SEVILIR, MERIH (2009): *Size and Focus of a Venture Capitalist's Portfolio*. In: Review of Financial Studies, 22(11), S.4643-4680, 2009.

GILSON, RONALD/SCHIZER, DAVID (2003): *Understanding Venture Capital Structure: A Tax Explanation for Convertible Preferred Stock*. In: Harvard Law Review, 116, S.874-916, 2003.

GIOT, PIERRE/SCHWIENBACHER, ARMIN (2007): *IPOs, Trade Sales and liquidations: Modelling Venture Capital Exits Using Survival Analysis*. In: Journal of Banking & Finance, 31, S.679-702, 2007.

GÖPPL, HERMANN/SAUER, ANDREAS (1990): *Die Bewertung von Börsenneulingen: Einige empirische Ergebnisse*. In: Ahlert, D./Franz, K.-P./Göppl, H. (Hrsg.): Finanz- und Rechnungswesen als Führungsinstrument, Wiesbaden, Gabler, S. 157-177.

GOMPERS, PAUL (1995): *Optimal Investment, Monitoring, and the Staging of Venture Capital*. In: Journal of Finance, 50(5), S.1461-1489, 1995.

GOMPERS, PAUL (1996): *Grandstanding in the Venture Capital Industry*. In: Journal of Financial Economics, 42, S.133-156, 1996.

GOMPERS, PAUL/LERNER, JOSH (2006): *The Venture Capital Cycle*. 2. Aufl., Cambridge MIT Press, 2006.

GORMAN, MICHAEL/SAHLMAN, WILLIAM (1989): *What do Venture Capitalists do?* In: Journal of Business Venturing, 4, S.231-248, 1989.

GOTTSCHALK, SANDRA ET AL. (2007): *Start-Ups zwischen Forschung und Finanzierung: Hightech-Gründungen in Deutschland*. ZEW, 2007.

HACK, ANDREAS (2005): *Startuperfolg und die Wahl von Risikokapitalgebern – ökonomische Analyse mit empirischer Validierung für den deutschen Markt*. 1. Aufl., Wiesbaden, DUV, 2005.

HART, OLIVER/MOORE, JOHN (1994): *A Theory of Debt Based on the Inalienability of Human Capital*. In: Quarterly Journal of Economics, 109(4), S.841-879, 1994.

HARTMANN-WENDELS, THOMAS (2005): *Venture-Capital-Gesellschaften als Finanzintermediäre*. In: Börner, C./Grichnik, D. (Hrsg.): Entrepreneurial Finance – Kompendium der Gründungs- und Wachstumsfinanzierung, 1. Aufl., Heidelberg, Springer, S.215-232, 2005.

HARTMANN-WENDELS, THOMAS/KEIENBURG, GEORG/SIEVERS, SOENKE (2010): *Adverse Selection, Investor Experience and Security Choice in Venture Capital Finance: Evidence from Germany*. Working Paper, Verfügbar online: http://ssrn.com/abstract=1282241, 2010.

HARTMANN-WENDELS, THOMAS/PFINGSTEN, ANDREAS/WEBER, MARTIN (2010): *Bankbetriebslehre*. 5. Aufl., Berlin Springer, 2010.

HELLMANN, THOMAS (1998): *The Allocation of Control Rights in Venture Capital Contacts*. In: Journal of Economics, 29(1), S.57-76, 1998.

HELLMANN, THOMAS (2002): *A Theory of Strategic Venture Investing*. In: Journal of Financial Economics, 64, S.285-314, 2002.

HELLMANN, THOMAS/LINDSEY, LAURA/PURI, MANJU (2008): *Building Relationships Early: Banks in Venture Capital*. In: Review of Financial Studies, 21(2), S.513-541, 2008.

HELLMANN, THOMAS/PURI, MANJU (2000): *The Interaction between Product Market and Financing Strategy: The Role of Venture Capital*. In: Review of Financial Studies, 13(4), S.959-984, 2000.

HELLMANN, THOMAS/PURI, MANJU (2002): *Venture Capital and the Professionalization of Start-Up Firms: Empirical Evidence*. In: Journal of Finance, 57(1), S.169-197, 2002.

HILB, MARTIN (2008): *New Corporate Governance: Successful Board Management Tools*. 3. Aufl., Berlin, Heidelberg, Springer, 2008.

HOFFMANN, NILS (2008): *German Buyouts Adopting a Buy and Build Strategy: Key Characteristics, Value Creation and Success Factors*. Wiesbaden, Betriebswirtschaftlicher Verlag Dr. Th. Gabler, 2008.

HOLMSTRÖM, BENGT/TIROLE, JEAN (1997): *Financial Intermediation, Loanable Funds, and the Real Sector*. In: The Quarterly Journal of Economics, 112(3), S.664-691, 1997.

HOUBEN, EIKE (2003): *Optimale Vertragsgestaltung bei Venture-Capital-Finanzierungen*. 1. Aufl., Wiesbaden, DUV, 2003.

HOUBEN, EIKE/NIPPEL, PETER (2005): *Vertragsgestaltung bei Venture-Capital-Finanzierungen*. In: Börner, C./Grichnik, D. (Hrsg.): Entrepreneurial Finance – Kompendium der Gründungs- und Wachstumsfinanzierung, 1. Aufl., Heidelberg, Springer, S.325-346, 2005.

HSU, DAVID H. (2004): *What Do Entrepreneurs Pay for Venture Capital Affiliation?* In: Journal of Finance, 59(4), S.1805-1844, 2004.

IBRAHIM, DARIAN M. (2010): *Debt as Venture Capital*. Legal Studies Research

Paper Series, Paper No. 1081. Verfügbar online: http://ssrn.com/abstract=1418148, 2010.

JENSEN, MICHAEL C./MECKLING, WILIAM H. (1976): *Theory of the Firm: Managerial Behavior, Agency Costs and Ownership Structure.* In: Journal of Financial Economics, 3(4), S.305-360, 1976.

KANATAS, GEORGE/STEFANADIS, CHRISTODOULOS (2010): *Can Venture Capital Be a Curse?* In: Journal of Economic Analysis & Policy, 10(1), Article 54, 2010.

KAPLAN, STEVEN/STRÖMBERG, PER (2001): *Venture Capitalists as Principals: Contracting, Screening, and Monitoring.* In: Financial Intermediaries, 91(2), S.426-429, 2001.

KAPLAN, STEVEN/STRÖMBERG, PER (2003): *Financial Contracting Theory Meets the Real World: An Empirical Analysis of Venture Capital Contracts.* In: Review of Economic Studies, 70, S.281-315, 2003.

KAPLAN, STEVEN/STRÖMBERG, PER (2004): *Characteristics, Contacts, and Actions: Evidence from Venture Capitalist Analyses.* In: Journal of Finance, 59(5), S.2177-2209, 2004.

KAPLAN, STEVEN/LERNER, JOSH (2010): *It Ain't Broke: The Past, Present, and Future of Venture Capital.* In: Journal of Applied Corporate Finance, 22(2), S.36-47, 2010.

KAPLAN, STEVEN/MARTEL, FREDERIC/STRÖMBERG, PER (2007): *How do Legal Differences and Experience Affect Financial Contacts?* In: Journal of Financial Intermediation, 16, S.273-311, 2007.

KFW-ERP (2011a): *ERP-Beteiligungsprogramm.* http://www.kfw.de/kfw/de/Inlandsfoerderung/Programmuebersicht/ERP-Beteiligungsprogramm/index.jsp, Abruf: 26.10.2011.

KFW-ERP (2011b): *ERP-Beteiligungsprogramm.* http://www.kfw.de/kfw/de/Inlandsfoerderung/Programmuebersicht/ERP-Startfonds/index.jsp, Abruf: 26.10.2011.

KFW RESEARCH (2005): *KfW Gründungsmonitor.* KfW Bankengruppe, Frankfurt am Main, 2005.

KFW RESEARCH (2008): *KfW Gründungsmonitor*. KfW Bankengruppe, Frankfurt am Main, 2008.

KFW RESEARCH (2010): *KfW Gründungsmonitor*. KfW Bankengruppe, Frankfurt am Main, 2010.

KNOBLOCH, ALOIS PAUL (2001): *Die staatliche Gründungsfinanzierung aus Agency-theoretischer Sicht*. In: Zeitschrift für Betriebswirtschaft, 71, S.1459-1484, 2001.

KOLLMANN, TOBIAS (2009): *Gabler Kompakt-Lexikon: Unternehmensgründung*. 2., überarb. und erw. Aufl., Wiesbaden, Gabler Verlag, 2009.

KRECEK, MICHAEL (2005): *Venture Capital aus Investorensicht*. 1. Aufl., Wiesbaden, DUV, 2005.

KURTH, ANDREAS (2005): *Agency-Probleme und Performance von Initial Public Offerings*. 1. Aufl., Wiesbaden, DUV, 2005.

LANDIER, AUGUSTIN (2006): *Entrepreneurship and the Stigma of Failure*. Working Paper, 2006.

LANDIER, AUGUSTIN/THESMAR, DAVID (2008): *Financial Contracting with Optimistic Entrepreneurs*. Working Paper, 2008.

LARGE, DAVID/MUEGGE, STEVEN (2008): *Venture Capitalists' Non-Financial Value-Added: An Evaluation of the Evicence and Implications for Reasearch*. In: Venture Capital, 10(1), S.21-53, 2008.

LELAND, HAYNE E./PYLE, DAVID (1977): *Informational Asymmetries, Financial Structure, and Financial Intermediation*. In: Journal of Finance, 32(2), 1977.

LERNER, JOSH (1995): *Venture Capitalists and the Oversight of Private Firms*. In: Journal of Finance, 50, S.301-318, 1995.

LERNER, JOSH (1999): *The Government as Venture Capitalist: The Long-Run Impact of the SBIR Program*. In: Journal of Business, 72(3), S.285-318, 1999.

MACMILLAN, IAN/SIEGEL, ROBIN/NARASIMHA, SUBBA (1985): *Criteria Used by Venture Capitalists to Evaluate New Venture Proposals*. In: Journal of Business Venturing, 1, S.119-128, 1985.

MACMILLAN, IAN ET AL. (2008): *Corporate Ventural Capital: Seeking Innovation and Strategic Growth*. National Institute of Standards and Technology, 2008.

MEGGINSON, WILLIAM/WEISS, KATHLEEN (1991): *Venture Capitalist Certification in Initial Public Offerings*. In: Journal of Finance, 46(3), S.879-903, 1991.

METZGER, GEORG (2007): *On the Role of Entrepreneurial Experience for Start-up Financing – An Empirical Investigation for Germany*. ZEW – Discussion Paper No. 07-047.

MICHELACCI, CLAUDIO/SUAREZ, JAVIER (2004): *Business Creation and the Stock Market*. In: Review of Economic Studies, 71(2), S.459-481, 2004.

MODIGLIANI, FRANCO/MILLER, MERTON (1958): *The Cost of Capital, Corporation Finance, and the Theory of Investment*. In: American Economic Review, 48, S. 261-297.

MOSKOWITZ, TOBIAS/VISSING-JORGENSEN, ANNETTE (2002): *The Return to Entrepreneurial Investment: A Private Equity Premium Puzzle?* In: The American Economic Review, 92(4), S.745-778, 2002.

NATHUSIUS, KLAUS (2001): *Grundlagen der Gründungsfinanzierung: Instrumente – Prozesse – Beispiele*. 1. Aufl., Wiesbaden, Gabler, 2001.

NEUBECKER, JOCHEN (2006): *Finanzierung durch Corporate Venture Capital und Venture Capital*. Wiesbaden, DUV, 2006.

NIEFERT, MICHAELA ET AL. (2006): *Hightech-Gründungen in Deutschland: Trends und Entwicklungsperspektiven*. ZEW, 2006.

NIKOSKELAINEN, ERKKI/WRIGHT, MIKE (2007): *The impact of corporate governance mechanisms on value increase in leveraged buyouts*. In: Journal of Corporate Finance, 13(4), S.511-537, 2007.

PAFFENHOLZ, GUIDO (2004): *Exitmanagement: Desinvestitionen von Beteiligungsgesellschaften*. 1. Aufl., Lohmar Josef Eul Verlag, 2004.

PERRIDON, LOUIS (2004): *Finanzwirtschaft der Unternehmung*.13. überarb. und erw. Aufl., München, Vahlen, 2004.

REIßIG-THUST, SOLVEIG (2003): *Venture-Capital-Gesellschaften und Gründungsunternehmen : Empirische Untersuchung zur erfolgreichen Gestaltung der Beziehung*. 1. Aufl., Wiesbaden, DUV, 2003.

RITZER-ANGERER, PETRA (2005): *Die atypisch stille Gesellschaft in der VC-Finanzierung – ein Vergleich von Finanzierungsinstrumenten anhand von aus VC-Modellen Entwickelten Kriterien*. In: Betriebswirtschaftliche Forschung und Praxis, 57(4), S.366-392, 2005.

SAHLMAN, WILLIAM (1990): *The Structure and Governance of Venture-Capital Organizations*. In: Journal of Economics, 27, S.473-521, 1990.

SAPIENZA, HARRY/MANIGART, SOPHIE/VERMEIR, WIM (1996): *Venture Capitalist Governance and Value Added in Four Countries*. In: Journal of Business Venturing, 11, S.439-469, 1996.

SCHEFCZYK, MICHAEL (2006): *Finanzieren mit Venture Capital und Private Equity: Grundlagen für Investoren, Finanzintermediäre, Unternehmer und Wissenschaftler*. 2., überarb. und aktual. Aufl., Stuttgart, Schäffer-Poeschel, 2006.

SCHMIDT, KLAUS (2003): *Convertible Securities and Venture Capital Finance*. In: Journal of Finance, 58(3), S.1139-1166, 2003.

SCHWIENBACHER, ARMIN (2005): *An Empirical Analysis of Venture Capital Exits in Europe and the United States*. EFA 2002 Berlin Meetings Discussion Paper, Verfügbar online: doi:10.2139/ssrn.302001, 2005.

SCHWIENBACHER, ARMIN (2007): *A Theoretical Analysis of Optimal Financing Strategies for Different Types of Capital-Constrained Entrepreneurs*. In: Journal of Business Venturing, 22, S.753-781, 2007.

SEWING, BIRTE (2008): *Exit-Management in Private Equity: Eine qualitative Untersuchung großer Buyout-Gesellschaften*. 1. Aufl., Wiesbaden, Gabler, 2008.

STEIN, INGRID (2005): *Venture Capital-Finanzierungen: Kapitalstruktur und Entscheidung*. 1. Aufl., Bad Soden, Uhlenbruch, 2005.

TYKVOVÁ, TEREZA/WALZ, UWE (2004): *Are IPOs of Different VCs Different?* CFS working paper Nr. 2004-02, 2004.

UEDA, MASAKO (2004): *Banks versus Venture Capital: Project Evaluation, Screening, and Expropation.* In: Journal of Finance, 59(2), S.601-621, 2004.

VINTURELLA, JOHN/ERICKSON, SUZANNE (2004): *Raising Entrepreneurial Capital.* Oxford Elsevier Academic Press, 2004.

WALKER, THOMAS ET AL. (2011): *Kurz- und langfristige Folgen einer Veränderung der Rolle des Gründers in Unternehmen mit IPOs.* In: Die Betriebswirtschaft, 11(1), S.41-62, 2011.

WEINSTEIN, NEIL (1980): *Unrealistic Optimism About Future Life Events.* In: Journal of Personality and Social Psychology, 39(5) S.806-820, 1980.

WEITNAUER, WOLFGANG (2007): *Handbuch Venture Capital : Von der Innovation zum Börsengang.* 3. überarb. Aufl., München, Beck, 2007.

WELPE, ISABELL/DOWLING, MICHAEL (2005): *Venture-Capital-Finanzierung aus Sicht der Portfoliounternehmen.* In: Börner, C./Grichnik, D. (Hrsg.): Entrepreneurial Finance – Kompendium der Gründungs- und Wachstumsfinanzierung, 1. Aufl., Heidelberg, Springer, S.277-300, 2005.

WIRTSCHAFTSWOCHE (2011): *Futter für Frischlinge: Wagnisfinanzierung.* In: WirtschaftsWoche Nr. 41 vom 10.10.2011, S.106-109, 2011.

WITT, PETER (2005): *Corporate Venture Capital.* In: Börner, C./Grichnik, D. (Hrsg.): Entrepreneurial Finance – Kompendium der Gründungs- und Wachstumsfinanzierung, 1. Aufl., Heidelberg, Springer, S.259-276, 2005.

ZEMKE, INGO (1995): *Die Unternehmensverfassung von Beteiligungskapital-Gesellschaften: Analyse des institutionellen Designs Deutscher Venture-Capital-Gesellschaften.* Wiesbaden, DUV,1995.

ZIRENER, JÖRG (2005): *Sanierung in der Insolvenz : Handlungsalternativen für einen wertorientierten Einsatz des Insolvenzverfahrens.* 1. Aufl., Wiesbaden, DUV, 2005.